SECOND EDITION

Perspectivas culturales de España

JUAN KATTÁN-IBARRA

National Textbook Company

a division of *NTC Publishing Group* Lincolnwood, Illinois USA

1997 Printing

Published by National Textbook Company, a division of NTC Publishing Group.
© 1995, 1989 by NTC Publishing Group, 4255 West Touhy Avenue,
Lincolnwood (Chicago), Illinois 60646-1975 U.S.A.

Preface

Perspectivas culturales de España, second edition, reviews the history of Spain from prehistoric times to the present. As each period unfolds, detailed coverage is given to Spanish achievements in literature and the arts as well. The chapters dealing with recent history reflect the vast changes that have taken place in Spain since the death of General Francisco Franco, the arrival of King Juan Carlos I to the throne, and the continuity of the democratic process.

The eleven chapters of the book have been distributed among three parts. Part I looks at the geography of Spain (Chapter 1) and chronicles its early history, including the Roman conquest and the establishment of the Visigothic Kingdom (Chapter 2). From there, it moves on to the period of Muslim rule over the *Península,* the Christian reconquest, and the gradual emergence of Spain as a nation (Chapter 3).

Part II opens with an examination of one of the most important events in history, the discovery of the New World by Christopher Columbus and its subsequent conquest and colonization in the name of the Spanish Crown (Chapter 4). Next, a whole chapter is devoted to the rise of the Spanish Empire in Europe, its splendor, and decline under the rule of the Hapsburgs (Chapter 5). The same chapter then discusses some of the country's greatest writers and artists in the period known as the Golden Age. From there, we move on to the establishment of absolute rule under the Bourbons, which, a century later, would lead to the French invasion of Spain by Napoleonic forces—an event that would have serious repercussions in the New World. The Spanish war of independence and the eventual expulsion of the French invaders are then briefly analyzed, followed by a look at the origins of the independence movement in Hispanic America and the wars between the *libertadores* and the royalist armies (Chapter 6). A separate chapter is devoted to Spain itself during the nineteenth century, with all the internal political turmoil that afflicted the country during those years and the fruitless struggle to hold on to the last remains of her Empire: Cuba, Puerto Rico, and the Philippines (Chapter 7).

Part III focuses on contemporary history. It begins with the reign of Alfonso XIII and the subsequent establishment of the Second Republic. It then discusses the Spanish Civil War—with the ultimate defeat of the Republican forces by the Nationalists led by General Franco. The evolution of the Franco dictatorship is traced from its onset in 1939 until the death of the *Generalísimo* in 1975 (Chapter 8). This is followed by a review of the transition to democracy, which starts with the proclamation of Prince Juan Carlos de Borbón as King of Spain and concludes with the election of the first socialist government in 1982, which many observers consider to be the end of the transition period. The Constitution of 1978 and the country's new political regime are also examined (Chapter 9). A whole chapter is then devoted to the social and economic developments of recent years, including the adjustments Spain has had to make after joining the European Economic Community in 1986 (Chapter 10). The book ends with a look at the new Spain from a political, social, and cultural point of view. Beginning with a general assessment of socialist rule and issues such as Spain and Gibraltar, Spain and NATO, terrorism and the new role of the army, it moves to a discussion of attitude changes that have taken place in Spanish society in recent years, particularly with regard to religion, women, youth, and immigration. The revival of regional languages, the newfound freedom of the mass media, developments in education, and some of Spain's unaltered traditions are also described (Chapter 11).

The *Cronología* at the beginning of each chapter dealing with historical events lists the most important dates and events in the period being studied. These are written in very simple language and serve as a chapter summary, to be studied both before and after reading the main text.

The *Glosario* that follows the main text translates Spanish words and expressions that may be new to students and whose meaning may not be inferred from the text. It also includes terms related to the history and culture of the Hispanic world.

The *Cuestionario* and *Temas de redacción o presentación oral* develop speaking and writing skills. Students may select from among numerous questions and themes and develop those they find most appealing. Some will lend themselves to written preparation, others to oral presentation or even debate among groups of students or the whole class. To help develop proficiency, students should be discouraged from quoting verbatim from the text or reading prepared answers.

The *Práctica* section at the end of each chapter gives students a chance to use language found in that chapter. Some of the exercises reinforce grammar structures or vocabulary, while others develop oral or writing skills. Most language points included in this section will be known to students from their regular language classes, therefore no strict grammatical sequencing has been followed. Given the nature of its subject matter, this book provides plenty of practice on tenses (particularly past tenses and subjunctives), uses of *ser* and *estar*, prepositions, definite articles, vocabulary building, and so on.

The *Vocabulario* and *Índice alfabético* at the back of the book will assist students with their reading, while the *Bibliografía* will help those who wish to go into a subject more deeply.

In conclusion, I would like to express my appreciation to Ricardo Palmás Casal for his collaboration in the writing of the first edition (Chapters 7–9) and for his many useful comments. Thanks are also due to Manuel Fernández Gasalla, who read the first edition and made a number of valuable suggestions.

JUAN KATTÁN-IBARRA

Índice de materias

PRIMERA PARTE

España: su geografía y su historia hasta la Reconquista

CÁBRICO

FRANCIA

San Sebastián

Bilbao ◉

VIZCAYA GUIPÚZCOA

◉ Vitoria

ÁLAVA

Pamplona

NAVARRA

ANDORRA

Logroño ◉

LA RIOJA

Soria

Río Ebro

◉ Huesca

Gerona ◉

Zaragoza ◉

◉ Lérida

Barcelona ◉

Guadalajara

Tarragona

COSTA DORADA COSTA BRAVA

Teruel ◉

◉ Cuenca

Castellón
de la Plana ◉

ISLAS BALEARES

Valencia ◉

◉ Palma

Albacete

Alicante ◉

Murcia ◉

COSTA BLANCA

Mediterráneo

León	Los nombres de la provincia y de la capital de la provincia son iguales.
◉	Capital de la provincia
✪	Capital nacional

CAPÍTULO UNO

Geografía de España

El Reino de España

El Reino de España forma, junto con Portugal, la Península Ibérica, en la que se hallan también Andorra y Gibraltar. Separada del continente africano tan sólo por los 14 kilómetros del estrecho de Gibraltar, España constituye un puente entre dos civilizaciones. Su límite norte es el mar Cantábrico y los montes Pirineos, que a través de un istmo de 435 kilómetros la separan de Francia. Al este y al sureste limita con el mar Mediterráneo, al suroeste con el océano Atlántico, y al oeste con Portugal y el Atlántico.

España es el tercer país de Europa en extensión después de Rusia y Francia. Tiene una superficie de 504 782 kilómetros cuadrados, poco más del doble de Gran Bretaña y casi igual a la de los estados de Illinois, Indiana, Michigan y Wisconsin tomados en conjunto. Esta superficie incluye las islas Baleares situadas en el Mediterráneo y las islas Canarias que se hallan a 115 kilómetros de la costa meridional de Marruecos. Ceuta y Melilla, dos ciudades situadas en la costa norte de África, también forman parte del Estado español.

El relieve

LA MESETA CENTRAL

La Meseta Central, zona llana y extensa con una elevación media de 660 metros, ocupa aproximadamente la mitad de la superficie de la Península. Está rodeada de montañas que forman una especie de muro que la delimita casi totalmente. Otra cadena montañosa—el Sistema

Monte y pantano en la provincia de Valencia.

Central—la divide en dos. Los **rebordes** de la Meseta dan origen a suaves **declives** hacia el interior y **pendientes** abruptas del lado externo.

LAS MONTAÑAS PERIFÉRICAS

Tres son los sistemas montañosos periféricos:

Al norte se encuentran las montañas del Cantábrico y Galicia, donde las alturas máximas superan los 2000 metros (Picos de Europa). Por el noreste y el este encontramos la Cordillera Ibérica, con alturas máximas levemente superiores a los 2000 metros. Hacia el sur de la Meseta se halla la Sierra Morena, que constituye el límite entre las **planicies** de la Mancha y el valle del Guadalquivir. Sus altitudes se sitúan alrededor de los 1000 metros.

LAS MONTAÑAS INTERIORES

En el interior podemos distinguir dos sistemas de montañas:

La Cordillera Central, que en dirección este-oeste divide la Meseta en dos. Esta línea divisoria está constituida por cinco grandes **sierras.** En la sierra de Gredos, que separa las provincias de Ávila y Toledo, se encuentra el monte más alto del sistema montañoso interior, Almanzor (2592 metros).

Los Montes de Toledo, situados en el centro de la Meseta Sur, la dividen en dos **cuencas,** la del río Tajo y la del Guadiana. Sus altitudes sobrepasan los 1000 metros.

LAS MONTAÑAS EXTERIORES

Más allá de la Meseta y de su periferia encontramos cuatro **cadenas montañosas:**

Los Pirineos unen la Península Ibérica con el resto de Europa; parte del sistema está situado en Francia. Su subdivisión en tres grupos da lugar a los Pirineos orientales (Cataluña), los centrales (Aragón) y los occidentales (Navarra). Las mayores altitudes de este sistema montañoso se hallan en los Pirineos centrales o Altos Pirineos (más de 3000 metros).

La Cordillera Bética comprende el Sistema Penibético y el Subbético. El primero se encuentra más próximo a la zona costera y se extiende desde el cabo de la Nao (provincia de Alicante) hasta Tarifa en el extremo sur de la Península. Su centro principal es la Sierra Nevada, donde se dan las mayores elevaciones. El **pico** de Mulhacén en la pro-

España es uno de los países más montañosos de Europa.

vincia de Granada es el punto más alto de este sistema (3478 metros). El Sistema Sub-bético está más al interior, hacia el sur de la Península. En él se originan dos importantes ríos, el Guadalquivir y el Segura.

Las montañas de la costa catalana son de menor elevación y van desde el Ampurdán (provincia de Gerona) por el norte hasta el sur del río Ebro. En ellas se dan dos cadenas, una que bordea la costa y otra interna. En esta última se halla el **macizo** de *Montserrat* (Barcelona, 1193 metros).

Los montes vascos se encuentran entre los Pirineos y la Cordillera Cantábrica a lo largo del valle del río Ebro. Sus altitudes máximas **giran en torno** a los 1500 metros.

Las costas

A lo largo del litoral español se pueden distinguir cuatro zonas principales:

LA COSTA CANTÁBRICA

Situada al norte de la Península, va desde la frontera francesa por el este hasta la punta de la Estaca de Bares (provincia de Lugo). Una de las características de este litoral son sus **rías,** penetraciones del mar en la costa, más numerosas hacia la región de Galicia. La bella ciudad de San Sebastián y el importante puerto de Bilbao se encuentran en la costa cantábrica.

LA COSTA GALLEGA

Se extiende a lo largo del litoral atlántico, entre Estaca de Bares por el norte y la **desembocadura** del río Miño por el sur. En las Rías Altas se hallan los puertos de La Coruña y El Ferrol. En las Rías Bajas, de gran belleza, encontramos, entre otras, las ciudades de Pontevedra y Vigo.

LA COSTA ATLÁNTICA SUR

Se extiende desde la desembocadura del río Guadiana hasta el estrecho de Gibraltar. En esta zona costera se encuentran las hermosas bahías de Cádiz y de Algeciras.

LA COSTA MEDITERRÁNEA SUR

Va desde Gibraltar hasta el puerto de Cartagena. Es una de las zonas más privilegiadas de España por su clima que atrae a miles de visitantes cada año. Marbella, Estepona, Málaga y Almería son algunos de los muchos centros turísticos de esta parte del litoral.

LA COSTA MEDITERRÁNEA ORIENTAL

Se extiende desde el cabo de Palos en Murcia hasta Cerbere en la frontera con Francia. El golfo de Valencia y los puertos de Tarragona y Barcelona se hallan en esta parte de la costa peninsular. Al igual que el litoral mediterráneo sur, esta región tiene un clima suave, que hace de ella un importante centro de turismo nacional y extranjero.

Las islas

LAS ISLAS BALEARES

El archipiélago de las Baleares, situado en el Mediterráneo a pocas horas de la costa valenciana, está formado por las islas de Mallorca, Menorca, Ibiza, Formentera, Cabrera y varios **islotes** de poca importancia. La superficie total de Baleares es de 5014 kilómetros cuadrados y su población de 675 496 habitantes.

Bahía (Islas Baleares).

Ibiza y Menorca son una extensión de la Cordillera Bética, sin grandes altitudes. Mallorca es la isla más montañosa. Una llanura central rica en agricultura se encuentra **enmarcada** por dos sierras paralelas, una de las cuales sirve de base al Puig Mayor (1445 metros), la mayor altura del archipiélago.

LAS ISLAS CANARIAS

El archipiélago de Canarias se encuentra en el Atlántico a 115 kilómetros de la costa de África y a 1150 kilómetros de la costa española. Comprende dos provincias. La primera, Santa Cruz de Tenerife, consta de las islas de Tenerife, La Palma, Gomera y Hierro; la segunda, Las Palmas, incluye Gran Canaria, Lanzarote, Fuerteventura y diversos islotes. La superficie total de Canarias es de 7273 kilómetros cuadrados y su población es de 1 463 743 habitantes.

El suelo de las Canarias es volcánico. Los geólogos sitúan el origen del archipiélago en erupciones volcánicas que habrían tenido lugar en el Atlántico en la era terciaria. Gran Canaria y Gomera tienen forma de

El monte Teide (Tenerife, Islas Canarias).

volcán. El aspecto de las islas continúa cambiando debido a la erosión y a las erupciones, la última de las cuales ocurrió en Gomera en 1971. Las islas están salpicadas de montañas; el monte Teide, situado en Tenerife, es el punto más alto del archipiélago (3716 metros).

Los ríos

Los ríos españoles se caracterizan por ser **poco caudalosos,** es decir, tienen bajo volumen de agua. La mayor parte de ellos son alimentados por las lluvias. Ello explica que en regiones de abundantes **precipitaciones,** como Galicia, el **caudal** de los ríos sea mucho mayor que en las zonas secas. En general, los ríos de la **vertiente mediterránea** son más cortos y menos caudalosos que los que **desembocan** en el Atlántico.

LOS RÍOS DE LA VERTIENTE ATLÁNTICA

Debido a la inclinación de la Meseta hacia el oeste, cuatro de los cinco ríos principales que existen en España desembocan en el Atlán-

El río Tajo a su paso por Toledo.

tico. Son éstos el Duero, el Tajo, el Guadiana y el Guadalquivir. El Duero, que desemboca cerca de la ciudad de Oporto en Portugal, es uno de los más caudalosos; el Tajo, el río más largo de España, recorre 1007 kilómetros antes de verter sus aguas en Lisboa; el Guadiana es un río de poco caudal; al sur de la Meseta encontramos el Guadalquivir, que cruza la ciudad de Sevilla y desemboca en el Atlántico por Sanlúcar de Barrameda. El Guadalquivir es navegable hasta Sevilla.

Los ríos de la región cantábrica y de Galicia son de **corto recorrido,** pero caudalosos y regulares debido a las abundantes precipitaciones. De ellos el más importante es el Miño con su **afluente** el Sil. El Miño pasa por las ciudades gallegas de Lugo y Orense, y en su curso inferior sirve de límite entre España y Portugal antes de desembocar en el Atlántico.

LOS RÍOS DE LA VERTIENTE MEDITERRÁNEA

El de mayor caudal y más largo recorrido (927 kilómetros) es el Ebro, que nace en Fontibre (Cantabria) y pasa por las ciudades de Miranda, Logroño, Zaragoza y Tortosa hasta desembocar formando un delta en la costa catalana. El Turia, que vierte sus aguas en Valencia, el Júcar y el Segura son ríos relativamente cortos e irregulares.

El clima

LAS PRESIONES

El factor que mayor influencia tiene sobre el clima de la Península es la presencia del anticiclón de las Azores, cuyo efecto es producir mayores presiones en la **fachada** atlántica, las que disminuyen en dirección al Mediterráneo. Aquí, el efecto del anticiclón se hace sentir principalmente en el golfo de León, lo que produce perturbaciones climáticas en la costa de Cataluña, Valencia y en Baleares. En invierno afectan también a la Península las altas presiones del aire polar y en verano el aire tropical.

LOS VIENTOS

Los vientos predominantes en la Península son los procedentes del oeste, que se caracterizan por ser templados y húmedos. Su influencia es mayor en la costa atlántica y en el interior. El régimen de vientos se completa con los del este, templados pero menos húmedos que los del oeste; los del noreste, secos y fríos; y los del sureste, secos y cálidos.

LAS TEMPERATURAS

En términos generales, la Península Ibérica tiene un clima templado, condicionado en gran parte por factores tales como el relieve, la altitud y las distancias al mar. Las mayores oscilaciones de temperatura se dan en el interior y hacia el sur y oeste de la Península. Las zonas próximas al mar presentan una variación menor.

LAS LLUVIAS

En líneas generales, las precipitaciones en España son escasas, siendo levemente superiores hacia el Atlántico y más abundantes en el norte que en el sur. El régimen de lluvias nos permite dividir a España en dos zonas bien marcadas: la España seca, que incluye la mayor parte del país, con precipitaciones anuales inferiores a los 600 milímetros y la España húmeda, que corresponde especialmente a la región cantábrica y Galicia, donde las precipitaciones son superiores a los 800 milímetros. Se dan también zonas extremas, semiáridas (300−350 milímetros) en el sureste y extremadamente lluviosas (1500 milímetros o más) en el noroeste.

TIPOS DE CLIMAS

El clima atlántico. Corresponde a la región cantábrica y Galicia. Es suave, sin grandes oscilaciones entre la máxima y la mínima y sin temperaturas extremas en invierno y en verano. Se caracteriza, además, por las abundantes lluvias que caen durante todo el año. En Galicia, por ejemplo, la temperatura media anual en las Rías Bajas es de 15 grados C. y de 14 en las Rías Altas, menos protegidas de los vientos del norte.

El clima mediterráneo. Predomina a lo largo de la costa mediterránea, en la mayor parte de Andalucía y Extremadura y en Baleares. Es templado, con inviernos poco fríos y veranos más calurosos a medida que se avanza hacia el sur. En la costa catalana, por ejemplo, se dan temperaturas de entre 10 y 11 grados en invierno y de 25 en verano. En la costa de Málaga las temperaturas son levemente superiores, con una media anual que oscila entre 18 y 19 grados. Hacia el interior de Andalucía se mantienen los inviernos suaves, pero los veranos son mucho más cálidos. Otro rasgo de este tipo de clima es la escasez de las precipitaciones.

El clima continental. Es el clima característico de la Meseta, aunque también lo encontramos en la depresión del Ebro y en ciertas partes de Andalucía. Los dos rasgos fundamentales de este tipo de clima son las grandes oscilaciones de las temperaturas y las precipitaciones moderadas. Los inviernos son fríos, con temperaturas de menos de 6 grados, y los veranos son calurosos, con máximas frecuentemente superiores a los 35 grados. En algunas zonas de Castilla-León llegan a registrarse máximas de 39 grados en verano y mínimas de 20 bajo cero en invierno. En Andalucía los inviernos son más suaves que en la Meseta Norte y los veranos más calurosos.

El clima de montaña. Debido a la altitud, produce temperaturas bajas y abundantes lluvias. En otoño y en invierno nieva con frecuencia.

Glosario

afluente. tributary
cadena montañosa. mountain chain
caudal. volume of water flow in a river

corto recorrido. short length (*of a river*)
cuenca. basin
declive. slope
desembocadura. mouth of a river
desembocar. flow into
enmarcada. framed
fachada. front
giran en torno. they are around
islote. islet, small rocky island
macizo. massif
pendiente. slope
pico. peak
planicie. plain
poco caudalosos. (*rivers*) that carry a small volume of water
precipitaciones. precipitation
reborde. edge
ría. inlet of the sea
sierra. mountain range
vertiente mediterránea. Mediterranean watershed

Cuestionario

EL REINO DE ESPAÑA
1. ¿Cuáles son los límites de España?
2. ¿Cuál es su superficie?
3. ¿Qué territorios incluye aparte de los de la Península?

EL RELIEVE
1. ¿Qué es la Meseta Central?
2. ¿Qué es el Sistema Central?
3. ¿Qué grupos de montañas se pueden distinguir en España?

LAS COSTAS
1. ¿Dónde se halla la costa cantábrica?
2. ¿Cuáles son los límites de la costa gallega?
3. ¿Cuáles son los dos extremos de la costa atlántica sur?
4. ¿Por qué se dice que la costa mediterránea sur es una zona privilegiada?
5. ¿Cuáles son los dos extremos de la costa mediterránea oriental?

LAS ISLAS
1. ¿Dónde están situadas las islas Baleares?
2. ¿Cuáles son las islas principales?
3. ¿Cuál es la población total de las islas?
4. ¿Dónde se encuentran las islas Canarias?

5. ¿Qué provincias comprende este archipiélago?
6. ¿Cuáles son las islas principales de cada provincia?
7. ¿Qué tipo de suelo tienen las islas Canarias?
8. Según los geólogos, ¿cuál es el origen de las islas?
9. ¿Cuándo y dónde ocurrió la última erupción?
10. ¿Cómo se llama el monte más alto del archipiélago? ¿Dónde se encuentra y qué altura tiene?

LOS RÍOS
1. ¿Cuál es la característica general de los ríos de España?
2. ¿Qué diferencia general se da entre los ríos de la vertiente atlántica y los que desembocan en el Mediterráneo?
3. ¿Cuáles son los principales ríos de la vertiente atlántica?
4. ¿Cuál es el río más importante que desemboca en el Mediterráneo?

Temas de redacción o presentación oral

1. Haz un resumen de los principales rasgos del relieve de España, incluyendo la siguiente información:
   (a) La Meseta Central
       Definición
       Superficie
       Características
   (b) Las montañas periféricas
   (c) Las montañas interiores
   (d) Las montañas exteriores

2. Señala las principales características del clima de España y los tipos de clima que se dan. Describe el efecto de los siguientes factores:
   (a) Las presiones
   (b) Los vientos
   (c) Las temperaturas
   (d) Las lluvias

3. Explica el significado de estos conceptos e indica de qué manera se pueden aplicar a la geografía española:
   (a) meseta
   (b) cordillera o sierra
   (c) ría
   (d) archipiélago
   (e) anticiclón
   (f) España seca/España húmeda

4. Explica la relación que puede existir entre ciertos aspectos de la geografía de España y el turismo.

Práctica

1. Observa el uso de pronombres en las siguientes oraciones:
   - La Meseta Central está rodeada de montañas que forman una especie de muro que *la* delimita casi totalmente. Otra cadena montañosa *la* divide en dos.
   - El clima característico de la Meseta es el continental, aunque también *lo* encontramos en la depresión del Ebro.

   Recuerda: Los pronombres de complemento directo (*direct object pronouns*) se usan para sustituir a un nombre de persona o cosa. Ellos son *lo, la, los, las*. En muchas partes de España se usa *le* en lugar de *lo* para referirse a personas de sexo masculino. Estudia estas oraciones:
   - Conozco *ese lugar.*   *Lo* conozco.
   - Conozco *a Luis.*   *Lo* conozco.

   Evita la repetición en las siguientes oraciones usando *lo, la, los* o *las*, según corresponda. Sigue el ejemplo:
   - La Meseta Central está rodeada de montañas que delimitan *a la Meseta* casi totalmente.
   - La Meseta Central está rodeada de montañas que *la* delimitan casi totalmente.

   (a) España limita al sur con el estrecho de Gibraltar, que separa *a España* del continente africano.

   (b) El territorio español limita al norte con los Pirineos, que separan *el territorio español* de Francia.

   (c) De este a oeste de la Meseta encontramos el Sistema Central, que divide *a la Meseta* en dos.

   (d) Los principales ríos desembocan en el Atlántico debido a la inclinación de la Meseta que lleva *los ríos* hacia el oeste.

   (e) Los ríos de la región Cantábrica son de corto recorrido pero las precipitaciones hacen *a los ríos* caudalosos y regulares.

   (f) Los principales atractivos de estas regiones son su clima y sus playas, que convierten *a estas regiones* en centros turísticos importantes.

   (g) Carmen llegará mañana a Madrid. Iré a buscar *a Carmen* al aeropuerto.

   (h) Carlos viajará a Galicia. Unos amigos han invitado *a Carlos* a Santiago de Compostela.

2. Observa estas oraciones:
   - Mallorca es *la isla más montañosa* de las Baleares.
   - El Almanzor es *el monte más alto* de la Sierra de Gredos.

   Forma oraciones similares con esta información:
   (a) Pico de Mulhacén; alto; Cordillera Bética

    (b) Madrid; grande; España
    (c) El río Tajo; largo; España
    (d) El río Ebro; caudaloso; la vertiente mediterránea
    (e) La región de Galicia; lluviosa; la Península
    (f) La isla de Tenerife; grande; las Canarias
    (g) Las islas Canarias; meridionales; islas españolas
    (h) Los ríos Duero, Tajo, Guadiana, Guadalquivir y Ebro; importantes; España

3. Completa el texto que sigue con la palabra que te parezca más adecuada.

El _____ de las Canarias es volcánico. Los _____ sitúan el origen del _____ en erupciones _____ que habrían _____ lugar en el Atlántico _____ la _____ terciaria. Gran Canaria y Gomera tienen _____ de volcán. El aspecto de las _____ continúa cambiando _____ a la erosión y a las erupciones, la _____ de las cuales _____ en Gomera en 1971. Las islas _____ salpicadas _____ montañas, una de las _____, el _____ Teide situado _____ Tenerife, es _____ punto _____ alto del _____.

4. Completa los espacios en blanco con el adjetivo que corresponde a cada sustantivo entre paréntesis.

    (a) clima _____ (calor)
    (b) perturbaciones _____ (clima)
    (c) región _____ (humedad)
    (d) zona _____ (lluvia)
    (e) cadena _____ (montaña)
    (f) zona _____ (costa)
    (g) costa _____ (península)
    (h) erupción _____ (volcán)
    (i) centro _____ (turismo)
    (j) río _____ (caudal)

Anfiteatro romano de Emerita Augusta (Mérida).

CAPÍTULO DOS

De Iberia a la España visigoda

CRONOLOGÍA

a.C.

900–650	Los celtas penetran en la Península Ibérica.
700–600	Período de mayor prosperidad de la colonización fenicia.
600	Se inicia la colonización griega; su principal centro fue Emporion (Ampurias) en la costa de Gerona (Cataluña).
500	Se inicia la colonización cartaginesa y la expulsión de los pueblos anteriores.
205	Derrota y expulsión de los cartagineses por los romanos.
155–139	Triunfo de Roma sobre el ejército de Lusitania.
154–133	Triunfo de Roma en la guerra celtibérica. Numancia es conquistada por los romanos, que pasan a dominar los pueblos de la Meseta.
98	Trajano, primer español que llega a ser emperador.

d.C.

100–300	El cristianismo llega a España.
380	El cristianismo se convierte en religión oficial del Imperio Romano.
409	España es invadida por tribus germanas.
415	Los visigodos conquistan las otras tribus germanas y se establecen en la Península.
576	Los visigodos establecen su capital en Toledo.
587	La monarquía visigoda se convierte al catolicismo.
711	Los musulmanes (árabes y beréberes) procedentes del norte de África invaden la Península y derrotan al rey visigodo Rodrigo. Se impone, así, el dominio musulmán en la Península.

La España prerromana

EL PALEOLÍTICO

La prehistoria de la Península Ibérica no difiere mayormente de la del resto de Europa. Los orígenes del hombre que habitó la Península durante las distintas fases del período paleolítico son en general poco conocidos. En el período paleolítico medio, entre los años 100 000 y 35 000 a.C. aproximadamente, vivió el hombre de Neandertal. A éste siguió el *Homo sapiens,* conocido en Europa con el nombre de Cro-Magnon, que dominó el período paleolítico superior a partir del año 35 000 a.C. aproximadamente.

Restos del hombre de Cro-Magnon se han encontrado en Andalucía, Levante, la Meseta, la región cantábrica y el Pirineo catalán. Además, numerosos hallazgos, entre ellos las famosas pinturas y esculturas de las cuevas de Altamira y El Castillo en Santander, han permitido reconstruir en parte la forma de vida de estos primitivos habitantes de la Península. La caza era su principal actividad y su arte consistía fundamentalmente en la representación de animales pintados o grabados en la roca de las cavernas donde habitaban.

EL NEOLÍTICO Y LA EDAD DEL BRONCE

Se conoce como neolítico el período que va del año 5000 al 2500 a.C. Los hombres dejan de ser cazadores y recolectores de alimentos para transformarse gradualmente en agricultores, pescadores y pastores.

Bisonte prehistórico pintado en las cuevas de Altamira.

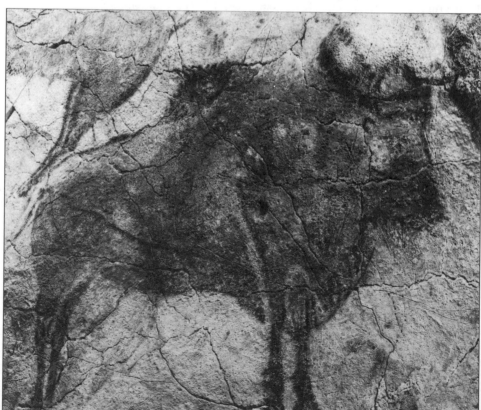

El hombre neolítico sale de las cavernas para formar pequeñas comunidades a lo largo de las costas y ríos. Estas comunidades entrarán en contacto entre sí y darán origen a cierta actividad comercial. A su vez, este acercamiento entre tribus llevará a conflictos y guerras.

El uso de los metales.   A partir del año 3000 a.C. el hombre descubre el uso de los metales: el cobre, que utiliza en la fabricación de armas y otros artefactos; y el oro y la plata, con los que fabrica numerosos objetos decorativos. Asimismo, renace el empleo de la piedra para la fabricación de objetos de uso práctico, especialmente en aquellos lugares donde el metal no existía o se desconocía.

La cultura megalítica.   Es en el tercer milenio también cuando nace la cultura megalítica en la Península Ibérica, es decir, se levantan grandes monumentos—tales como tumbas—hechos con piedras de grandes dimensiones. El más característico de ellos es el dolmen, formado por un gran bloque horizontal colocado sobre dos o cuatro piedras verticales.

La *edad del bronce*.   En la edad del bronce, a partir del año 2000 a.C., surgen importantes culturas, especialmente en la región sur de la Península. En ellas se da un mayor desarrollo de la agricultura y se crean poblados que llegan a constituir casi verdaderas ciudades. Los hallazgos de objetos de bronce, oro y plata hablan del elevado grado de desarrollo alcanzado por dichas culturas.

IBEROS, CELTAS Y CELTÍBEROS

Con anterioridad a la llegada de los romanos y otros colonizadores mediterráneos, la Península Ibérica estaba habitada por un conglomerado de pueblos, entre los que se encontraban los **iberos** y los **celtas.** Los iberos, que vivían en la Península desde tiempos prehistóricos, se habían establecido en Andalucía y en la costa del Mediterráneo. Los celtas, provenientes de Europa central, se establecieron principalmente en Galicia, Cataluña, el valle del Ebro, la Meseta y Asturias, ocupando también parte de Andalucía y Extremadura (900–650 a.C.). De la fusión de los celtas con pueblos que habitaban la Meseta nacieron los **celtíberos,** que constituyeron diversas tribus.

Las zonas de mayor desarrollo cultural fueron las ocupadas por los iberos, es decir, Andalucía y la costa mediterránea. Ello se debió en gran medida a la influencia de los pueblos colonizadores (**fenicios, griegos** y **cartagineses**). Allí se alcanzó un alto grado de desarrollo urbano, con la creación de ciudades cuya economía giraba fundamentalmente en torno a la agricultura, la ganadería y la minería. El desarrollo urbano fue mucho menor en las zonas ocupadas por tribus celtas y celtíberas, dedicadas principalmente al cultivo de la tierra y a la cría de animales.

En el norte de la Península—Galicia y Cantabria—predominaba el elemento celta, que habitaba pequeños poblados o aldeas, con una organización social y una economía mucho más atrasada que la de otros pueblos peninsulares. Los celtas del norte eran en su mayoría agricultores y pastores, y a menudo se desplazaban en busca de alimentos a otros lugares de la región.

FENICIOS, GRIEGOS Y CARTAGINESES

En el último milenio antes de Jesucristo llega a la Península Ibérica una serie de civilizaciones provenientes del Mediterráneo—fenicios, griegos y cartagineses—que culminará con la colonización romana a partir del siglo II a.C.

El centro de estas culturas mediterráneas fue Tartessos, una especie de gran Estado, conocido en la Biblia como Tarshish. Tartessos estaba situado en el valle del Guadalquivir, en la región sur de la Península. Este gran reino, rico en metales y donde la agricultura y la ganadería habían alcanzado un alto grado de desarrollo, atrajo a los nuevos colonizadores mediterráneos.

Los fenicios.   Los fenicios fundaron la ciudad de Gadir, hoy Cádiz, y establecieron centros comerciales en la costa sur y este de la Península y en las islas Baleares. Su período de mayor prosperidad se sitúa entre los siglos VIII y VI a.C. Su contribución más importante fue su alfabeto, que constaba de veintidós letras que representaban sonidos.

Los griegos.   La colonización griega comienza a partir del siglo VI a.C. Su centro más importante fue Emporion—hoy conocido como Ampurias—situado en la costa de Cataluña. Al igual que los fenicios, los griegos fundaron colonias a lo largo de la costa sur y este de la Península, desde donde ejercieron una fuerte influencia cultural sobre los antiguos habitantes, ya conocidos como iberos. Los restos de cerámica y esculturas iberas que datan de esta época muestran una fuerte influencia griega. Estos nuevos colonizadores contribuyeron al desarrollo de la metalurgia y también de la agricultura. A ellos se debe la introducción del olivo y la vid.

Los cartagineses.   La llegada de los cartagineses desde el norte de África en el año 500 a.C. pone fin a la colonización griega y da comienzo a un nuevo período en la historia peninsular. **Amílcar,** jefe de un gran ejército, avanza sobre la Península. Lo acompaña su pequeño hijo Aníbal, quien más tarde dirigirá importantes campañas militares contra los romanos, en las llamadas guerras **púnicas.**

Los cartagineses llegaron a dominar el Mediterráneo occidental y ejercieron una fuerte influencia en el sur y este de la Península Ibérica. Su dominio adoptó un carácter fuertemente imperialista y militar. Establecieron como capital Carthago Nova—hoy llamada Cartagena—en la costa este. Aquí comienza una serie de batallas con los ejércitos romanos, con quienes se disputan la hegemonía de la Península, y que culminarán con la derrota final y expulsión de los cartagineses en el año 205 a.C. Así comienza el dominio de Roma.

La España romana

LA CONQUISTA

Con la derrota de los cartagineses y la toma de **Cartago** por parte de los romanos, dirigidos por Escipión el Africano, comienza la romanización de la Península Ibérica. La conquista se extiende hacia el valle del Guadalquivir donde se funda la ciudad de Itálica, primera ciudad romana en España, situada en las proximidades de la actual Sevilla. Más tarde Cádiz cae también en poder del ejército romano (206 a.C.). Con el cónsul Catón (194 a.C.) se abre el camino para la conquista del valle del Ebro y de la Meseta.

Resistencia a la conquista. La resistencia de los pueblos indígenas a la invasión romana dio origen a tres importantes guerras entre los años 197 y 133 a.C.:

1. Un primer alzamiento, duramente reprimido por Catón en el año 196–195 a.C.

2. La guerra lusitana (155–139 a.C.), que culminó con el triunfo de Roma sobre el ejército de Lusitania, una de las divisiones de la España romana que corresponde en gran parte al actual Portugal.

3. La guerra celtibérica (154–133 a.C.), con la caída de Numancia (ciudad de la antigua España situada cerca de la actual Soria) a manos de Escipión Emiliano. Con este triunfo los romanos pasan a dominar a los pueblos de la Meseta.

Luchas civiles. Una vez consolidada la conquista de la Meseta los romanos se ven envueltos en una serie de luchas civiles que tienen como

Organización administrativa de Hispania a finales del Bajo Imperio.

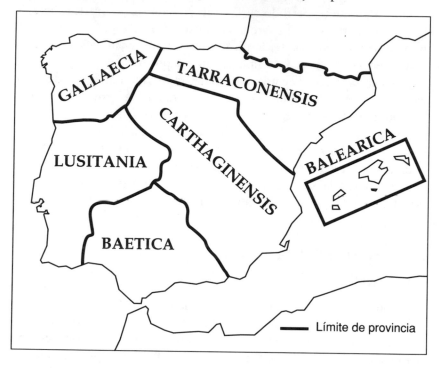

escenario la Península. Sertorio—general romano—se enfrentó a los partidarios del régimen de Sila (82–72 a.C.) y posteriormente César se enfrenta al ejército de Pompeyo en Ilerda (Lérida, año 49 a.C.) y Munda (Montilla, año 45 a.C.).

Consolidación de la conquista. La última guerra fue la emprendida por el emperador Octavio Augusto contra los habitantes del norte de la Península (26–24 a.C.). El triunfo de Roma lleva finalmente a la consolidación de la conquista (19 a.C.).

LA ADMINISTRACIÓN

Las provincias. Hispania, como llamaron los romanos a la Península Ibérica, fue dividida en dos provincias, que más tarde se subdividieron: Tarraconense incluía los territorios situados en el noreste y gran parte de la España central, además de Cantabria, Asturias y Galicia. Su capital fue Tarraco (Tarragona). Bética correspondía a la actual Andalucía, con Corduba (Córdoba) como capital. Lusitania comprendía la mayor parte de los territorios del oeste peninsular, incluido el actual Portugal, al sur del Duero. Lusitania tuvo como capital a Emerita Augusta (Mérida).

Estatua en honor de Julio César (Tarragona).

La subdivisión de estas provincias dio origen más tarde a Gallaecia y Cartaginense. Además se creó Mauritania Tinginata, a la que se incorporó el norte de África (hoy República de Mauritania, Marruecos, Argelia y Túnez). Las islas Baleares constituirían más tarde una nueva provincia romana.

Al frente de cada provincia había un gobernador y una Asamblea Provincial que controlaba el pago de impuestos y supervisaba la labor del gobernador. Las provincias estaban divididas en **conventos jurídicos,** que eran demarcaciones judiciales y fiscales.

Las ciudades. La administración romana llevó a la fundación de numerosas ciudades, tanto para el beneficio de sus propias legiones como para el de los pueblos conquistados. A la manera de Roma, cada ciudad contaba con una especie de cónsul—llamado **edil** o **duunviro**—y un **Senado** o **Curia.**

César y **Augusto** fundaron numerosas ciudades y muchas de ellas tuvieron en un principio carácter militar. Barcino (Barcelona), Astigi

(Ecija), Emerita Augusta (Mérida), Caesar Augusta (Zaragoza), entre otras, fueron fundadas por Augusto. La mayoría eran pequeñas, pero algunas llegaron a tener hasta 50 000 habitantes. Algunas gozaban de mayores privilegios que otras. La mayor parte de ellas dependían de Roma, a la que pagaban importantes **tributos.**

Las comunicaciones.   Con el tiempo, una red de más de 16 000 kilómetros de caminos unió las ciudades de Hispania. Esta red incluía la Vía Augusta que se extendía desde Roma hasta Cádiz a través de la Galia (hoy Francia). Todo ello significó un mayor desarrollo urbano y contribuyó considerablemente al progreso económico y a la romanización de Hispania.

LA ECONOMÍA Y LA SOCIEDAD

La economía.   Hispania llegó a ser uno de los territorios más prósperos del Imperio Romano. La explotación de los recursos naturales cambió la estructura económica de la Península y dio lugar a un activo comercio con otros territorios sometidos por los romanos.

1. La agricultura. La actividad agrícola se centró principalmente en la producción y exportación de vinos, aceite, trigo y cebada. También se producía gran cantidad de frutas y legumbres, además de esparto y lino, que se explotaban industrialmente: el primero en la fabricación de soga, sacos y calzado, y el segundo para hacer tejidos. Para favorecer la producción agrícola se construyeron numerosas obras de regadío, entre ellas enormes acueductos como los de Segovia y Tarragona.

2. La minería. La producción minera alcanzó niveles importantes y llegó a ser la principal fuente de recursos del Imperio. Oro, plata, plomo, cobre y estaño eran algunos de los minerales exportados desde la Península. El control de la minería era ejercido por el Estado y en la explotación participaban principalmente esclavos, aunque también existían, en mucho menor número, trabajadores libres.

3. La ganadería. Esta fue fundamentalmente ovina, para la producción de lana y carne. En la Meseta fue vacuna y caballar.

La sociedad.   La sociedad hispanorromana distinguía entre hombres libres y esclavos y su organización era la siguiente:

1. Los **senadores** ocupaban la cúspide de la pirámide social. En su mayoría pertenecían a familias romanas y tenían gran poder económico,

dado que eran grandes propietarios y controlaban los medios de producción.

2. Los **caballeros** o **ecuestres** seguían en importancia. Muchos de ellos eran miembros de la aristocracia local y a su cargo estaban los puestos más importantes de la administración.

3. Los **decuriones** integraban las Curias o Senados locales y eran generalmente grandes propietarios y dueños de talleres artesanales.

4. La **plebe** era el grupo más numeroso y estaba integrado por campesinos, artesanos y el bajo pueblo en general.

5. Los esclavos se empleaban en labores domésticas, agrícolas y artesanales y podían en ciertos casos conseguir la libertad. Con el tiempo su número fue disminuyendo.

La mezcla entre romanos e indígenas imprimió poco a poco su propio carácter a la sociedad de la Península. Muchos romanos de familias influyentes nacieron en Hispania. Uno de ellos fue Trajano, que llegó a ser emperador (98–117 d.C.), al igual que su hijo adoptivo Adriano (117–138 d.C.). Ambos habían nacido en Itálica (Andalucía). En Córdoba nació el filósofo Lucio Anneo Séneca, que ocupó el cargo de preceptor de Nerón y llegó a ser también cónsul romano.

LA CRISTIANIZACIÓN

Los comienzos de la cristianización de Iberia se sitúan aproximadamente a mediados del siglo I de nuestra era. Llegado probablemente a través del norte de África, el cristianismo logró sus primeros seguidores en las ciudades del sur y del este de la Península, desde donde se extendió a otras regiones. La tradición, sin embargo, identifica el inicio de la cristianización con la presencia del **apóstol Santiago** (hoy patrón de España), históricamente no comprobada. Otros la hacen coincidir con la llegada—también de difícil comprobación—de **San Pablo.** La lengua de evangelización fue el latín.

El trato dado por las autoridades romanas a los cristianos en Hispania fue similar al de otras regiones del Imperio. Hubo emperadores que mostraron más tolerancia que otros, pero a menudo sufrieron persecuciones y torturas. Ello, unido al creciente autoritarismo de un imperio en decadencia, condujo muchas veces al alzamiento de los oprimidos, que fue duramente castigado. La persecución continuó hasta los tiempos del emperador **Constantino,** quien dio al cristianismo los mismos derechos que la religión del Estado. Esto imprimió nueva fuerza a la expansión del cristianismo, que se fortaleció aún más ante la conversión de Constantino en su lecho de muerte. Más tarde, el emperador **Teodosio,** nacido en Hispania, hizo del cristianismo la religión oficial del imperio (año 380).

LA CRISIS DEL IMPERIO ROMANO

A mediados del siglo III el Imperio Romano había entrado en un período de crisis motivada, entre otros, por los siguientes factores:

El autoritarismo. A esto se sumó la ineficacia de los emperadores, que a partir de Alejandro Severo (235) fueron nombrados por las propias legiones. A causa de ello, los levantamientos contra la autoridad imperial se hicieron cada vez más frecuentes.

La decadencia del comercio. Debido a las guerras civiles y al clima de inseguridad general, el comercio decayó y llevó a un progresivo empobrecimiento de las ciudades. El poder económico se centró en los campos y llevó a la concentración de grandes extensiones de tierra en manos de un solo propietario. Las dificultades de la vida urbana produjeron un éxodo hacia las zonas rurales, donde se produjo una nueva relación de dependencia entre el dueño de la tierra y el colono o campesino que proporcionaba mano de obra barata. Esta nueva relación será en esencia la que regirá en las tierras del sur de la Península hasta nuestros días. Más tarde sería llevada por los conquistadores a la América hispana.

La penetración de tribus germánicas. La defensa de las fronteras se hizo cada vez más débil. Por el norte penetraron tribus germánicas de **visigodos** y **ostrogodos.** Con Teodosio, a fines del siglo III, se alcanzó una cierta estabilidad y se llegó a tolerar la presencia de las tribus germánicas. Más tarde, Honorio, su hijo y sucesor, estableció una alianza con los invasores. Dicha alianza llevaría a la ocupación de España por los visigodos.

LA CULTURA EN LA HISPANIA ROMANA

El uso del latín. Uno de los factores que más influencia tuvo en la rápida romanización de Hispania fue sin duda el latín. Los habitantes de la España prerromana—iberos, celtas, celtíberos—y los pueblos colonizadores del Mediterráneo—fenicios, griegos y cartagineses—hablaban una variedad de lenguas y dialectos. Todos ellos han dejado testimonio en un sinnúmero de nombres de lugares y otras palabras en uso en la actual lengua castellana.

El latín hablado por los colonizadores se impuso en toda la Península. En los primeros siglos de nuestra era, el latín no presentaba ninguna particularidad especial y su uso en las distintas regiones era uniforme. Sólo algunos rasgos hacen pensar en la posterior transformación que experimentará bajo la influencia de las otras lenguas habladas en Iberia. Es necesario tener en cuenta también que el latín que se impuso fue el latín hablado o vulgar y no la lengua clásica en su forma escrita. Fue el habla popular de colonizadores, soldados, mercaderes y artesanos, con todas sus peculiaridades, la que con el correr de los siglos dio origen al castellano, la lengua romance con mayor número de hablantes en el mundo.

El cultivo de las letras.   Las letras, particularmente las que corresponden al primer siglo de colonización romana, están representadas por filósofos, poetas, autores de obras de retórica y de costumbres. Entre las grandes figuras se destacan las siguientes:

1. Séneca (Lucio Anneo), nacido en Córdoba y educado en Roma, donde se dedicó al estudio de la filosofía estoica, basada en la austeridad y el dominio sobre la propia sensibilidad. Séneca se suicidó cortándose las venas al ser acusado por Nerón—su antiguo discípulo—de haber conspirado contra él.

2. Quintiliano, natural de Calagurris (Calahorra) y autor del tratado de oratoria *Institutiones Oratoriae*.

3. Lucano, nacido en Córdoba, sobrino de Séneca, fue el autor de la **epopeya** *Farsalia*. Lucano tomó parte en una conspiración contra Nerón y, al ser descubierta, se suicidó.

4. Marcial, poeta nacido en Bílbilis (Calatayud), autor de *Epigramas,* en algunos de los cuales relata las costumbres de Roma.

El arte.   La enorme influencia de las artes, además de la filosofía y el derecho romanos, convirtieron a España en un importante centro cultural en el contexto europeo de la época.

El arte romano, influido fuertemente por Grecia, se mezcló a su vez con lo ibérico para dar una nueva imagen a la expresión artística de la Península. Hermosos jarrones de cerámica y esculturas adornaron las ciudades, edificios públicos y casas de las familias más poderosas. De ellos se conservan numerosas piezas halladas en Itálica, Mérida, Tarragona y otras ciudades hispanorromanas.

Acueducto de Segovia.

La arquitectura tuvo también un importante desarrollo, tanto en el sentido práctico—construcción de caminos, puentes, acueductos y baños públicos—como artístico, por ejemplo teatros, anfiteatros, circos y arcos de triunfo. Entre las muchas obras se destacan el acueducto de Segovia, el puente de Alcántara (Cáceres), el teatro de Sagunto (Valencia) y el anfiteatro de Mérida (Badajoz).

La España visigoda

LAS INVASIONES GERMANAS

En el año 409 la Península Ibérica fue invadida por tribus germanas: **suevos, vándalos** y **alanos.** La incapacidad de los romanos para expulsarlos de los territorios ocupados llevó a un pacto con los visigodos, otro pueblo germano establecido en **Tolosa** (Francia). Con su cooperación se llegó a la expulsión de los invasores. Los suevos, sin embargo, lograron establecer un reino independiente en Brácara

(Braga, Portugal), que perduró hasta el año 585. A su vez, los visigodos, expulsados de Tolosa por los **francos,** se establecieron en la Península, y la llegaron a gobernar en su mayor parte desde el año 415 hasta la **invasión musulmana** en el año 711.

LA UNIFICACIÓN DE HISPANORROMANOS Y VISIGODOS

La unificación de hispanorromanos y visigodos comienza con el rey Leovigildo, quien establece su capital en Toledo (576). Desde allí se organiza el ataque contra los suevos hasta conseguir derrotarlos (585). En el norte se lucha contra los **vascones,** a quienes se trata de someter, pero sin lograr absorberlos. Y en el sureste los visigodos se enfrentan a los invasores **bizantinos,** a quienes consiguen expulsar.

En el año 587 la monarquía visigoda se convierte definitivamente al catolicismo (muchos eran cristianos antes de su llegada a España), con lo cual se acentúa el proceso de unificación con los hispanorromanos.

LA CAÍDA DEL REINO VISIGODO

Las luchas por el poder entre diferentes pretendientes al trono visigodo y el debilitamiento general de la monarquía llevaron a la caída del reino. En el año 711 los musulmanes, procedentes del norte de Africa y llamados por los oponentes del rey visigodo Rodrigo, entran en España y derrotan al monarca en la batalla de Guadalete (Andalucía). Con ello se inicia el dominio musulmán en la Península Ibérica; durará más de setecientos años.

LA ECONOMÍA Y LA SOCIEDAD

La economía. La base de la economía visigoda fue, como en la última fase del Imperio Romano, la agricultura, con la diferencia de que ahora los germanos eran propietarios de la mayor parte de las tierras de cultivo. La condición del campesinado empobrecido, que trabajaba una tierra que no le pertenecía, poco o nada cambió con los nuevos gobernantes.

La sociedad. En un principio, la integración entre visigodos e hispanorromanos fue limitada. Los hispanorromanos no tenían participación en la elección del soberano, quien era elegido de entre los nobles visigodos. Tampoco podían contraer matrimonio con godos, aunque más tarde se autorizaron los matrimonios mixtos.

La intolerancia religiosa se manifestó en la persecución de que fueron objeto los **judíos** que habitaban la Península, cuyas propiedades fueron confiscadas. Esta situación se acentuó cuando, a fines del siglo VII, el Sexto **Concilio** de Toledo estipuló que nadie que no fuese católico podía permanecer en el reino visigodo.

El dominio germano se caracterizó también por el crecimiento del campesinado frente a la progresiva desaparición de los esclavos. La dependencia del trabajador agrícola con respecto del propietario, que comenzó a existir durante los años de crisis del Imperio Romano, tendió a hacerse cada vez más fuerte en la España visigoda.

LA CULTURA EN EL REINO VISIGODO

Las letras. La cultura visigoda estuvo fuertemente influida por los romanos y la Iglesia fue su principal medio de transmisión a través del latín, que siguió siendo la lengua predominante.

La figura más destacada de la época fue Isidoro, arzobispo de Sevilla. En su obra *Etimologías* analiza la vida política y cultural de la Península. De gran influencia en las instituciones españolas fue la obra del rey visigodo Recesvinto, quien sustituyó muchos de los antiguos códigos de **derecho romano.** Su compilación de leyes se llamó *Liber Judiciorum* (**Fuero Juzgo**).

La lengua. La lengua de los visigodos no tuvo gran influencia en el habla de la Península. Su principal contribución fue en el área del léxico. Existen alrededor de 2400 palabras de origen germano en la Península, aunque muchas de ellas no provienen directamente de los visigodos, sino de otros grupos germanos anteriores o posteriores. La influencia visigoda se observa principalmente en los nombres de personas, tales como Alfonso, Fernando, Álvaro, Gonzalo, Ramón.

El arte. El arte de los visigodos siguió en general muy de cerca las formas establecidas por los romanos. Lo más original y destacado de su obra artística fueron sus magníficas coronas de oro y piedras preciosas. De su arquitectura se conservan algunas pequeñas iglesias en las que se utilizó el **arco de herradura.**

Glosario

alanos. Alans (*Germanic tribe*)

Amílcar. Carthaginian general, father of Hannibal, who led the conquest of Spain

apóstol Santiago. St. James the Apostle

arco de herradura. (*in architecture*) horseshoe arch
Augusto. Augustus (*Roman emperor*)
bizantinos. Byzantines, from Byzantium
caballeros. knights, noblemen
cartagineses. Carthaginians
Cartago. Carthage. North African city founded in 814 B.C., was the capital of Roman Africa from the first to the sixth centuries A.D.
celtas. Celts
celtíberos. Celtiberians
César. Caesar (*Roman emperor*)
código. compilation of laws
concilio. council
Constantino. Constantine (*Roman emperor*)
conventos jurídicos. administrative subdivisions of Roman provinces
decuriones. members of the Roman Curias or Senates in the cities
derecho romano. Roman law
ecuestres. order of Roman noblemen
edad del bronce. Bronze Age
edil o **duunviro.** edile or duumvir (*Roman magistrates*)
epigrama. satirical poem
epopeya. epic poem
fenicios. Phoenicians
francos. Franks (*Germanic tribe*)
Fuero Juzgo. version of the *Liber Judiciorum,* a compilation of Roman and Visigothic laws translated into Spanish in the thirteenth century. It is an important document for the study of the Spanish language and laws.
griegos. Greeks
guerras púnicas. Punic Wars, fought between Rome and Carthage
iberos. Iberians
invasión musulmana. Muslim invasion
judíos. Jews
ostrogodos. Ostrogoths (*Germanic tribe*)
plebe. common people, plebeians
San Pablo. St. Paul
Senado o **Curia.** Senate or Curia (*Roman Assembly*)
senadores. senators, members of the Roman Senate
suevos. Swabians (*Germanic tribe*)
Teodosio. Theodosius (*Roman emperor*)
Tolosa. Toulouse, city in France
tributos. taxes
vándalos. Vandals (*Germanic tribe*)
vascones. Vascons, people who inhabited Vasconia (the Basque country)
visigodos. Visigoths (*Germanic tribe*)

Cuestionario

LA ESPAÑA PRERROMANA

1. ¿Cuál era la principal actividad del hombre de Cro-Magnon? ¿En qué consistía su arte?
2. ¿Cuál fue la forma de vida del hombre neolítico?
3. ¿Qué se sabe sobre el arte neolítico peninsular?
4. ¿Qué es el dolmen?
5. ¿Qué regiones habitaban los iberos? ¿Y los celtas?
6. ¿Cuál es el origen de los celtíberos?
7. ¿Qué actividades económicas realizaron los iberos?
8. ¿Qué actividades realizaban los celtas en el norte?
9. ¿Qué colonizadores del Mediterráneo llegaron a la Península antes de los romanos?
10. ¿Qué sabemos sobre Tartessos?

LA ESPAÑA ROMANA

1. ¿Qué hecho histórico marcó el comienzo de la romanización de la Península Ibérica?
2. ¿Cuál fue la primera ciudad fundada por los romanos en Hispania?
3. ¿A qué guerras dio origen la resistencia de los indígenas?
4. ¿Cuál fue la última guerra emprendida por los romanos en Hispania? ¿Cuál fue el resultado de esa guerra?
5. ¿Qué provincias crearon los romanos en Hispania?
6. ¿Qué actividades económicas realizaron los colonizadores?
7. ¿Qué distinción importante hacían los romanos dentro de la sociedad?
8. ¿Cuándo comenzó la cristianización de Hispania?
9. ¿Cuándo sitúa la tradición española los comienzos de la cristianización?
10. ¿Qué trato dieron los romanos a los cristianos de Hispania?

LA CULTURA EN LA ESPAÑA ROMANA

1. ¿Qué factor lingüístico influyó en la romanización?
2. ¿Qué figuras se destacan en la cultura romana de la Península?
3. ¿Qué pueblo influyó enormemente sobre el arte romano?
4. ¿Cuáles son algunos ejemplos de la arquitectura romana?

LA ESPAÑA VISIGODA

1. ¿Qué tribus invadieron Hispania en el año 409?
2. ¿Cómo se logró expulsarlas?
3. ¿Dónde estaban establecidos los visigodos antes de llegar a la Península?
4. ¿Cuándo comenzó la unificación de hispanorromanos y visigodos?
5. ¿Qué originó la caída del reino visigodo? ¿Qué pueblo invadió el reino?

6. ¿Cuál era la base de la economía visigoda?
7. ¿Hasta qué punto estaban integrados los visigodos con los hispano-rromanos?
8. ¿Qué ejemplos de intolerancia religiosa se dieron durante el reino visigodo?
9. ¿De qué manera cambió la sociedad durante su reinado?

LA CULTURA EN EL REINO VISIGODO
1. ¿Cuál fue la lengua predominante en el reino visigodo?
2. ¿Cuál fue la obra del rey visigodo Recesvinto?
3. ¿De qué manera contribuyeron los visigodos al enriquecimiento del habla de la Península?
4. ¿Qué formas adoptó el arte de los visigodos?

Temas de redacción o presentación oral

1. ¿Qué vestigios existen sobre la presencia del hombre primitivo en otros países de Europa, por ejemplo en Gran Bretaña? ¿Y en el continente americano?

2. Explica brevemente la colonización de la Península Ibérica por fenicios, griegos y cartagineses. Menciona específicamente los siguientes puntos:
   (a) Los fenicios: región de la Península donde se establecieron; período de mayor prosperidad; su más importante contribución.
   (b) Los griegos: siglo en que se inicia su colonización; ciudad más importante; influencia cultural sobre los iberos; su contribución al desarrollo agrícola peninsular.
   (c) Los cartagineses: año en que llegaron a la Península; área de dominación; características de su dominio; su capital; su expulsión de la Península Ibérica.

3. Explica de qué manera cambiaron los romanos el curso de la historia de la Península Ibérica. Haz un breve análisis de su contribución al desarrollo de España como nación.

4. ¿Qué sabes sobre la presencia romana en otros países europeos, como por ejemplo Gran Bretaña o Francia? ¿Qué comparaciones se pueden hacer con la colonización romana de la Península Ibérica?

5. Explica el significado de los siguientes conceptos en relación con la colonización romana de la Península Ibérica:

senadores   asamblea provincial
caballeros o ecuestres   conventos jurídicos
decuriones   acueductos
plebe   Vía Augusta

6. Haz una investigación, y luego una composición o presentación oral, sobre la expansión del cristianismo en la Península Ibérica y sobre la importancia que en este aspecto se da al apóstol Santiago y a San Pablo.

7. Haz una investigación, y luego una composición o presentación oral, sobre el desarrollo de Santiago de Compostela (Galicia) como centro de peregrinación del mundo cristiano en la edad media. Explica lo que era el camino de Santiago.

Práctica

1. Estudia esta información y observa cómo está estructurado el texto que sigue.

Los fenicios	
Lugar de procedencia:	Región de Fenicia (Medio Oriente)
Llegada a la Península Ibérica:	Siglo VIII a.C.
Colonias:	Costa sur y este e islas Baleares
Principal fundación:	Gadir (Cádiz), Andalucía

Los fenicios eran un pueblo procedente de Fenicia, antigua región del Medio Oriente. Llegaron a la Península Ibérica alrededor del siglo VIII a.C. Establecieron colonias en la costa sur y este de la Península y en las islas Baleares. Su principal fundación fue Gadir, hoy llamada Cádiz, situada en Andalucía.

Escribe un texto similar sobre los cartagineses con esta información:

Los cartagineses	
Lugar de procedencia:	Ciudad de Cartago (norte de Africa)
Llegada a la Península Ibérica:	Año 500 a.C.
Colonias:	Sur y este de la Península
Principal fundación:	Carthago Nova (Cartagena), Murcia

2. Observa el uso del **presente** en este texto.

Con la derrota de los cartagineses y la toma de Cartago por parte de los romanos *comienza* la romanización de la Península Ibérica. La conquista *se extiende* hacia el valle del Guadalquivir donde *se funda* la ciudad de Itálica. . . . Más tarde Cádiz *cae* también en poder del ejército romano. Con el cónsul Catón *se abre* el camino para la conquista del valle del Ebro y de la Meseta.

En un contexto histórico el **presente** tiene a menudo la misma función que el **pretérito.**

Con la derrota de los cartagineses . . . *comenzó* la romanización. . . . La conquista *se extendió* hacia el valle . . . donde *se fundó* la ciudad. . . . Más tarde Cádiz *cayó* también. . . . Con el cónsul Catón *se abrió* el camino . . .

Cambia los verbos en **presente** por la forma del **pretérito.**

La unificación de hispanorromanos y visigodos *comienza* con el rey Leovigildo, quien *establece* su capital en Toledo. Desde allí *se organiza* el ataque contra los suevos. . . . En el norte *se lucha* contra los vascones, a quienes *se trata* de someter. . . . Y en el sureste los visigodos *se enfrentan* a los invasores bizantinos, a quienes *consiguen* expulsar. A fines del siglo VI la monarquía visigoda *se convierte* al catolicismo, con lo cual *se acentúa* el proceso de unificación. . . .

3. Completa los espacios en blanco con la preposición correcta: *a, con, desde, para, de, hasta, por, en.*

   _____ el año 409 la Península Ibérica fue invadida _____ tribus germanas. La incapacidad de los romanos _____ expulsarlos _____ los territorios ocupados llevó _____ un pacto _____ los visigodos. _____ su cooperación se llegó _____ la expulsión _____ los invasores. A su vez, los visigodos, expulsados _____ Tolosa _____ los francos, se establecieron _____ la Península, y la llegaron _____ gobernar _____ su mayor parte _____ la invasión musulmana _____ el año 711.

4. Indica la actividad que corresponde a cada una de estas ocupaciones. Ejemplo: Eran *pastores.* Se dedicaban a *la ganadería.*
   (a) Eran agricultores.　　(d) Eran pescadores.
   (b) Eran cazadores.　　　(e) Eran artesanos.
   (c) Eran mineros.　　　　(f) Eran comerciantes.

5. Completa los espacios en blanco con una de estas palabras o expresiones: *fusión, procedentes, época, antes, en su mayor parte, habitaban, ocupada, diferentes, se originaron, litoral, vivían, se hallaban.*

   _____ de la llegada de los romanos la Península Ibérica estaba _____ por _____ pueblos, entre los que _____ los iberos y los celtas. Los iberos, que _____ la Península desde la _____ prehistórica, se habían establecido en Andalucía y en el _____ mediterráneo. Los celtas, _____ de Europa central, se establecieron _____ en Galicia, Cataluña . . . ocupando también parte de Andalucía y Extremadura. De la _____ de los celtas con pueblos que _____ en la Meseta _____ los celtíberos.

Monumento ecuestre al Cid Campeador (Burgos).

CAPÍTULO TRES

La España medieval

CRONOLOGÍA

711	Se inicia la conquista musulmana de la Península.
718	Comienza la Reconquista; el rey visigodo Pelayo establece el reino de Asturias.
732	Los musulmanes son derrotados en Poitiers (Francia).
756	Se inicia el emirato omeya: Abderramán I es el primer emir de Córdoba.
912–961	Reinado de Abderramán III: período de mayor prosperidad de la España musulmana.
929–1031	Se inicia el califato omeya: Abderramán III se convierte en el primer califa de Córdoba.
1031–1090	Período correspondiente a los reinos de taifas, nacidos de la fragmentación del califato.
1085	Reconquista de Toledo por Alfonso VI de Castilla.
1090	Los almorávides del norte de Africa se apoderan de las ciudades más importantes de al-Ándalus.
1137	Se establece la unión de Cataluña y Aragón.
1139	Nace el reino de Portugal a la vida independiente.
1145–1212	Período en que dominan los almohades del norte de África; derrotan a los almorávides y se establecen en el sur de España.
1230	Se produce la unión definitiva de Castilla y León.
1238–1462	Avanza la Reconquista; en estos dos siglos los cristianos toman Valencia, Jaén, Sevilla, Cádiz, Algeciras, Gibraltar.
1479	Unión de Castilla-León y Aragón con los Reyes Católicos, Isabel y Fernando.
1492	Los cristianos toman el reino nazarí de Granada; termina la Reconquista. Los judíos son expulsados de Castilla.

La España musulmana

LA CONQUISTA

Después de la muerte de **Mahoma** en el año 632, sus seguidores continúan la campaña de conquistas en nombre del profeta. La nueva fuerza militar y religiosa que representaba el islam se extiende rápidamente. Los **beréberes** del norte de África—como muchos otros pueblos—abrazan la nueva religión y con ello la lengua y la cultura de los conquistadores árabes.

El año 711 marca el verdadero comienzo de la conquista de la Península por árabes y beréberes. Tarik, gobernador de Tánger (quien dio su nombre a Gibraltar: Gebel Tarik, monte de Tarik), organiza una expedición a través del Estrecho al mando de 7000 hombres, en su mayoría beréberes. Derrotan a Rodrigo, rey del ya debilitado reino visigodo de España. Tarik, triunfante, avanza sobre Ecija, Córdoba, Guadalajara y Toledo, esta última, capital de los visigodos. En el año 712, Muza, gobernador de África para el **califato omeya** de Damasco, lleva a cabo una segunda expedición con alrededor de 18 000 hombres, en su mayor parte árabes. Muza y sus huestes se apoderan de Sevilla y Mérida y—apoyados por Tarik—emprenden la conquista de Zaragoza, Soria, León y Astorga. Muza es llamado a Damasco y su sucesor continúa la campaña hasta incorporar Pamplona, Tarragona, Barcelona, Gerona y Narbona (Francia), además de las regiones de la actual Andalucía oriental (Málaga, Granada y Jaén).

La derrota de los musulmanes en Poitiers (732) pone fin a la expansión del islam hacia el norte. La conquista se consolida en la Península Ibérica, la que controlan en su mayor parte. Así nace al-Ándalus, nombre dado a los territorios peninsulares bajo control musulmán. En el norte permanecen algunos reinos cristianos no sometidos, que constituyen la base de lo que será más tarde la reconquista cristiana de la Península.

AL-ÁNDALUS

Entre los años 716 y 756 al-Ándalus estuvo en manos de gobernadores árabes—sirios y yemenitas—nombrados directamente por el califa de Damasco. Estos primeros años se caracterizaron por la consolidación del islam en la Península a través de pactos con visigodos e hispanorromanos. A éstos se les permitió seguir practicando su propia religión a cambio de ciertas condiciones, entre ellas el pago de impuestos o tributos a las autoridades musulmanas. En esta época comenzaron también las primeras tensiones entre árabes—sirios y yemenitas—y entre éstos y los beréberes. Coincidió, además, este período con las primeras incursiones cristianas contra los invasores. Alfonso I, rey de Asturias, reconquistó el noroeste peninsular. De este modo se estableció una tierra de nadie a lo largo del río Duero. Ello permitió, por una parte, la consolidación del reino cristiano en el norte y, por otra, el fortalecimiento de al-Ándalus en los territorios de más al sur. Más tarde, tras una serie de luchas internas entre diferentes facciones árabes, nació un **emirato** omeya (dinastía árabe originaria de Damasco) independiente regido por Abderramán I.

El emirato omeya (756–929). Abderramán I estableció su capital en Córdoba, desde donde gobernó siguiendo como modelo el desaparecido califato omeya de Damasco. Entre las principales acciones llevadas a cabo por el emir destacaremos las siguientes:

1. La reorganización del ejército, a fin de reprimir las rebeliones de facciones independientes y de beréberes.

2. El establecimiento de una tregua con el reino cristiano de Asturias.

3. La reorganización de la administración, con la división del emirato en provincias, cada una a cargo de un gobernador. Los responsables de la administración eran en su mayoría omeyas y, por lo tanto, leales al emir.

4. La incorporación de un gran número de cristianos y judíos al Estado musulmán, quienes, gracias a su conversión, podían gozar de los mismos derechos que los musulmanes.

5. El aumento de los tributos para los cristianos protegidos—cristianos que vivían bajo dominio musulmán—, a fin de hacer frente a los gastos militares y administrativos.

6. El estímulo dado a las artes y la cultura en general, que florecieron bajo la protección del emir.

La labor iniciada por Abderramán I la continuó Abderramán II, tras un paréntesis de más de treinta años en que no cesaron las luchas contra los cristianos del norte peninsular. Los principales hechos ocurridos durante el reinado de Abderramán II se pueden resumir así:

1. Al-Ándalus se transformó en una verdadera potencia mediterránea, con un Estado firmemente constituido.

2. Se aceleró el proceso de urbanización iniciado en etapas anteriores. Las antiguas ciudades aumentaron su población y se crearon otras, tales como Madrid y Murcia. Ello dio un gran impulso a la construcción.

3. El arte y la cultura se vieron fortalecidos con la presencia de notables figuras venidas del Oriente. El prestigio de Córdoba se extendió más allá de las fronteras del mundo musulmán.

4. A partir del año 850 se produjo en Córdoba una serie de martirios voluntarios. Esta forma de rebelión cristiana consistía en blasfemar públicamente contra el profeta Mahoma a fin de conseguir el martirio por parte de las autoridades musulmanas. Este hecho fue causa de graves tensiones entre árabes y cristianos.

5. Abderramán II también debió hacer frente a los ataques de fuerzas externas, entre ellas los de los normandos, que llegaron hasta Sevilla (884).

En la segunda mitad del siglo IX sobrevino la crisis del emirato, debido a las cada vez más frecuentes rebeliones y a las luchas internas entre los árabes. Córdoba misma se vio amenazada por la rebelión de Ibn Hafsūn, y en otras partes del emirato—Sevilla por ejemplo—nacieron Estados musulmanes independientes. Contra este estado de cosas tuvo que luchar Abderramán III (octavo emir omeya, 912–961), quien logró reducir los focos de rebelión y fortalecer la frontera musulmano-cristiana. El nuevo gobernante se proclamó califa (929), con lo cual se inició uno de los períodos de mayor esplendor en la España musulmana.

El califato omeya (929–1031). El califato conoció una estabilidad sin precedentes en la colonización musulmana de la Península. Ello se debió, en gran medida, a la fuerte autoridad ejercida por el califa sobre el aparato administrativo del Estado. El califa se rodeó de ministros y consejeros pertenecientes a notables familias cordobesas que lo secundaron en la administración, el manejo de las finanzas, las comunicaciones y en la regulación del comercio, especialmente del comercio exterior, que alcanzó un importante desarrollo.

La prosperidad y estabilidad logradas por Abderramán III se mantuvieron con su sucesor Alhaquén II, pero se rompieron cuando Almanzor usurpó el poder de manos del nuevo califa Hixem II. La centralización del poder por parte de Almanzor llevó a la lucha entre diferentes facciones y a la desintegración política, con el establecimiento de numerosas dinastías independientes. De la fragmentación de la España árabe nacieron alrededor de veinte **reinos de taifas** (en árabe, grupo) o Estados independientes.

Las taifas (1031–1090). Las luchas internas continuaron durante el período de los reinos de taifas, lo que facilitó la acción de los ejércitos cristianos del norte, especialmente bajo Alfonso VI, rey de Castilla y León, quien en 1085 ocupó Toledo. Finalmente, el debilitamiento de

La España musulmana y la Reconquista.
Las flechas indican el movimiento de las fuerzas cristianas durante los siglos
de la Reconquista.

las taifas contribuyó a su conquista en el siglo XII por los **almorávides**
del norte de África.

Los almorávides y los *almohades* (1090–1212).   Los almorávides
invadieron la Península a fines del siglo XI y en corto tiempo se apode-
raron de todas las ciudades importantes de al-Ándalus. No obstante,
este movimiento político-religioso beréber que seguía estrictamente los
dictados del *Corán* (libro sagrado de los musulmanes) tuvo una breve
duración. Una nueva invasión beréber—la de los almohades—conquistó el este y el sur de al-Ándalus. Los almohades fueron en un principio un movimiento esencialmente religioso de estricta observancia del
Corán, cuyos preceptos se impusieron en los territorios conquistados.

   La creciente fuerza de la **Reconquista** cristiana—castellanos, aragoneses y navarros—acabó con el dominio de los almohades (1212). El
avance cristiano condujo a la reconquista de las principales ciudades de
al-Ándalus, entre ellas Córdoba y Sevilla. Sólo Granada, gobernada por
la dinastía **nazarí,** permaneció en poder de los musulmanes hasta su
caída en 1492.

LA ECONOMÍA Y LA SOCIEDAD DE AL-ÁNDALUS

La economía

1. La actividad agrícola de al-Ándalus tuvo que responder a la constante y creciente demanda de los centros urbanos mediante la extensión de los cultivos y la intensificación del regadío. Las obras de regadío alcanzaron un importante desarrollo durante la época musulmana.

Los principales productos agrícolas fueron el olivo y la vid. El primero permitió la elaboración de aceite tanto para el consumo interno como para la exportación. Sevilla llegó a ser en el siglo XII el centro exportador de aceite más importante del Occidente. Con la vid—y pese a la prohibición islámica—se produjeron vinos para el consumo de musulmanes, cristianos y judíos. La producción de cereales, como por ejemplo el trigo, fue en general insuficiente y a menudo fue necesario recurrir a la importación. Otros productos agrícolas de la España musulmana fueron frutas tales como higos, manzanas, peras, naranjas y limones. Donde el clima lo permitía, se cultivaba la caña de azúcar y el plátano. A su vez, la industria textil requería plantas tales como el lino y el algodón y de otras, como el azafrán, para la preparación de colorantes.

2. La ganadería existió como actividad complementaria, particularmente en las zonas montañosas habitadas por beréberes.

3. La construcción dio impulso a la explotación de bosques y al desarrollo de industrias relacionadas con la madera.

4. El comercio de los productos agrícolas era realizado por los propios campesinos que periódicamente acudían a los mercados de la ciudad. En los centros urbanos había mercados especiales dedicados a la comercialización de ciertos productos, como por ejemplo el carbón, la leña, la leche, el lino, el ganado. Junto a los mercados se realizaba una serie de actividades y oficios que respondían a las necesidades urbanas. Había carpinteros, panaderos, cocineros, vendedores de queso, fabricantes de ladrillos y muchos otros.

5. El comercio exterior era realizado principalmente por judíos que llevaban y traían mercancías entre la Península, el norte de África y el Oriente. Se exportaban pieles, sedas, drogas, coral, textiles, espadas. También se exportaban esclavos desde al-Ándalus hacia otras partes del mundo musulmán. Los mercaderes gozaban de prestigio y eran protegidos por las autoridades.

Sinagoga del Tránsito (Toledo).

La sociedad

1. Árabes y beréberes. La sociedad de al-Ándalus estaba compuesta por dos grupos principales: el árabo-beréber y el indígena. Los árabes—sirios y yemenitas—ocupaban los niveles más altos de la sociedad y los puestos de mayor responsabilidad y prestigio dentro de la administración estatal y del ejército. El establecimiento del Estado omeya por Abderramán I reforzó la posición de los sirios de manera definitiva.

Los beréberes del norte de África—más numerosos que los árabes—se situaban en un nivel inferior dentro de la estructura social.

La distribución geográfica de dichos grupos también fue diferente. Los beréberes habitaban preferentemente las zonas montañosas, el Levante y el centro de la Península. Otras regiones—entre ellas la costa sur y el valle del río Ebro—fueron pobladas principalmente por árabes.

La base de la organización social de árabes y beréberes era la tribu o clan familiar, es decir, todos los miembros de un mismo grupo tribal se consideraban descendientes, a través de la línea paterna, de un antepasado común. Los matrimonios se realizaban entre miembros del mismo clan, lo que contribuía a la constante expansión del grupo. En esta organización había un importante elemento de preservación frente a otros grupos rivales.

2. La sociedad indígena. Compuesta por **hispanogodos,** la sociedad indígena estaba organizada siguiendo moldes similares a los que conocemos hoy en día, es decir, matrimonio fuera del núcleo familiar y un papel más importante para la mujer. Dentro de la sociedad indígena se distinguían los **muladíes** o convertidos al islam, que gozaban de los mismos derechos que los musulmanes; los **mozárabes** o cristianos sometidos a la dominación árabe, quienes pagaban tributos a cambio de que se respetase su integridad familiar y sus propiedades y se les permitiese practicar su religión; y los judíos, quienes, al igual que los cristianos que vivían en al-Ándalus (en contraste con aquéllos que habitaban en Estados cristianos), desempeñaron funciones importantes en la administración del Estado musulmán.

LA CULTURA EN LA ESPAÑA MUSULMANA

La llegada del islam a la Península Ibérica significó un valioso aporte cultural no sólo para los hispanogodos sino también para todo el Occidente. Los musulmanes contribuyeron con sus propias tradiciones y a la vez difundieron otras formas y manifestaciones culturales, de lugares tan distantes como China, India y Bizancio.

La educación.   La educación se orientó preferentemente hacia el estudio del *Corán* y la lengua árabe, pero se enseñó también historia, geografía, matemáticas y ciencias. Gracias a la existencia del papel se editó una gran cantidad de libros que trataban temas tales como religión, astronomía, derecho, medicina, filosofía. Según las crónicas, la biblioteca del califato en Córdoba llegó a tener más de 400 000 libros. El mundo occidental de la época se enriqueció con los avances logrados por los árabes en el campo de las ciencias, especialmente en las matemáticas, la medicina y la astronomía.

La literatura.   La literatura siguió las formas predominantes en el Oriente. El género literario que más se desarrolló fue la poesía, que en gran parte estaba destinada a ser cantada. La corte mantenía poetas

Interior de la Mezquita de Córdoba.

residentes cuya función era cantar loas al monarca y crear versos utilizando temas que exaltaban el heroísmo o el amor.

El arte. La influencia de los pueblos conquistados por los musulmanes enriqueció su expresión artística, particularmente en lo que fue su más importante manifestación, la arquitectura. La arquitectura musulmana muestra la influencia visigoda en el arco de herradura, al que se introdujeron algunas modificaciones. Las construcciones se caracterizan por su solidez y sobriedad exterior frente a la riqueza y decorado de los interiores, en los que se empleó frecuentemente el azulejo. La arquitectura tuvo un carácter fundamentalmente religioso, manifiesto en las numerosas mezquitas que se levantaron a lo largo y ancho del territorio árabe peninsular. Entre las construcciones no religiosas encontramos numerosos palacios y fortalezas. Notables ejemplos de arquitectura árabe son:

1. La Mezquita de Córdoba, cuya construcción fue iniciada por Abderramán I (756–788). En tiempos de Abderramán III (912–961) contaba con 21 puertas y 1293 columnas.

Patio de los Leones en el palacio de la Alhambra.

Jardines del Generalife (Granada).

2. La Giralda de Sevilla, de 70 metros de altura, fue construida entre 1184 y 1196. La Giralda era el **alminar** o torre desde la que se llamaba a los fieles a oración. En su interior tenía 35 rampas que permitían subir a caballo hasta la parte superior. En el año 1568—ya completada la reconquista cristiana—se agregó a la torre un coronamiento de estilo renacimiento. Actualmente el antiguo alminar sirve de campanario a la Catedral de Sevilla.

3. El palacio de la Alhambra, cuya construcción se inició en el siglo XIII durante la dinastía nazarí, es uno de los más bellos ejemplos de la arquitectura árabe de la época.

4. El Generalife, palacio y jardines de los reyes moros, se encuentra en las proximidades de la Alhambra.

Los reinos cristianos

EL REINO ASTURLEONÉS

El origen del primer reino cristiano del norte de la Península se remonta al año 718, cuando Pelayo, noble visigodo, derrotó al ejército musulmán en Covadonga, y luego se proclamó primer rey de Asturias. Este hecho constituye también el primer episodio de la Reconquista. La historia, sin embargo, considera a Alfonso I, coronado en 739, como el verdadero fundador del reino de Asturias.

Alfonso I expulsó a los moros de Galicia y León y logró establecer una tierra de nadie, lo que ayudó a proteger el nuevo reino de los ataques musulmanes y conseguir así su consolidación. La conquista de León llevó a la formación de un reino cristiano independiente asturleonés (Asturias y León), controlado políticamente por hispanovisigodos. Su capital estuvo inicialmente en Asturias.

La resistencia contra los moros continuó y en el siglo IX Alfonso III, que subió al trono en 866, consiguió ampliar sus dominios hasta el valle del río Duero. Para afianzar su posición el rey procedió a la colonización de las tierras reconquistadas.

Al trasladarse la capital del reino a León a principios del siglo X, y gracias a la colonización llevada a cabo por Alfonso III, León se transformó en el reino cristiano más poderoso. Además, la existencia del sepulcro del apóstol Santiago (descubierto, según las crónicas, bajo el reinado de Alfonso II) reforzó aún más la importancia del reino. Compostela pasó a ser la segunda sede apostólica del Occidente.

EL REINO DE CASTILLA

Castilla, antiguo condado de León, se separó del reino al sublevarse el conde Fernán González a mediados del siglo X. Con ello comenzó la decadencia del reino de León, que se vio envuelto en una serie de guerras civiles. Más tarde, Castilla cayó en manos del rey de Navarra, Sancho III el Mayor. En el año 1037 Fernando I, hijo del anterior y rey de Castilla desde 1035, derrotó al último rey leonés Bermudo III y se proclamó rey de castellanos y leoneses.

Al morir Fernando I (1065), las tierras de Castilla y León se dividieron entre sus hijos, lo que dio lugar a una serie de luchas fratricidas. La unificación de los dos reinos se alcanzó nuevamente con Alfonso VI, hijo de Fernando I, quien continuó la lucha contra los musulmanes y consiguió apoderarse de Toledo (1085).

Después de una separación que duró alrededor de setenta años, Castilla y León se unieron definitivamente con Fernando III (1230). El nuevo soberano concentró todos sus esfuerzos en la Reconquista. Triunfó sobre los musulmanes y se apoderó de Córdoba, Sevilla, Murcia y Jaén. Además, estableció un pacto con el rey nazarí de Granada, quien debió pagar tributos al rey cristiano a fin de mantener su posición.

LOS REINOS DEL ESTE

A fines del siglo VIII Carlomagno, rey de los francos y más tarde emperador de Occidente (800), formó en el noreste de la Península la **Marca Hispánica,** concepto geopolítico con que se designó una parte de sus dominios. Entre ellos se hallaba la mayor parte de la actual Cataluña, pero tal como ocurrió con los condados del sur de Francia, Cataluña terminó por independizarse.

En el siglo XII Ramón Berenguer IV, conde de Barcelona, contrajo matrimonio con Petronila, hija de Ramiro II de Aragón. Más tarde, Ramiro II abdicó en su yerno, produciéndose así la unión de Cataluña y Aragón (1137).

Jaime I el Conquistador, rey de Aragón y Cataluña desde 1213, avanzó hacia el sur y conquistó los reinos musulmanes de Valencia, Murcia y Baleares. Posteriormente, el Tratado de Almizra (1244) estableció las fronteras entre las coronas de Aragón y de Castilla, y Murcia pasó a formar parte de este último reino. Terminada la conquista de los territorios situados al este de la Península, se inició el avance por el Mediterráneo hacia el sur.

EL REINO DE NAVARRA

A principios del siglo XI, bajo el rey Sancho el Mayor, el reino de Navarra era el más poderoso. Comprendía Vasconia, Rioja, Castilla y Aragón. Al morir el rey, Navarra se dividió y Castilla y Aragón pasaron a formar coronas independientes. Castellanos y aragoneses se repartieron más tarde las tierras de Navarra (1076). Restaurada la monarquía navarra (1134), y con un territorio mucho más reducido, situado entre el río Ebro y los Pirineos, el reino no logró recuperar su antiguo esplendor. En 1200 perdió definitivamente el País Vasco, el que pasó a la corona de Castilla.

Con parte de su territorio situado en la actual Francia, Navarra se vio envuelta en el siglo XVI en el conflicto entre Luis XII de Francia y Fernando el Católico. Este último se apoderó de la parte española del reino (1512), con lo cual Navarra quedó definitivamente dividida.

EL REINO DE PORTUGAL

La antigua Lusitania romana tuvo una historia común con el resto de la Península hasta 1095. En aquel año, el condado de Portugal (que formaba parte del reino de León) fue dado en dote a Teresa, hija del rey Alfonso VI, al contraer ésta matrimonio con Enrique de Borgoña. En 1139, Portugal se constituyó en reino. Después de la reconquista de Lisboa y el Algarve de manos de los musulmanes, el nuevo reino adquirió las actuales fronteras. Portugal volvió a formar parte de España en 1580, pero fue una unidad que tuvo corta duración. En 1640 se independizó definitivamente.

LA UNIDAD POLÍTICA

En 1469 Isabel de Castilla y Fernando de Aragón, ambos pertenecientes a la dinastía de Trastámara, se unieron en matrimonio. Muerto Enrique IV de Castilla, subió al trono su hermana Isabel (1474). Más tarde, Fernando heredaba de su padre Juan II la corona de Aragón (1479). Ello llevó a la unión definitiva de Castilla-León con Aragón bajo los Reyes Católicos. A la vez fue el punto de partida hacia la unidad política de la Península y la constitución de España en una especie de Estado confederado donde los antiguos reinos medievales conservaron sus propias instituciones y su identidad cultural, respetadas por el poder central. Tal fue el caso, por ejemplo, de las coronas de Castilla y Aragón,

Mausoleo de los Reyes Católicos en la Capilla Real de Granada.

que mantuvieron sus respectivas **Cortes,** e incluso sus aduanas y sistema monetario.

A la unión de los dos reinos siguió una larga guerra para la conquista del reino nazarí de Granada, la que culminó con la capitulación de Boabdil que entregó la ciudad a los Reyes Católicos (1492). Era el último territorio peninsular gobernado por musulmanes y con su rendición llegaba a su fin la Reconquista.

LA HEGEMONÍA ESPAÑOLA

El expansionismo de Castilla, tanto en la Península como en ultramar, fue configurando poco a poco lo que más tarde sería el Estado español. Las islas Canarias habían sido incorporadas de manera definitiva a la corona de Castilla a través de un tratado con Portugal (Tratado de Alcáçovas, 1479). En 1497 se conquistó Melilla en la costa norte de África. Por su parte, el reino de Aragón recuperó los condados catalanes de Rosellón y la Cerdaña a través de un tratado con Francia en 1493. Más tarde quedarían definitivamente en manos de este último país. Por otra parte, en 1504 los franceses reconocían la autoridad de Aragón sobre el reino de Nápoles. Sicilia ya había sido incorporada en 1282. La anexión de Navarra a Castilla no se formalizó hasta 1515, después de la muerte de Isabel. Navarra conservó sus propias instituciones.

Sin duda el hecho histórico más importante ocurrido durante el reinado de los Reyes Católicos fue el descubrimiento de América por Cristóbal Colón el 12 de octubre de 1492. Con la conquista del Nuevo Mundo se inició uno de los períodos de mayor esplendor para la corona de España.

LA ECONOMÍA Y LA SOCIEDAD

En términos generales, las actividades económicas y la estructura social de los distintos reinos cristianos podrían definirse como de tipo feudal. La actividad económica estaba centrada fundamentalmente en la explotación de la tierra. La sociedad constaba de tres grupos diferentes: la nobleza, el clero y la clase común o **estado llano.** A cada uno de éstos correspondía un status propio y una determinada función social. El grupo menor, la clase feudal, era la clase dominante, de la que dependía el estado llano. Analizada esta situación general, veremos ahora cómo se fue configurando la economía y la sociedad en los reinos cristianos. Inevitablemente, tendremos que estudiar el tema desde un punto de vista global en lugar de referirnos a cada reino en particular.

El reparto de tierras y el repoblamiento. La Reconquista dio lugar al reparto oficial de las tierras entre quienes habían participado en la campaña de modo directo y al repoblamiento con aquéllos que vinieron a sustituir a los musulmanes expulsados. La extensión de las tierras dadas en recompensa variaba de acuerdo con la importancia de los beneficiarios. Pero en el sur de la Península, dada la vastedad de los territorios conquistados, las órdenes militares y la Iglesia se convirtieron en grandes propietarios. Fue así como en Andalucía, especialmente, llegaron a predominar grandes latifundios, cuyos propietarios controlaban a los repobladores del campo y las ciudades. Así se fue configurando en el campo andaluz una forma de tenencia de la tierra que llegaría hasta nuestros días.

Junto a los medianos y grandes propietarios estaban los campesinos, a menudo dueños de la tierra que cultivaban. Paralelamente existían jornaleros y criados contratados por la nueva aristocracia terrateniente. Otro grupo lo constituían los campesinos no propietarios que pagaban derechos para trabajar las tierras en que vivían. Esta modalidad predominó en León, Galicia y Portugal, pero existió también en los territorios repoblados a partir del siglo XI. La situación de estos campesinos fue mejorando en la medida que evolucionaba la economía de los reinos cristianos.

En el norte de la Península, en Baleares y en partes de Cataluña y Valencia predominó la pequeña propiedad. Esta se originó a través del **sistema de presura,** en que cada hombre libre podía tomar directamente la tierra que podía trabajar.

Actividades económicas. En un principio, una de las características de la actividad económica fue el predominio de la ganadería sobre la agricultura. Ello se debió principalmente al hecho de no contar con hombres suficientes para repoblar las tierras y realizar las labores agrícolas. Por lo tanto, la ganadería, que requería menos mano de obra, se desarrolló más rápidamente. Pero a medida que se consolidaba la Reconquista la agricultura fue adquiriendo mayor importancia.

Aparte de estas dos actividades económicas también alcanzaron cierto desarrollo la pesca, la minería y la producción y el comercio de la sal. En ciertas regiones, Cataluña por ejemplo, el progreso de la agricultura llevó a una actividad industrial rudimentaria, para satisfacer la demanda local y más tarde el comercio exterior. Ejemplo de ello fue la industria textil, también importante en el reino de Castilla. En el Cantábrico y en la costa andaluza se creó una industria naval, fundamental para el comercio exterior y las exploraciones posteriores.

LAS INSTITUCIONES

Dada la independencia que tenían los distintos reinos para crear sus propias instituciones políticas, éstas no siguieron el mismo desarrollo. En términos generales, sin embargo, y al margen de la corona, podemos distinguir dos instituciones fundamentales:

El municipio. Era la institución básica a nivel de ciudad y su origen estuvo en los fueros—privilegios y libertades—concedidos por el monarca. En un principio tuvo un carácter abierto y popular. Era una especie de asamblea general. Más tarde (siglos XIV y XV) caería bajo el control de las oligarquías locales, ricos terratenientes en unas regiones, mercaderes en otras.

Las Cortes. Nacieron de los municipios y en ellas estaban representadas las ciudades. Su función era defender los intereses de los ciudadanos frente al poder de los monarcas, que años más tarde—durante el absolutismo—se impondría sobre estas dos instituciones pilares de la sociedad española.

LA POLÍTICA RELIGIOSA

La Inquisición. La tradicional tolerancia religiosa que existió en los reinos hispánicos llegó a su fin durante el reinado de los Reyes Católicos. Una de las primeras medidas adoptadas por los monarcas fue conseguir la creación de la Inquisición para perseguir a los falsos conversos (judíos y musulmanes convertidos sin convicción al cristianismo). Las relaciones entre los distintos grupos religiosos a partir del siglo XIV eran en general hostiles y existía un clima de desconfianza hacia los conversos, en especial hacia los judíos. En esta situación actuaron los Reyes Católicos nombrando, por autorización del papa Sixto IV (1478) a los inquisidores. Las denuncias llevaron ante la Inquisición a un gran número de personas que, al ser condenadas, podían recibir diversas penas: multas, azotes, confiscación de sus bienes, privación de la libertad e incluso la hoguera.

La expulsión de los judíos. Otro hecho clave ocurrido durante el reinado de Isabel y Fernando fue la expulsión de los judíos. Estos representaban una población de aproximadamente 200 000 personas. El decreto de expulsión (1492) condujo a la conversión de unos 50 000, pero la gran mayoría abandonó los reinos cristianos. Las consecuencias exactas de la expulsión de los judíos son difíciles de evaluar, pero sí es posible asegurar que España perdió un núcleo de población que jugaba un papel importantísimo en las finanzas, el comercio y la cultura de sus ciudades.

Los *mudéjares*. Los musulmanes que vivían bajo dominio cristiano recibieron distintos tratos. En Castilla, por ejemplo, las capitulaciones pactadas entre reyes moros y cristianos les permitieron durante algunos años practicar su religión. Pero en Granada, la intolerancia de la iglesia católica provocó la sublevación de los mudéjares. Resultado de ello fue el decreto de 1501 que los obligaba a convertirse o abandonar la Península. Una gran parte de ellos aceptó la conversión. Un año después el decreto se hacía extensivo a todo el reino de Castilla, con lo cual la población de origen musulmán disminuyó notablemente.

LA CULTURA EN LOS REINOS CRISTIANOS

Las lenguas romances. El latín culto continuó teniendo el prestigio que tenía en el resto de la Europa medieval, pero frente a éste, el latín vulgar o hablado por el pueblo fue diferenciándose cada vez más. Este proceso de diferenciación llevó a la formación de diversas lenguas y dialectos, tanto en la Península Ibérica como en las otras regiones de habla latina.

Recordemos que entre los siglos VIII y XI la mayor parte de la Península estaba bajo dominio musulmán. Allí se hablaba el árabe y junto a éste el mozárabe, hablado por los cristianos que permanecieron en territorios musulmanes. En el norte había seis zonas lingüísticas, cinco de las cuales correspondían a lenguas derivadas del latín: al noroeste el asturleonés y el galaicoportugués, al noreste el navarroaragonés y el catalán y en el centro el castellano. La sexta zona lingüística correspondía al único idioma no romance, el vascuence. A medida que avanza la Reconquista, y debido a la influencia política de Castilla, el castellano se impone sobre las otras lenguas de la Península. Al terminar la edad media los leoneses se habían castellanizado, al igual que harían más tarde los aragoneses. El galaicoportugués se conservó y adquirió importancia escrita con la independencia de Portugal. El catalán del condado de Barcelona se impuso en Valencia y Baleares, con sus variantes dialectales el valenciano y el mallorquín, respectivamente. El vascuence continuó siendo hablado por vascos y en parte también por navarros. El mozárabe se perdió durante el proceso de expansión de los reinos cristianos.

En el siglo X aparecen las primeras manifestaciones escritas en lengua castellana, en forma de notas explicativas que acompañan a los textos latinos. A partir del siglo XIII se escriben documentos en que se utiliza sólo la lengua hablada. El uso del latín va perdiendo fuerza.

La evolución del castellano.   El castellano evoluciona influido por las otras lenguas romances, por los dialectos mozárabes y por el vascuence. Así por ejemplo, la pérdida de la *f* inicial latina se atribuye a la influencia del vascuence. A finales del siglo XIV se convirtió en *h* aspirada y luego se hizo muda (por ejemplo, *facere* → *hacer, fabulare* → *hablar*).

La influencia del árabe en el castellano es más notoria en el léxico. Alrededor de cuatro mil palabras, algunas de uso común hoy en día, son de origen árabe. Ejemplos son: aduana, alcalde, alcohol, alfombra, álgebra, algodón, zanahoria. También muchos nombres de lugares, tales como Alcalá (el castillo), Alcántara (el puente), Alcázar (el palacio), Guadalquivir (río grande). Aparte del árabe, el castellano medieval tomó numerosas palabras del francés, del italiano y del latín clásico, muchas de las cuales se incorporaron a la lengua permanentemente.

La literatura medieval

1. La poesía tradicional. De inspiración popular, se transmitía oralmente de generación en generación. En Castilla no se manifestó en

Miniatura de *Las Cántigas de Santa María,* de Alfonso X el Sabio.

forma escrita hasta el siglo XV. A este tipo de lírica pertenece el **mester de juglaría,** que fue un género de poesía épica, anónima y popular recitada por los juglares. Los poemas de este género se conocen con el nombre de **cantares de gesta.** El ejemplo más notable es el *Cantar de Mio Cid.* El Cid (Rodrigo Díaz de Vivar) fue un personaje semihistórico, semilegendario nacido cerca de Burgos hacia 1043. De este cantar se conserva un texto que data, según se cree, de finales del siglo XII o principios del XIII.

2. La poesía culta. La poesía culta se manifestó en forma escrita, con una especial preocupación por las formas. Entre sus manifestaciones se destaca el **mester de clerecía,** género lírico cultivado por clérigos y autores cultos. Trata generalmente de temas religiosos y morales. Ejemplos de este género son los *Milagros de Nuestra Señora,* el *Libro de Alexandre* y el *Libro de buen amor.*

A partir del siglo XV se desarrollan la **poesía trovadoresca** y la poesía alegórica. Entre los muchos autores mencionaremos al Marqués de Santillana y a Juan de Mena, ambos cultivadores del género alegórico.

3. La prosa. El más sobresaliente representante de la prosa medieval en la Península Ibérica fue Alfonso X el Sabio (1221–1284), rey de Castilla y León. A él se deben la *Crónica General de España,* la *Grande y General Historia,* las *Siete Partidas* (legislación) y algunos tratados de astronomía y astrología. Sus famosas *Cántigas de Santa María* están escritas en galaicoportugués.

Alfonso X el Sabio.

Don Juan Manuel, sobrino de Alfonso X, es considerado como uno de los creadores de la narrativa hispana. Su obra más conocida es *El conde Lucanor,* una colección de cincuenta y un cuentos didácticos y morales.

4. El teatro. Los orígenes del teatro medieval se hallan en las celebraciones religiosas, en las que se representaban fragmentos del evangelio. El *Auto de los Reyes Magos,* de comienzos del siglo XIII, es la obra más antigua que se conserva. La obra cumbre del teatro medieval es *La Celestina* (1499), atribuida en su mayor parte a Fernando de Rojas. Esta pieza narra los amores de un apuesto muchacho con una joven, a quienes ayuda en su relación la Celestina.

El arte medieval

1. El arte románico. En el siglo XI se introduce en España la arquitectura románica europea, representada por numerosos monasterios, iglesias y castillos. El nuevo estilo fue difundido en España por los cluniacenses (monjes de la congregación benedictina de Cluny, Borgoña). Los primeros ejemplos de arquitectura románica se dan en Cataluña, desde donde se extiende a otras regiones. Las construcciones románicas españolas se caracterizan por una mayor sencillez que las europeas.

Como complemento a la arquitectura románica surge la escultura, esencialmente decorativa, usada generalmente en fachadas y pórticos. Uno de los más notables ejemplos es la Puerta de la Platería de la

Patio en el Alcázar de Sevilla.

catedral de Santiago de Compostela en Galicia. En Cataluña encontramos la portada del monasterio de Ripoll. Ya en los albores del gótico, la culminación de la escultura románica es el Pórtico de la Gloria del maestro Mateo en Santiago de Compostela. En la pintura románica sobresalen los frescos del ábside de Santa María de Tahull, que hoy se encuentran en el Museo de Arte de Cataluña, Barcelona.

2. El arte gótico. El gótico llegó a la Península en el siglo XII a través de los monjes cistercienses procedentes de Cistercium (Citeaux, Francia). De ese estilo son las catedrales de Burgos, Toledo y León, del siglo XIII, además de numerosos castillos y monasterios construidos entre los siglos XIV y XVI. En Cataluña y Baleares encontramos la catedral de Barcelona, la iglesia de Santa María del Mar (Barcelona), la catedral de Gerona y la de Palma de Mallorca. El desarrollo de las ciudades llevó a la construcción de numerosos edificios civiles de estilo gótico, como son el Palacio Real, el Palacio Municipal y el Palacio de la Diputación de Cataluña, todos ellos en Barcelona.

3. El arte mudéjar. El arte mudéjar corresponde a la obra de los arquitectos musulmanes que permanecieron bajo dominio cristiano durante y después de la Reconquista. Se caracteriza por la yuxtaposición de elementos decorativos musulmanes con formas del gótico y románico. El mudéjar alcanzó su máximo esplendor en los siglos XIV y XV. Ejemplos de arquitectura mudéjar son el Alcázar de Sevilla, la iglesia de Santiago del Arrabal en Toledo, y las de Sahagún en León y de Cuéllar en Segovia.

Glosario

alminar. minaret of a mosque

almohades. Arab dynasty that defeated the Almoravids, who reigned in North Africa and Andalusia from 1147 to 1212

almorávides. Arab dynasty that conquered Fez, Morocco, and Southern Spain from 1055 to 1147

beréber o **berebere.** a non-Arab ethnic group from North Africa

califato. caliphate, territory governed by an Arab prince or chief called a caliph

cantares de gesta. medieval epic poems

Cortes. name given after the twelfth century to assemblies of noblemen, representatives of the clergy, and the common people

emirato. emirate, territory governed by an emir, an Arab prince or chief

estado llano o **común.** third-estate, the common people

hispanogodos. Spanish-Visigoths

Mahoma. Mohammed (*founder of Islam*)

Marca Hispánica. region of Spain (corresponding to present-day Catalonia) that was conquered by the Franks at the beginning of the ninth century

mester de clerecía. clerical verse

mester de juglaría. minstrel verse

mozárabes. Spanish Christians who lived among the Moors

mudéjares. Moslems who remained in Spain after the Reconquest

muladíes. Spaniards who accepted the Muslim faith

nazarí o **nazarita.** Arab dynasty that ruled over Granada from the thirteenth to the fifteenth centuries

omeya. Ommiad, Arab dynasty that reigned in Damascus from 661 to 750 A.D.

poesía trovadoresca. troubadour poetry

Reconquista. Reconquest, the period from 718 to 1492 during which the Spanish fought the Moorish invaders

reinos de taifas. Moorish kingdoms created in Spain after the end of the caliphate of Cordova in 1031

sistema de presura. system of land distribution during the Reconquest under which a person had the right to take land and work it

Cuestionario

LA ESPAÑA MUSULMANA

1. ¿Cuándo comenzó la conquista musulmana de la Península Ibérica?
2. ¿Qué importancia tuvo la derrota de los musulmanes en Poitiers?
3. ¿De qué origen eran los árabes que gobernaban al-Ándalus?
4. ¿Qué logró hacer Alfonso I en su lucha contra los árabes?
5. ¿Quién fue el primer emir de Córdoba? ¿A qué dinastía pertenecía?

6. ¿Qué motivó la crisis del emirato de Córdoba? ¿Cuál fue su resultado?
7. ¿Quién fue el primer califa de Córdoba?
8. ¿Cuál fue la característica general del período correspondiente al califato?
9. ¿Qué fueron las taifas?
10. ¿Quiénes fueron los almorávides y almohades?

LA CULTURA EN LA ESPAÑA MUSULMANA

1. ¿Cuál fue la orientación de la educación en al-Ándalus?
2. ¿Qué materias se enseñaban en las escuelas?
3. ¿Qué ciencias cultivaban los musulmanes?
4. ¿Qué formas siguió la literatura árabe?
5. ¿Cuál fue el género literario que más se desarrolló?
6. ¿Cuál fue la principal manifestación del arte musulmán?
7. ¿Qué influencias se observan en la arquitectura musulmana?
8. ¿Cuáles son las características de la arquitectura musulmana?

LOS REINOS CRISTIANOS

1. ¿Quién fue Pelayo y qué papel jugó en la creación del reino de Asturias?
2. ¿Qué importancia tuvo Alfonso I en la formación del reino asturleonés?
3. ¿Qué importancia tuvo León bajo Alfonso III?
4. ¿Cuál fue el origen del reino de Castilla?
5. ¿Con qué reino se unió Castilla?
6. ¿Cuál fue el último reino musulmán conquistado por los castellanos?
7. ¿Quién fue Carlomagno?
8. ¿Qué era la Marca Hispánica?
9. ¿Con qué reino se unió Cataluña?
10. ¿Qué territorios reconquistó Jaime I el Conquistador?
11. ¿Qué tierras comprendía en un principio el reino de Navarra?
12. ¿De qué reino formaba parte el condado de Portugal?
13. ¿Cómo nació el reino de Portugal?
14. ¿Qué era el municipio?
15. ¿Cuál era su carácter en un principio?
16. ¿Qué grupo social controló los municipios en los siglos XIV y XV?
17. ¿Cuál fue el origen de las Cortes?
18. ¿Cuál era su función?
19. ¿Cuál fue el origen y el propósito de la Inquisición?
20. ¿Qué ocurrió con la población judía durante el reinado de los Reyes Católicos?
21. ¿Qué ocurrió con los mudéjares?

LA CULTURA EN LOS REINOS CRISTIANOS

1. ¿Qué lenguas se hablaban en la mayor parte de la Península en la época musulmana?
2. ¿Qué lenguas se hablaban en el norte?

3. ¿Qué idioma romance se impuso sobre todas las otras lenguas?
4. ¿Qué otros idiomas se conservaron en la Península?

Temas de redacción o presentación oral

1. Refiere brevemente las principales acciones llevadas a cabo por el emir Abderramán I y los hechos más importantes ocurridos durante el reinado de Abderramán II.

2. Resume los principales puntos relativos a la economía musulmana:
   (a) La actividad agrícola
   (b) La ganadería
   (c) La construcción
   (d) El comercio
   (e) El comercio exterior

3. Haz un breve resumen sobre la sociedad de al-Ándalus; incluye la siguiente información:
   (a) Grupos que la componían y nivel social que ocupaban
   (b) La distribución geográfica de los distintos grupos
   (c) El concepto de tribu o clan
   (d) Grupos que componían la sociedad indígena

4. En relación con los reinos cristianos resume brevemente los siguientes temas:
   (a) La unidad política
        La unión de Castilla y Aragón
        La unidad política de la Península
        La conquista del reino de Granada
   (b) La hegemonía española
        El expansionismo de Castilla
        La incorporación de las islas Canarias
        La conquista de Melilla
        La incorporación de Navarra
        El descubrimiento de América
   (c) La economía y la sociedad
        Las actividades económicas y la estructura social
        El reparto oficial de las tierras
        Las distintas actividades económicas

5. Compara el período de formación de España con lo ocurrido en algún otro país europeo, por ejemplo Gran Bretaña. ¿Qué influencias externas se dieron en uno y otro país?

6. ¿Crees que la Reconquista haya sido un factor positivo para el futuro de España como nación? ¿Por qué?

7. ¿Cuál es tu opinión sobre la expulsión de los judíos de España? ¿Crees que esto tuvo alguna influencia en el posterior desarrollo económico y social del país? ¿Habría sido diferente si los judíos no hubiesen sido expulsados? Fundamenta tus opiniones.

8. Haz un análisis de las más importantes características de la literatura y el arte en la España medieval. Menciona específicamente los siguientes puntos:
   (a) La literatura
         La poesía tradicional
         La poesía culta
         La prosa
         El teatro
   (b) El arte
         El arte románico
         El arte gótico
         El arte mudéjar

Práctica

1. Completa este texto sobre la agricultura en al-Ándalus con las palabras más apropiadas.

   Los principales productos _____ fueron el olivo _____ la vid. El _____ permitió la fabricación _____ aceite tanto para _____ consumo interno como _____ la exportación. Sevilla _____ a ser en _____ siglo XII el _____ exportador de aceite _____ importante del Occidente. _____ la vid, y _____ pesar de la _____ islámica, se produjeron _____ para el consumo _____ musulmanes, cristianos y _____. La producción de _____, como por ejemplo el trigo, _____ en general insuficiente _____ a menudo fue _____ recurrir a la _____. Otros productos agrícolas _____ la España musulmana _____ frutas tales como . . .

2. Cambia los verbos en **presente** por la forma del **pretérito.**

   El año 711 *marca* el verdadero comienzo de la conquista de la Península por árabes y beréberes. Tarik, gobernador de Tánger, *organiza* una expedición a través del Estrecho, *derrota* al rey visigodo Rodrigo y *avanza* sobre Ecija, Córdoba. . . . Muza, gobernador de Tánger, *lleva* a cabo una segunda expedición, *se apodera* de Sevilla y Mérida y *emprende* la conquista de Zaragoza, Soria. . . . Muza *es* llamado a Damasco y su sucesor *continúa* la campaña. . . .

3. Observa el uso del **imperfecto** en este pasaje que *describe* el comercio exterior en la España musulmana.

El comercio exterior *era* realizado principalmente por judíos que *llevaban* y *traían* mercancías entre la Península. . . . *Se exportaban* pieles, sedas. . . . También *se exportaban* esclavos. . . . Los mercaderes *gozaban* de prestigio y *eran* protegidos por las autoridades.

Pon los **infinitivos** en la forma correcta del **imperfecto**.

El comercio de los productos agrícolas (*ser*) realizado por los propios campesinos que (*acudir*) a los mercados de la ciudad. En los centros urbanos (*haber*) mercados especiales. . . . Junto a los mercados (*tener*) lugar una serie de actividades y oficios que (*responder*) a las necesidades urbanas. (*Haber*) carpinteros, panaderos . . .

4. Observa el uso de la forma reflexiva **se** en estas oraciones.
   Al-Ándalus *se transformó* en una verdadera potencia mediterránea.
   Se aceleró el proceso de urbanización.
   El arte y la cultura *se vieron* fortalecidos.
   En Córdoba *se produjo* una serie de martirios voluntarios.

   Estudia este texto y usa la forma reflexiva **se** donde sea necesario.

   El califato omeya _____ conoció una estabilidad sin precedentes. Ello _____ debió a la autoridad ejercida por el califa. El califa _____ rodeó de ministros y consejeros que lo _____ secundaron en la administración. La prosperidad lograda por Abderramán III _____ mantuvo con su sucesor Alhaquén II, pero _____ rompió cuando Almanzor _____ usurpó el poder de manos del nuevo califa.

5. Explica en tus propias palabras el significado de estas expresiones:
   (a) tierra de nadie   (d) usurpar el poder
   (b) establecer una tregua   (e) luchas fratricidas
   (c) martirio voluntario   (f) falsos conversos

6. Lee este texto y reemplaza las palabras en cursiva por una de las palabras de la lista. Haz otros cambios que sean necesarios: *lograr, acciones, agrupaciones, acostumbrada, antagónicas, terminó, a fin de, soberanos, establecimiento, distintos, tomadas.*

   La *tradicional* tolerancia religiosa que existió en los reinos hispánicos *llegó a su fin* durante el reinado de los Reyes Católicos. Una de las primeras *medidas* adoptadas por los *monarcas* fue *conseguir* la *creación* de la Inquisición *para* perseguir a los falsos conversos. Las relaciones entre los *diferentes grupos* religiosos a partir del siglo XIV eran en general *hostiles*.

SEGUNDA PARTE

La universalización de lo hispánico

Cristóbal Colón. Su tenacidad por encontrar una nueva ruta a la India provocó el encuentro de dos culturas.

CAPÍTULO CUATRO

Descubrimiento y conquista de América

CRONOLOGÍA

El descubrimiento de América

El año 1492 marca el fin de la Reconquista después de siete siglos de presencia musulmana en la Península Ibérica (711–1492). Los Reyes

Católicos—Isabel de Castilla y Fernando de Aragón—culminan una campaña iniciada en el reino de Asturias en el año 718, cuando los musulmanes fueron derrotados por el noble visigodo Pelayo en la batalla de Covadonga. Este hecho, a su vez, abre paso a la universalización de lo hispánico, que se inicia con el acontecimiento más trascendental ocurrido durante el reinado de los Reyes Católicos: el descubrimiento de América por Cristóbal Colón y la posterior conquista del Nuevo Mundo.

CRISTÓBAL COLÓN

El lugar y fecha de nacimiento de Cristóbal Colón son inciertos. Se cree que nació en Génova en el año 1451. En su juventud, como marinero, llegó a Portugal donde se estableció y contrajo matrimonio con una portuguesa. Fue allí donde concibió la idea de llegar a las Indias navegando hacia el occidente. Solicitó la ayuda del rey de Portugal quien, preocupado con la idea de abrir una ruta marítima en dirección opuesta, rechazó el proyecto de Colón. Este se dirigió entonces a España, donde en 1492 obtuvo el apoyo de Isabel la Católica, quien le confirió el título de almirante. Además lo nombraba **virrey** y gobernador de las tierras que descubriese.

El 3 de agosto de 1492 Colón zarpó del puerto de Palos con tres carabelas: la Pinta, la Niña y la Santa María, con una tripulación de ciento veinte hombres. A pesar de las penalidades de la travesía y de la insistencia de los hombres en volver atrás, el viaje continuó. Y el 12 de

Réplica de la Santa María en el puerto de Barcelona. A la izquierda, el monumento a Cristóbal Colón.

Isabel la Católica de Juan de Flandes. Algunos aseguran que fue "el mejor rey" de España.

octubre del mismo año Rodrigo de Triana, integrante de la expedición, anunció tierra. En la madrugada de aquel día Colón y sus hombres desembarcaron en una isla a la que llamaron San Salvador. Se trataba de Guanahaní, hoy la isla Watling, una isla de las Bahamas. La expedición continuó y llegó a la isla de Cuba y posteriormente a la isla que hoy comparten Haití y la República Dominicana y que fue llamada La Española.

Colón y sus hombres regresaron a España en marzo de 1493, donde fueron recibidos con gran entusiasmo en Barcelona por los Reyes Católicos. Una nueva ruta hacia el este abría grandes posibilidades para el comercio español.

Otros tres viajes realizó Colón. En el segundo (1493–1496) desembarcó en las Antillas menores, Puerto Rico y Jamaica. Esta vez iba acompañado de una gran expedición y llevaba animales, víveres y semillas. Se estableció brevemente en La Española, donde fundó la primera población: La Isabela. En su tercer viaje (1498–1500) descubrió la isla Trinidad, la desembocadura del río Orinoco y la costa de Venezuela. Regresó a La Española, donde su hermano ejercía como gobernador. Allí reinaba la anarquía. Un juez especial enviado por la corona de España para poner orden en la isla hizo detener a Cristóbal Colón y sus hermanos y los llevó de vuelta a España. Una vez rehabilitado Colón realizó el último viaje (1502–1504) y exploró la costa de América Central: Honduras, Nicaragua, Costa Rica y Panamá. De vuelta en España, enfermo y desacreditado, se estableció en Valladolid. Allí murió en 1506 a la edad de 55 años, sin saber siquiera que había descubierto un nuevo continente. Colón erradamente imaginó haber descubierto la costa oriental de la India. Por eso al nuevo continente se le llamó en un principio Indias Occidentales.

OTROS EXPLORADORES

Américo Vespucio. En el año 1499 Américo Vespucio, geógrafo y navegante italiano nacido en Florencia, realizó el primero de cuatro viajes a las Indias, al servicio de España primero y luego de Portugal. A su regreso del primer viaje Vespucio escribió que lo que había encontrado en aquellas tierras del sur era un continente, al que llamó Nuevo Mundo. Un cosmógrafo alemán leyó sus relaciones de viaje y propuso que el nuevo continente fuese llamado América, nombre usado por primera vez en 1507.

Vasco Núñez de Balboa. Las exploraciones continuaron a fin de descubrir la tan deseada ruta hacia el oriente. Vasco Núñez de Balboa atravesó el istmo de Panamá descubriendo el 25 de septiembre de 1513 el mar del Sur, al que más tarde se le llamó océano Pacífico.

Juan Díaz de Solís. Otro navegante español llamado Juan Díaz de Solís descubrió el río de la Plata (1516), que desemboca en el Atlántico, donde se internó pensando que hallaría una ruta hacia el Pacífico. Díaz de Solís murió a manos de los indios.

Fernando de Magallanes y Juan Sebastián Elcano. En el año 1519 Fernando de Magallanes, navegante portugués, inició el primer viaje alrededor del mundo. Magallanes estaba al servicio de la corona española. Salió de España en viaje a las Molucas por el oriente. Bordeó la costa de América del Sur hasta descubrir el estrecho que hoy lleva su nombre (1520). Atravesó el Pacífico y llegó a las Filipinas, donde murió a manos de los indígenas. Juan Sebastián Elcano, que acompañaba a Magallanes, se hizo cargo de la expedición. Prosiguió el viaje hacia España a bordo de la nave Victoria y completó así la primera vuelta al mundo (1519–1522).

La conquista de América

EL ESPÍRITU DE LA CONQUISTA

Poco podían imaginar los primeros españoles que hicieron el viaje a América sobre la vastedad de los territorios descubiertos por Colón y lo difícil que sería su conquista. ¿Qué razones movían a estos hombres a iniciar el largo viaje hacia un continente desconocido? ¿Quiénes eran los conquistadores? Recordemos aquí la agitada historia de la Península Ibérica durante la edad media, y en especial la lucha de los reinos cristianos por expulsar a los musulmanes. En 1492, con la toma del reino moro de Granada por parte de los Reyes Católicos, termina la Reconquista y comienza un nuevo orden en toda España. Este espíritu de conquista y de lucha impregna la mente del hombre de aquella época y lo lleva a realizar nuevas acciones. Ello, unido a la idea del honor y al deseo de enriquecerse, motiva la salida de numerosas expediciones hacia el nuevo continente. La conquista se hacía en nombre del rey de España, aunque muchas de las expediciones fueron financiadas con fondos privados.

LOS CONQUISTADORES

Algunos de los más notables conquistadores venían de Extremadura. **Extremeños,** por ejemplo, eran Hernán Cortés, Francisco Pizarro y Pedro de Valdivia. Los hombres que los acompañaban eran en gran parte extremeños y **andaluces** sin educación y sin entrenamiento militar. Los que mandaban a estos grupos eran frecuentemente **hidalgos** o caballeros, miembros de una aristocracia desposeída, deseosos de adquirir honor y riquezas. Cada grupo expedicionario estaba integrado normalmente sólo por hombres. Iban acompañados por sacerdotes encargados de mantener la fe entre las tropas y de convertir a los indígenas al cristianismo. En poco más de cincuenta años (1494–1550) prácticamente se había completado la conquista de los territorios situados entre el sur de los Estados Unidos y la zona central de Chile, y se habían fundado muchas de las capitales y principales ciudades de las actuales repúblicas hispanoamericanas.

HERNÁN CORTÉS Y LA CONQUISTA DE MÉXICO

Hernán Cortés, hidalgo nacido en Extremadura, culto y de gran talento militar, marchó a las Indias para ponerse al servicio de la corona. En Cuba, donde pasó algunos años, fue escogido por el gobernador Velázquez para dirigir una expedición hacia Yucatán y conquistar México. Era el año 1519 y Cortés tenía treinta y cuatro años. A través de expediciones anteriores habían llegado noticias a Cuba de la existencia de un poderoso y rico imperio.

El espíritu independiente y rebelde de Cortés fue causa de su ruptura con el gobernador Velázquez. Contra los deseos de éste salió Cortés de Cuba con 11 navíos, 550 hombres, 16 caballos y 14 cañones. Al llegar a la isla de Cozumel encontró al sacerdote Aguilar, sobreviviente de un naufragio ocurrido en 1512. Aguilar le dio valiosa información. Y desde que Cortés desembarcó en San Juan de Ulúa, cerca de la actual Veracruz, la Malinche—una mujer de la nobleza azteca, bautizada con el nombre de Marina—fue su intérprete y consejera.

Cortés ante los aztecas.   Grande fue el asombro de los indígenas ante la presencia de los españoles con sus atavíos y sus caballos. En un principio los llamaron *teteuh,* palabra que significa dioses. Más tarde los llamarían *popolocas,* vocablo con que se designaba a los bárbaros.

El valiente explorador Hernán Cortés se embarcó para las Américas por primera vez en 1504.

Moctezuma II, emperador de los aztecas, trató de detener a estos seres fuertes y destructores. Envió emisarios con magníficos regalos para Cortés pidiéndole que se marchara. Cortés destruyó sus navíos para impedir que sus hombres escaparan. Fundó la ciudad de Villa Rica de la Vera Cruz, hoy Veracruz, y emprendió la marcha hacia Tenochtitlán. Logró aliarse con tribus enemigas de los aztecas, llegando a la capital del Imperio el 8 de noviembre de 1519. Moctezuma lo recibió en su palacio con grandes honores y regalos.

La Noche Triste. Los españoles quedaron admirados ante el esplendor y grandeza de Tenochtitlán, con sus ricos palacios y templos. Mientras tanto, una sublevación de indígenas en Veracruz fue el pretexto para que Cortés hiciera encarcelar al emperador azteca. El conquistador exigió el pago de una gran cantidad de oro, plata y joyas.

En el puerto de Veracruz había desembarcado una expedición enviada por el gobernador de Cuba para suplantar a Cortés. Cortés salió a su encuentro y logró vencerla. Mientras esto ocurría, los aztecas se habían sublevado en Tenochtitlán. Con la ayuda de Moctezuma, Cortés trató de apaciguar a los indígenas, quienes respondieron atacando a su emperador. Días después Moctezuma moriría. Ante esta situación el conquistador decidió abandonar la ciudad con sus hombres. La retirada fue desastrosa. Muchos españoles murieron aquella noche de junio de 1520, a la que se conoce como la Noche Triste.

La destrucción de Tenochtitlán. Cortés reorganizó sus tropas y volvió a ocupar la ciudad (1521), que fue prácticamente destruida. Sobre ella se levantó la ciudad de México, capital de la Nueva España, que más tarde sería el **virreinato** de Nueva España. El primer gobernador y **capitán general** nombrado por el rey fue Hernán Cortés.

LA CONQUISTA DE AMÉRICA CENTRAL

Consolidado el dominio de México, se llevó a cabo la conquista de América Central. Entre los años 1523 y 1527 se completó la conquista de los actuales territorios de Honduras, Guatemala, Nicaragua y El Salvador. También se fundaron ciudades en la actual Costa Rica, aunque su verdadera conquista no empezó hasta el año 1560.

FRANCISCO PIZARRO Y LA CONQUISTA DEL PERÚ

Francisco Pizarro nació en Trujillo, Extremadura, en el año 1475. Era hijo natural de un capitán de familia hidalga y de una labradora. Era analfabeto y vivió modestamente en su niñez y juventud. En el año 1502 viajó a América donde integró la expedición de Balboa que descubrió el océano Pacífico. En Panamá se asoció con otro extremeño inculto llamado Diego de Almagro y con un sacerdote para emprender la conquista del Perú, donde esperaban encontrar oro y otras riquezas. Pizarro y Almagro tenían entonces más de cincuenta años.

Las expediciones.   Una primera expedición realizada en 1524 fracasó y en 1526 volvieron a salir de Panamá. Primero salió Pizarro con 100 hombres y algunos caballos. Más tarde partió Almagro con 60 hombres más. Desembarcaron primero en la costa colombiana, en el Pacífico, y luego continuaron hacia el sur hasta llegar a la isla del Gallo, muy cerca del Ecuador.

El calor y la lluvia del trópico, el hambre, las enfermedades y la lucha con los indígenas hizo desistir a muchos hombres, que decidieron regresar. El gobernador había enviado dos barcos para trasladar a los expedicionarios de vuelta a Panamá. Decidido a no abandonar su empresa Pizarro **trazó una raya** en la arena con su espada y dijo: "Por aquí—señalando al sur—se va al Perú, a ser ricos; por allá—al norte—a Panamá, a ser pobres". Sólo 13 hombres siguieron a Pizarro.

El grupo continuó navegando hacia el sur y llegó hasta la actual frontera del Perú con el Ecuador. Desembarcaron y quedaron asombrados ante la organización y riqueza de los indígenas que allí encontraron. Pizarro estaba convencido de que aquello era parte de un Estado

Monumento a Francisco Pizarro (Lima, Perú).

Tumba del conquistador de los incas (Lima, Perú).

muy grande y rico y decidió obtener el permiso del rey para llevar a cabo la conquista. Regresó a España donde obtuvo los recursos necesarios.

Pizarro regresó a Panamá con sus tres hermanos y en 1531 salió con tres naves y 180 hombres hacia el sur. Almagro se quedó en Panamá para reforzar la expedición. Pizarro desembarcó en San Mateo y fundó la primera ciudad peruana: San Miguel de Piura (1532). Se internó luego en el Perú y llegó a Cajamarca donde se encontraba el Inca Atahualpa. El emperador acababa de vencer a su hermano Huáscar en su disputa por el Imperio.

El fin del Imperio incaico.   El conquistador invitó al Inca a que lo visitase. Éste llegó en un trono de oro rodeado de un gran número de acompañantes. Fray Vicente Valverde se dirigió al Inca en nombre de Dios y del rey de España. Ante una orden preestablecida los soldados españoles atacaron a los indígenas, dieron muerte a muchos de ellos e hicieron prisionero a Atahualpa. El rescate exigido al Inca fue una habitación llena de oro. Sin embargo, Pizarro no cumplió su palabra y una vez obtenido el oro y las joyas, Atahualpa fue ejecutado.

En 1533 Pizarro entró en Cuzco y con ello consolidó la conquista. Dos años más tarde fundó la Ciudad de los Reyes, la actual Lima, con lo cual se inauguró el período de la administración española en el actual Perú. Desde Lima, Diego de Almagro llevó a cabo una expedición a Chile, pero al no encontrar oro ni riquezas regresó al Perú.

La división hecha por el rey de las tierras conquistadas y la ambición crearon conflictos entre Pizarro y Almagro. Ello originó una guerra en la que Hernando Pizarro, hermano del conquistador, venció a Almagro y lo hizo ejecutar. Años más tarde el hijo de Almagro, también llamado Diego, vengó la muerte de su padre y asesinó a Francisco Pizarro.

LA CONQUISTA DE ECUADOR, COLOMBIA Y VENEZUELA

Durante la campaña del Perú, Sebastián de Benalcázar emprendería la conquista de Ecuador, donde fundó las ciudades de San Francisco de Quito (1534) y Santiago de Guayaquil (1535). Más tarde avanzaría hacia territorio colombiano. En el año 1538 su expedición llegó a las inmediaciones de Bogotá. Una vez instaurado el dominio español se creó la Real Audiencia de Santa Fe de Bogotá (1550) y se llamó Nueva Granada a las tierras que hoy ocupan Panamá y Colombia.

Carlos I, que también era emperador germano, concedió el derecho de conquista y colonización de Venezuela a la casa comercial alemana Welser, con la que tenía grandes deudas. La administración alemana no logró consolidarse y terminó en 1548, año en que verdaderamente se inicia la colonización española. Santiago de León de Caracas fue fundada en 1567.

LA CONQUISTA DE CHILE

Pedro de Valdivia, otro extremeño, emprendió la conquista de Chile, territorio reconocido ya por Almagro en su expedición de 1536. Con ciento cincuenta soldados españoles y mil indios Valdivia atravesó el desierto de Atacama hasta llegar al valle central. Ahí fundó la ciudad de Santiago del Nuevo Extremo, hoy Santiago de Chile. Valdivia fue nombrado gobernador y capitán general.

El conquistador tuvo que hacer frente a la fuerte resistencia y ataques del pueblo araucano. En uno de los muchos combates los **araucanos,** o **mapuches,** al mando de Lautaro dieron muerte a Valdivia. El virrey del Perú envió a su hijo García Hurtado de Mendoza, de veintidós años, para continuar la conquista. Éste vino acompañado del poeta y soldado Alonso de Ercilla y Zúñiga. En su gran poema épico *La Araucana,* Ercilla canta al valor de los indios araucanos y de su **cacique** Caupolicán. La resistencia indígena continuó y la pacificación de la Araucanía sólo se logró a partir de 1870.

Monumento a Pedro de Valdivia (Santiago de Chile).

LA CONQUISTA DEL PLATA Y DEL PARAGUAY

En 1536 llegó a la boca del río de la Plata Pedro de Mendoza con el título de capitán general y **adelantado** para emprender la conquista de aquellas tierras. En un lugar de la costa oeste del río hizo levantar un fuerte al que llamó Santa María del Buen Aire, hoy Buenos Aires. Pero la hostilidad de los indígenas obligó a los españoles a evacuar el lugar en 1541, y la población quedó prácticamente destruida. Mendoza, enfermo, decidió volver a su patria, pero murió antes de llegar a España. Entretanto los pobladores se trasladaron a Nuestra Señora de Santa María de la Asunción, en el actual Paraguay. La ciudad había sido fundada en 1537. Allí se estableció el centro para la colonización de los territorios situados al sudeste de la América del Sur. En 1580 se logró levantar de nuevo la ciudad de Buenos Aires.

La colonización

LA ADMINISTRACIÓN DE LAS INDIAS

Consolidado el triunfo militar sobre los aborígenes, los españoles orientaron sus esfuerzos hacia el establecimiento de una administración de las posesiones americanas. La enorme extensión de los territorios conquistados no fue obstáculo para que se lograra una cierta armonía dentro de su administración. A ello contribuyó el hecho de que las Indias eran consideradas no como colonias sino como parte integral de la corona de Castilla. El monarca español, rey de una España unificada, era a la vez soberano de las Indias y autoridad máxima en la administración del Imperio.

Las principales instituciones y cargos creados por la monarquía española en América fueron los siguientes:

Casa de Contratación. Fundada en Sevilla en 1503, sus fines fueron en un principio puramente comerciales. Controlaba la entrada y salida de mercancías y calculaba los ingresos de la corona. Más tarde se encargó también de supervisar la emigración hacia las Indias. A la Casa de Contratación se debe la preparación de excelentes mapas y de varias expediciones marítimas.

Consejo de Indias. La autoridad del rey se ejercía a través del Consejo de Indias, principal institución de la administración de los territorios ultramarinos. Entre sus responsabilidades estaban la promulgación de

Leyes de Indias, la supervisión de la Iglesia, de la justicia y las finanzas, y el control del comercio y el transporte marítimo a través de la Casa de Contratación.

Gobernadores, Audiencias y Virreyes. La conquista había dado a algunos españoles gran poder y privilegios. A fin de controlar el individualismo peligroso de los conquistadores y de mantener la unidad del Imperio, la corona impuso el poder civil a través de funcionarios nombrados por el rey.

Cada provincia tenía al frente a un gobernador. Las provincias eran independientes unas de otras y para darles unidad y cohesión se creó un poder intermedio: **las audiencias.** Ellas servían como altos tribunales de justicia, inspeccionaban la administración de ciudades y velaban por la aplicación de las leyes.

La necesidad de ejercer un control sobre éstas y otras instituciones dio origen al virreinato y al cargo de virrey. Los virreyes eran representantes directos del rey y las autoridades máximas en Hispanoamérica. Los primeros virreinatos fueron el de Nueva España, creado en 1535, que incluía casi toda la América Central, y el de Nueva Castilla o Perú, creado en 1543, del que dependía casi toda la América del Sur. En el siglo XVIII se crearon dos virreinatos más: Nueva Granada (1739), con jurisdicción sobre las audiencias de Bogotá, Panamá y Quito; y el virreinato de la Plata (1776), del que dependían los actuales territorios de Argentina, Paraguay, Uruguay y Bolivia.

La administración local. La colonización española tuvo desde sus principios un carácter fundamentalmente urbano. La fundación de ciudades fue la primera tarea de los conquistadores. Cada ciudad estaba planificada de acuerdo a ciertas normas, siguiendo un modelo geométrico, en base a cuadras. Luego se asignaban terrenos dentro del sector urbano donde cada vecino levantaba su residencia.

Las ciudades contaban con un **cabildo,** o municipio, en el que participaban ciudadanos locales que ejercían diversas funciones, entre ellas la de alcalde y regidores. El cabildo y en especial el **cabildo abierto,** o asamblea del pueblo, jugó un importante papel en el movimiento de independencia hispanoamericano.

LA CRISTIANIZACIÓN DEL NUEVO MUNDO

La cristianización del Nuevo Mundo fue una de las características primordiales de la conquista. Los españoles quisieron borrar desde un

La combinación de los ritos cristianos con los paganos en Chichicastenango (Guatemala).

principio la religión prehispánica. Destruyeron los templos dedicados a los dioses indígenas y prohibieron las prácticas religiosas paganas. Obligaron a los aborígenes a aceptar la fe católica, a asistir a misa y recibir los sacramentos. El resultado fue que junto a los ritos de la Iglesia continuó el culto a los antiguos dioses y esta combinación de elementos cristianos y paganos ha perdurado hasta hoy en muchos ritos y festividades religiosas a través de la América hispana.

La defensa de los indios.   La Iglesia a su vez fue protectora de los indios frente a los constantes abusos de los conquistadores. Un notable defensor de la causa de los indígenas fue el padre Bartolomé de las Casas, quien en sus escritos describió la crueldad de los colonizadores y la explotación y opresión de que eran objeto los indios. Notable fue también la labor de los jesuitas en pro de la educación de los indígenas, particularmente en las **reducciones** o pueblos de indios del Paraguay. Su expulsión de Hispanoamérica en 1768 dejó nuevamente a los aborígenes a merced del hombre blanco que lo requería como **mano de obra** barata.

Bartolomé de las Casas, defensor de los indígenas.

La conquista ideológica. La cristianización fue la base de la conquista ideológica que permitió imponer los valores europeos en el mundo conquistado. Frente a estos nuevos valores estaba la diversidad de las culturas indígenas. Este contacto entre lo español y lo autóctono americano dio origen a una nueva forma de ser, modificada a través del continente por factores locales e históricos. El mundo hispanoamericano de hoy es tan heterogéneo como heterogéneas son las culturas que a él dieron origen.

LA SOCIEDAD COLONIAL

La conquista fue una empresa fundamentalmente masculina. Las primeras expediciones constaban exclusivamente de hombres. Pero a medida que se consolida el dominio español se observa la presencia cada vez más numerosa de españolas. Las primeras en llegar fueron las esposas de los conquistadores, pero luego se intensificó el traslado de mujeres solteras. Esta falta de mujeres hizo que el español se uniera desde un principio con la mujer indígena, lo que dio origen a un elemento étnico nuevo en la América hispana: el **mestizo.** El mestizo constituye en sí una nueva raza que integra la cultura y rasgos físicos del español y del indio. Al blanco y al indio se añadió el africano, traído como esclavo para sustituir al indio, cuya población había disminuido notoriamente por las guerras, las epidemias y la muerte prematura a causa de los trabajos forzados a que eran sometidos.

A medida que avanzaba la colonización se fueron delineando diversos grupos y estableciéndose una jerarquía social que en líneas generales fue la siguiente:

- Españoles nacidos en la Península
- **Criollos** o españoles nacidos en América
- Mestizos
- Mulatos (hijo de negro y blanco), zambos (hijo de negro e indio), negros libres
- Esclavos
- Indios

(El orden seguido obedece al pensamiento de algunos investigadores que consideran que el trato dado al indio era peor que el que recibían los negros y esclavos. Otros historiadores, sin embargo, sitúan al indio a continuación de los mestizos.)

LA ECONOMÍA Y EL COMERCIO

La economía.   La base de la economía interna era la agricultura y la ganadería, y en algunas regiones la minería. Los españoles introdujeron nuevos cultivos y animales y asimismo explotaron los ya existentes. En las minas el trabajo se concentró en la extracción del oro y la plata. Potosí, centro minero boliviano, fundado en 1545, fue durante la época colonial la ciudad más importante del continente y llevó el nombre de Villa Imperial.

La tierra y las minas eran trabajadas por los indios a través de dos sistemas establecidos por las autoridades coloniales. La **encomienda** era el sistema según el cual un español—el **encomendero**—recibía, además de tierras, un grupo de indios que le pagaban tributo y trabajaban para él. Éste, a su vez, tenía la obligación de enseñarles la religión cristiana y de instruirlos conforme a las Leyes de Indias.

Esta fue una forma de esclavitud a la que muchos indios no sobrevivieron. La encomienda duró hasta fines del siglo XVIII, aunque el paternalismo y explotación que caracterizaban la relación encomendero-indígena persisten hoy en día en la relación **terrateniente**-trabajador agrícola en la mayoría de los países de Hispanoamérica.

La **mita,** un sistema de trabajo forzado, se utilizó preferentemente en las minas. En la mita participaban hombres entre dieciocho y cincuenta años y su servicio duraba un año. Después de un período de siete años podían ser llamados a trabajar nuevamente.

El comercio.　El comercio entre España y las Indias tenía su centro en Sevilla y era supervisado por la Casa de Contratación. Sólo los españoles tenían derecho a comerciar con las Indias, y éstos eran los primeros beneficiados. El tráfico lo realizaba una flotilla de naves acompañadas de navíos de guerra para protegerse de los piratas. Salían dos veces por año de Sevilla en dirección a Porto Bello (Panamá), Cartagena (Colombia) y Veracruz (México). Desde estos puertos las mercancías eran trasladadas por barco o a lomo de mula a otros lugares. Allí se concentraba también el oro y la plata que iba en dirección a España.

Las largas distancias desde los puertos de llegada hasta su destino final encarecía enormemente los productos. En un momento en que la demanda americana crecía rápidamente, los envíos eran a menudo insuficientes. Todo ello originó un intenso contrabando por parte de los rivales comerciales de España, que cruzaban el Atlántico con sus naves cargadas de mercancías.

La cultura del Nuevo Mundo

ESCUELAS Y UNIVERSIDADES

Los territorios colonizados por los españoles participan muy pronto del proceso cultural que vive la metrópoli. A la vez que se implantan nuevas instituciones políticas y administrativas, se crean organismos destinados a la extensión de la cultura. Surgen escuelas para la educación de españoles y nativos y las primeras universidades. Las Universidades de México y Lima fueron fundadas en el año 1553. En México y el Perú se fundaron escuelas para indios donde se enseñaba religión, latín, música, pintura y escultura.

La organización de las universidades era similar a la de las medievales europeas. Había cuatro facultades: artes, derecho, teología y medicina. En los lugares con mayor población indígena, por ejemplo México, Guatemala y el Perú, se enseñaban lenguas indígenas, especialmente a sacerdotes y maestros.

A partir del año 1700, aproximadamente, se crearon muchas instituciones dedicadas a la enseñanza y la cultura. En México se fundó la Escuela de Minería y la Academia de Bellas Artes; en Quito se creó un centro para la formación de arquitectos, escultores y pintores. Además, surgieron bibliotecas, jardines botánicos, museos de historia natural, un observatorio astronómico en Bogotá y un instituto de náutica en Buenos Aires.

PRIMERAS PUBLICACIONES

Después de las universidades vinieron las imprentas, la primera en México en el año 1535, luego otras. Y en el año 1767 comenzó a publicarse el primer periódico mexicano, la *Gaceta de México*. Años antes nació la *Gaceta de Lima* (1743). Los primeros diarios de América se publicaron también en Lima y México: el *Diario Erudito, Económico y Comercial* de Lima y el *Diario de México*. Después de 1750 comenzaron a aparecer las primeras publicaciones literarias y científicas en México, Bogotá y Lima.

LA LITERATURA

La influencia cultural de la Península se manifiesta también en la literatura. Las crónicas y poemas épicos, principales géneros literarios de la conquista, florecen tanto en la América española como en España. En un principio se trata de los propios conquistadores cuyos escritos relatan el impacto de sus campañas y sus reacciones frente al hombre y a la geografía del nuevo continente. Más tarde surgieron algunos escritores nacidos en América. Su obra integra elementos autóctonos, reflejando el punto de vista de un pueblo dominado. Entre los españoles encontramos los siguientes:

1. Cristóbal Colón (1451–1506) y su *Diario de viaje,* en el que narra su encuentro con los indios del Caribe.

Alonso de Ercilla y Zúñiga, autor de *La Araucana*.

2. Hernán Cortés (1485–1547) y sus *Cartas de relación sobre la conquista de México,* dirigidas al rey.

3. Bernal Díaz del Castillo (1492–1581), miembro de las expediciones de Cortés, quien hace una narración detallada de los principales hechos de la conquista de México en *La historia verdadera de la conquista de Nueva España.*

4. Alonso de Ercilla y Zúñiga (1533–1594), soldado-poeta que participó en Chile en la campaña contra los araucanos. Es el autor de *La Araucana,* el poema épico más destacado de las Indias. En él, Ercilla describe la lucha constante entre conquistadores e indígenas y glorifica la resistencia y valor del indio que no se dejó dominar por los invasores españoles.

Entre los escritores nacidos en América hallamos a:

1. El Inca Garcilaso de la Vega (1539–1615), nacido en Cuzco, hijo de un español y de una princesa inca. En sus *Comentarios reales*

combina elementos históricos y fantásticos en que se intercalan leyendas y tradiciones indias.

2. Juan Ruiz de Alarcón (1581–1639), dramaturgo, nacido en México. Su obra literaria se desarrolla en la Península, pero la fuerte presencia del elemento mexicano lo sitúa dentro del área de la literatura hispanoamericana.

3. Sor Juana Inés de la Cruz (1657–1695), nacida en México, célebre por su extensa obra poética en que se manifiesta la influencia del poeta español Góngora. De reconocido talento literario, **fue amonestada** por la Iglesia por su dedicación a las letras profanas y se le exhortó a que se consagrara a las escrituras de la Iglesia.

EL ARTE

La arquitectura. Las primeras construcciones fueron rudimentarias, destinadas a satisfacer las necesidades básicas de vivienda. Más tarde y hasta el año 1600 aproximadamente, la arquitectura sigue los estilos

Edificio colonial español construido sobre cimientos indígenas (Cuzco, Perú).

Palacio de Torre Tagle: la mejor muestra de la arquitectura colonial en Lima, Perú. Construido en 1735, hoy es del Ministerio de Asuntos Exteriores.

Catedral de la Ciudad de México, cuya construcción se inició en 1573.

predominantes en Europa sin grandes modificaciones. La llegada de misioneros a evangelizar a los nativos dio un gran impulso a la construcción de iglesias y monasterios a través de toda la América española. La catedral de Santo Domingo, la primera en Hispanoamérica, combina los estilos gótico y renacentista. En la catedral de Cuernavaca, México, se emplea el estilo gótico decadente. En 1573 comienza la construcción de la catedral de México, que sólo se completará al cabo de tres siglos.

Entre los años 1600 y 1800 predomina el estilo barroco con influencia **mudéjar.** En este último entran elementos del arte cristiano y de la ornamentación árabe. Al barroco y al mudéjar se agregan elementos de decoración indígenas que armonizan perfectamente con lo europeo. A este período corresponden la iglesia de San Francisco de Acatepec y el santuario de Ocotlán en México y la Iglesia de San Francisco de Lima.

La arquitectura barroca hispanoamericana se caracteriza, además, por su colorido. En México se empleó el azulejo de colores brillantes. En el Perú, las fachadas fuertemente decoradas de algunas iglesias están pintadas de brillantes colores.

Escena de la vida de San
Francisco de Asís, de autor
anónimo perteneciente al
taller Basilio de Santa Cruz
en Cuzco (Museo de la
Iglesia de San Francisco,
Santiago de Chile).

Inmaculada con San José y
San Francisco, de autor
anónimo del siglo XVIII
(Museo de la Iglesia de San
Francisco, Santiago de
Chile).

La pintura.   En líneas generales, difícilmente se puede diferenciar entre la pintura española y la colonial, dado que esta última siguió en casi
toda América los mismos moldes de la metrópoli. Una de las más notables excepciones corresponde a la **pintura cuzqueña,** el resultado de

una mezcla, de una fusión de lo europeo con lo americano. Menos elaborada que la europea, la pintura cuzqueña presenta, sin embargo, una estilización muy acentuada. En sus comienzos encontramos a un jesuita italiano, Bernardo Bitti, muy influido por lo europeo. Más tarde surgen formas más auténticas y diferenciadas cuyos principales creadores son indígenas, entre ellos Diego Quispe, Tito y Basilio Santa Cruz, Marcos Zapata y Juan Zapaca Inca, junto a otros pintores anónimos.

En Quito se dio un fenómeno similar al de Cuzco, pero centrado principalmente en la escultura. A partir del siglo XVIII aparecen algunos excelentes representantes de la **pintura quiteña.**

Glosario

adelantado. a person with the highest political, military, and judicial power over a certain region in America in the early days of the Spanish Conquest and colonial period. He often financed an expedition in exchange for land and honors

andaluces. people from Andalusia

araucano o **mapuche.** Araucanian Indians from Chile and Argentina

audiencias. institutions responsible for law enforcement, which also exercised control over political authorities

cabildo. institution that had powers similar to a town council's

cabildo abierto. general assembly of a *cabildo*

cacique. Indian chief

capitán general. captain-general, highest civilian authority in a region

Casa de Contratación. Chamber of Commerce set up by the Spanish monarchs Isabella and Ferdinand

Consejo de Indias. institution created in 1509 with administrative and economic powers over Spanish America

criollos. Spaniards born in America

cuzqueña (pintura). style of painting developed in colonial Cuzco (Peru)

encomendero, *see* **encomienda**

encomienda. estates granted Spanish settlers. Indians living on the estates were in the charge of an *encomendero,* who looked after their interests and converted them to Christianity

extremeños. people from Estremadura

fue amonestada. was reprimanded

hidalgos. noblemen

Leyes de Indias. laws governing Spanish America

mano de obra. labor

mestizo. person of mixed Indian and Spanish descent

mita. institution that regulated the work of the Indians at mines and public works

mudéjar. Islamic-influenced art

quiteña (pintura). style of painting developed in colonial Quito (Ecuador)

reducciones. Indian villages created by Spanish missionaries during the colonial period

terrateniente. landowner

trazó una raya. drew a line

virreinato. viceroyalty

virrey. viceroy

Cuestionario

CRISTÓBAL COLÓN

1. ¿Dónde y cuándo se cree que nació Colón?
2. ¿Qué propuso Colón al rey de Portugal?
3. ¿Quién apoyó oficialmente su proyecto?
4. ¿En qué fecha zarpó de España?
5. ¿Cómo estaba constituida la expedición?
6. ¿A qué lugar llegó en su primer viaje? ¿En qué fecha?
7. ¿Cuántos viajes más realizó Colón y en qué lugares desembarcó?
8. ¿Por qué se llamó Indias Occidentales al nuevo continente?

OTROS EXPLORADORES

1. ¿De dónde proviene el nombre América?
2. ¿Quién descubrió el océano Pacífico?
3. ¿Quién fue Fernando de Magallanes?
4. ¿Cuál fue la ruta seguida por Magallanes?
5. ¿Qué importancia tiene Juan Sebastián Elcano entre los exploradores?

LA COLONIZACIÓN

1. ¿Qué funciones tenía la Casa de Contratación?
2. ¿Qué funciones tenía el Consejo de Indias?
3. ¿Quiénes eran los representantes directos del rey?
4. ¿Por qué se dice que la colonización tuvo un carácter fundamentalmente urbano?
5. ¿Por qué se dice que la conquista fue una empresa fundamentalmente masculina?
6. ¿Qué es el mestizo?
7. ¿Por qué se trajo al africano a América?
8. ¿Qué grupos principales componían la sociedad colonial?
9. ¿Cuál era la base de la economía colonial?
10. ¿Qué se extraía principalmente en las minas?

11. ¿En qué consistían la encomienda y la mita?
12. ¿Qué ciudad española era el centro del comercio colonial?
13. ¿Quiénes tenían derecho a comerciar con las Indias?
14. ¿Cómo se realizaba el tráfico de mercancías?
15. ¿Qué consecuencias tuvo la centralización comercial?

LA CULTURA DEL NUEVO MUNDO

1. ¿Cuáles fueron las primeras universidades coloniales?
2. ¿Qué escuelas se fundaron y qué se enseñaba en ellas?
3. ¿Cómo estaban organizadas las universidades coloniales?
4. ¿Qué instituciones se crearon a partir del año 1700?
5. ¿Cuáles fueron los primeros periódicos y los primeros diarios?
6. ¿Cuáles fueron los principales géneros literarios durante la conquista?
7. ¿Cuál era su contenido?
8. ¿Qué escritores nacidos en España se destacan en este período?
9. ¿Qué escritores nacidos en América encontramos en el período colonial?
10. ¿Quién fue el autor de *La Araucana* y cuál es su contenido?
11. ¿Qué características tuvieron las primeras construcciones coloniales?
12. ¿Qué estilos siguió la arquitectura colonial hasta 1600?
13. ¿A qué tipo de arquitectura dio origen la evangelización?
14. ¿Qué estilo arquitectónico predominó entre los años 1600 y 1800?
15. ¿Qué características tuvo la arquitectura barroca hispanoamericana?
16. ¿Qué características tuvo la pintura cuzqueña?

Temas de redacción o presentación oral

1. Haz un breve análisis sobre las características de la conquista española, incluyendo la siguiente información:
   (a) Razones que movían a los hombres a iniciar el largo viaje a un continente desconocido
   (b) El rey de España y la Iglesia frente a la conquista
   (c) Los más notables conquistadores: región de donde procedían y extracción social
   (d) Los hombres que acompañaban a los conquistadores: regiones de donde procedían, nivel cultural y preparación militar
   (e) Composición de los grupos expedicionarios
   (f) El papel de los misioneros y sacerdotes
   (g) Duración de la conquista

2. Resume las principales ideas y hechos relativos a:
   (a) La conquista de México
   (b) La conquista del Perú

3. Compara la forma de colonización llevada a cabo por los españoles y la colonización inglesa en Norteamérica y otras regiones del mundo. ¿Qué diferencias y similitudes puedes observar?

4. ¿Qué aspectos positivos y negativos tuvo la colonización española en América? Expresa tu opinión.

5. Haz un breve comentario sobre el siguiente párrafo:
   "La cristianización del Nuevo Mundo fue una de las características primordiales de la conquista. Los españoles quisieron borrar desde un principio la religión prehispánica. Destruyeron los templos dedicados a los dioses indígenas y prohibieron las prácticas religiosas paganas. Obligaron a los aborígenes a aceptar la fe católica, a asistir a misa y recibir los sacramentos."

   Expresa tu opinión sobre el proceso de evangelización realizado por los españoles en América.

6. Elige y presenta oralmente o por escrito uno de estos dos temas:
   (a) El indio visto por los conquistadores españoles
   (b) Los conquistadores españoles vistos por los indígenas

7. Compara la contribución de la mujer a la colonización de la América anglosajona con lo ocurrido en la América española. ¿Qué diferencias o similitudes puedes observar?

8. Compara el desarrollo de la cultura (la literatura, las artes, la prensa) en la América española con el desarrollo cultural en la América anglosajona.

Práctica

1. Lee otra vez la información sobre Colón en la páginas 68–70 y luego, sin mirar el texto, completa este párrafo:
   Se cree que Colón nació en Génova _____ 1451 _____ llegó a Portugal _____ se estableció _____ contrajo matrimonio _____ concibió la idea _____ solicitó la ayuda _____ rechazó el proyecto de Colón _____ se dirigió a España _____ obtuvo el apoyo _____ le confirió el título _____ lo nombraba virrey _____.

2. Elige el tiempo correcto del verbo, el **pretérito** o el **imperfecto,** según el contexto.
   El 3 de agosto de 1492 Colón (*zarpó/zarpaba*) del puerto de Palos con tres carabelas. Estas (*fueron/eran*) La Pinta, La Niña y la Santa

María. La tripulación la (*compusieron/componían*) 120 hombres. El 12 de octubre Rodrigo de Triana, que (*fue/era*) uno de los integrantes de la expedición, (*anunció/anunciaba*) tierra. Colón y sus hombres (*desembarcaron/desembarcaban*) en una isla a la que (*llamaron/llamaban*) San Salvador. Se (*trató/trataba*) de Guanahaní, una isla de las Bahamas. La expedición (*continuó/continuaba*) y (*llegó/llegaba*) a la isla de Cuba. . . .

3. Completa los espacios en blanco con el artículo definido—*el, la, los* o *las*—donde sea necesario.
    _____ base de _____ economía interna era _____ agricultura y _____ ganadería, y en algunas regiones _____ minería. _____ españoles introdujeron _____ nuevos cultivos y _____ animales y explotaron los ya existentes. En _____ minas _____ trabajo se concentró en _____ extracción del oro y _____ plata. Potosí, _____ centro minero boliviano, fue durante _____ época colonial _____ ciudad más importante del continente y llevó _____ nombre de _____ Villa Imperial.

4. Reemplaza las palabras en cursiva por otras similares. Haz otros cambios que sean necesarios.
    (a) Moctezuma II *envió* emisarios con magníficos *regalos* para Cortés pidiéndole que *se marchara*. Cortés destruyó sus *navíos* para *impedir* que sus hombres *escaparan*.
    (b) Francisco Pizarro era hijo *natural* de un capitán de familia hidalga y de *una labradora*. En 1502 *viajó* a América donde *integró* la expedición de Balboa que descubrió el mar del Sur.

5. En cada grupo de palabras elimina aquélla que no se relaciona con las otras palabras de la lista.
    (a) carabela, navío, bota, barco, nave
    (b) viaje, jornada, travesía, expedición, excursión
    (c) víveres, alimentos, comida, provisiones, fonda
    (d) descubrir, hallar, fundar, encontrar, dar con
    (e) hacerse cargo, responsabilizarse, tener un cargo, ponerse al frente, asumir la responsabilidad
    (f) suites, atavíos, ropas, vestimentas, indumentaria
    (g) vocablo, palabra, vocal, término, locución
    (h) dios, deidad, divinidad, diablo, ser supremo

Explica el sentido general de cada grupo de palabras y el significado específico de las palabras eliminadas.

6. Completa este cuadro con las palabras que faltan. Sigue el primer ejemplo.

conquistar	conquistador	la conquista
	descubridor	
explorar		
	fundador	
navegar		la navegación
tripular		

Forma oraciones con una palabra de cada grupo.

7. Une cada frase o verbo de la columna **A** con una frase de la columna **B** hasta completar un párrafo coherente sobre la primera vuelta al mundo. Los verbos están ordenados de la manera correcta.

A	**B**
(a) Fernando de Magallanes inició	el estrecho que lleva su nombre
	la expedición
(b) Salió de	el primer viaje alrededor del mundo
(c) Bordeó	las islas Filipinas
(d) En 1520 descubrió	la primera vuelta al mundo
(e) Atravesó	España en 1519
(f) Llegó a	la costa de América del Sur
(g) Murió	a manos de los indígenas
(h) Elcano se hizo cargo de	el Pacífico
(i) Prosiguió	el viaje de regreso a España
(j) Completó	

CAPÍTULO CINCO

El Imperio español en Europa: esplendor y decadencia

CRONOLOGÍA

1517–1556	Reinado de Carlos I, primer rey Habsburgo de España.
1519	Carlos I es elegido emperador alemán con el nombre de Carlos V.
1545–1563	El Concilio de Trento lleva a cabo la gran reforma católica.
1556–1598	Reinado de Felipe II y hegemonía militar española.
1561	Madrid se convierte en capital del Imperio español.
1565	Se inicia la colonización de las Filipinas.
1571	Derrota de los turcos en Lepanto.
1580	Felipe II se convierte en rey de Portugal.
1588	Inglaterra derrota a la Armada Invencible.
1598–1621	Reinado de Felipe III.
1609	Expulsión de los moriscos.
1618–1648	Guerra de los Treinta Años.
1621–1665	Reinado de Felipe IV.
1640	Rebelión en Cataluña. Se reconoce a Luis XIII de Francia como conde de Barcelona.
	Portugal vuelve a ser un reino independiente.
1648	Independencia de Holanda.
1652	Cataluña vuelve a formar parte de España.
1665–1700	Reinado de Carlos II.
1700	Muere Carlos II y Felipe de Anjou, nieto de Luis XIV de Francia, es designado sucesor.
1700–1714	La designación de Felipe de Anjou como rey de España lleva a la guerra de sucesión.
1713–1714	Los Tratados de Utrecht y Rastadt reconocen a Felipe V, de la casa de Borbón, como rey de España. Los dominios españoles en Europa pasan a manos del archiduque de Austria. Gran Bretaña queda en posesión de Menorca y Gibraltar.

Monumento a Cervantes y a los dos personajes más conocidos de la literatura española: don Quijote y Sancho Panza (Plaza de España, Madrid).

La hegemonía española

LAS ALIANZAS

La tradicional rivalidad entre el reino de Aragón y Francia por el dominio del Mediterráneo indujo a Fernando el Católico a establecer una serie de alianzas para aislar diplomática y militarmente a su enemigo. Estas alianzas se concretaron mediante enlaces matrimoniales entre la casa de Trastámara y las dinastías de Portugal, Inglaterra y la casa de Austria. Isabel, hija de los Reyes Católicos, se casó con el príncipe Don Alfonso de Portugal y, al morir éste, con el rey portugués Don Manuel. Su hermana Catalina de Aragón contrajo matrimonio con Arturo, heredero del trono de Inglaterra y, muerto éste, con su hermano el rey Enrique VIII. La alianza con la casa de Austria se formalizó con el matrimonio de Juana la Loca, hermana de las anteriores, con el archiduque de Austria Felipe el Hermoso, hijo del emperador Maximiliano. El futuro de la corona de Castilla quedó finalmente en manos de los Habsburgos de Austria. Felipe el Hermoso murió en 1506 y diez años más tarde su hijo Carlos, de dieciséis años (Carlos I), heredaba la corona de España.

EL IMPERIO ALEMÁN

A la muerte de Felipe el Hermoso, Carlos I heredó Flandes, el Artois, Luxemburgo, el Franco Condado y los Países Bajos. Más tarde heredó de Fernando el Católico Aragón, Cataluña, Valencia, Baleares, Cerdeña, Nápoles y Sicilia. De su madre Juana la Loca recibió la corona de Castilla. Y al morir Maximiliano pasó a ser archiduque de Austria, Tirol, Estiria. Los dominios austríacos pasaron más tarde a su hermano Fernando. En 1519 Carlos I de España fue elegido emperador de Alemania con el título de Carlos V.

EL REINADO DE CARLOS I (1517–1556)

Los comuneros. La llegada de Carlos, educado en Holanda, produjo recelo y reacciones hostiles entre castellanos y aragoneses. Los excesivos impuestos necesarios para financiar el vasto imperio y los excesos de la corte flamenca provocaron la sublevación de los **comuneros** (de las comunidades de Castilla). Estos movimientos populares fueron aplastados con el apoyo de la nobleza castellana y sus líderes fueron ejecutados en Villalar. Así nació una asociación entre la corona y la aristocra-

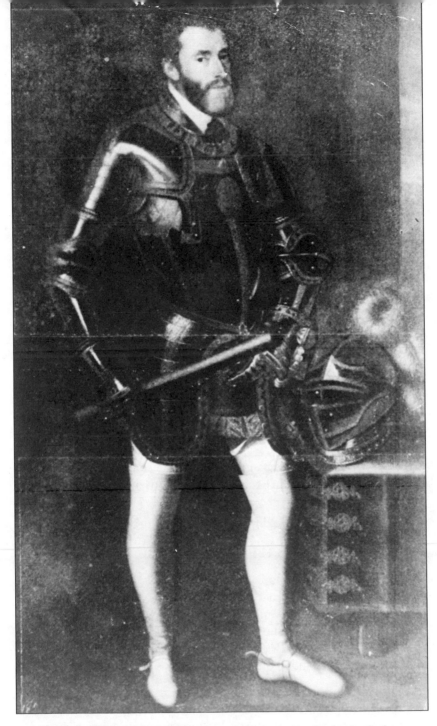

Carlos I de España y V de Alemania. Se considera su reinado el más glorioso
de España.

cia hispana que dificultaría por mucho tiempo el surgimiento de una burguesía castellana.

Las germanías. En Valencia y Baleares se produjo un movimiento popular análogo al de las comunidades de Castilla, con participación de la burguesía y los campesinos que, hermanados (*agermanaments,* **germanías**), se levantaron contra la nobleza. El carácter de este movimiento popular tuvo connotaciones más económicas que políticas, pero al igual que en Castilla fue duramente reprimido.

La Reforma alemana. La hostilidad de algunos príncipes alemanes hacia un emperador católico favoreció el triunfo del luteranismo en Alemania, pese a la intervención militar. En 1555 Fernando, hermano de Carlos I y heredero del Imperio, firmó con los protestantes la Paz de Ausburgo.

El conflicto con Francia. Carlos I disputó con Francisco I de Francia el dominio del Ducado de Milán. Tras la victoria de Pavía (1525) y la firma del Tratado de Madrid (1526) Francia renunció a los territorios en conflicto. Con ello también se fortalecía la autoridad del emperador sobre Nápoles, Navarra y Borgoña.

La amenaza turca. El avance de los turcos sobre Europa y el Mediterráneo bajo Solimán el Magnífico (1520–1566) ponía en peligro la integridad del Imperio de Carlos I. Belgrado, Rodas y Hungría habían caído bajo el dominio otomano y Viena había sido sitiada. El emperador logró contener el avance turco, pero sin conseguir la victoria definitiva que deseaba. En Túnez sus fuerzas derrotaron al pirata Barbarroja (1535), aunque no lograron recuperar Argel.

EL REINADO DE FELIPE II (1556–1598)

En 1556 Felipe heredó la corona de España de su padre Carlos I. Durante su reinado continuaron los conflictos a que se había enfrentado el emperador, a saber, el avance de los turcos, las disputas con Francia y la rebelión de los protestantes. Los dominios de Felipe II se extendieron con la incorporación de las Filipinas y Portugal. El centro del Imperio pasó a ser Madrid, ciudad que se transformó en capital en 1561.

El avance turco. La constante amenaza turca llevó al establecimiento de una alianza (la Santa Liga) entre España, Venecia y el Papado. Gracias a esta combinación de fuerzas los turcos fueron derrotados en Lepanto (1571). Sin embargo, esta ofensiva no logró alejar permanentemente a los adversarios otomanos.

Felipe II reinó por más de cuarenta años y fue el monarca más poderoso de
Europa en el siglo XVI.

Las disputas con Francia. El enfrentamiento de Felipe II con Enrique II de Francia culminó con la victoria española sobre las tropas francesas y la firma de un tratado por el que Francia reconocía los derechos de la corona española sobre Italia.

La rebelión protestante. En los Países Bajos los protestantes del norte se opusieron al catolicismo del sur. Alejandro Farnesio, gobernador de los Países Bajos, luchó contra el movimiento protestante, con algunos triunfos. Más tarde fue llamado por el rey a participar en la invasión a la Inglaterra anglicana de Isabel I. La Armada Invencible, dirigida por el duque de Medina Sidonia, fue rechazada por los navíos ingleses y destruida por la tempestad (1588).

La incorporación de las Filipinas. En 1543 el español Ruy López de Villalobos desembarcó en las islas de Mindanao y Leyte en Asia, a las que llamó Filipinas en honor de Felipe II. La colonización de las Filipinas se inició en 1565 y pocos años más tarde se fundaba Manila. Administrativamente el archipiélago pasó a depender del virreinato de Nueva España (México).

La incorporación de Portugal. Al morir el rey Sebastián de Portugal sin sucesores, Felipe II heredó aquel reino (1580), incorporando a la monarquía todas las posesiones portuguesas de ultramar. Esta unión de España y Portugal sólo llegaría hasta 1640.

LA ECONOMÍA (SIGLO XVI)

La actividad agrícola. Esta se concentró fundamentalmente en la producción de cereales, vino y aceite, que experimentó un notable desarrollo debido al crecimiento demográfico y al comercio con las colonias americanas.

La ganadería. La creciente demanda de alimentos tales como carne, leche y queso ayudó al crecimiento del ganado vacuno, ovino y porcino. A su vez, la ganadería dio lugar a actividades artesanales relacionadas con el cuero.

La industria y la artesanía. En el campo existía una industria artesanal rudimentaria dedicada a la fabricación de artículos de uso diario, tales como productos de alfarería para el uso doméstico. En las ciudades la actividad artesanal estaba controlada a través de los distintos gremios. También lo estaban los horarios de trabajo, los salarios y los precios. La industria textil y la del cuero, además de la orfebrería, alcanzaron un importante desarrollo en algunas ciudades.

La minería. La industria minera, principalmente de hierro, plata, plomo, cobre y azogue, eran controladas por el Estado. Desde las colonias americanas llegaban metales preciosos—oro y plata—que permitían importar a España aquellos artículos que allí no se fabricaban. Este hecho contribuyó al estancamiento de la industria española que no llegó a desarrollarse suficientemente.

LA EXPANSIÓN DEMOGRÁFICA

A fines del siglo XVI la población de España era de ocho millones de habitantes aproximadamente, muy inferior a la de países europeos como Francia, Alemania e Italia. La mayor parte de esa población, alrededor del ochenta por ciento, correspondía a los reinos castellanos. La expansión demográfica se interrumpió a causa de la **peste negra,** que ocasionó la muerte de medio millón de personas.

Una gran parte de la población vivía en zonas rurales, pero las ciudades continuaban creciendo. A finales del siglo XVI Sevilla tenía 120 000 habitantes, Valencia 60 000, Toledo 60 000 y Barcelona 40 000.

LA SOCIEDAD

La característica fundamental de la sociedad española del siglo XVI era su jerarquización, con una diferenciación muy notoria entre los distintos grupos sociales que la componían. Estos eran, a grandes rasgos, la nobleza, el clero, el estado llano y los **marginados.**

La nobleza. Esta constituía la minoría, pero era a la vez el grupo dominante. En él se situaban los **grandes** (nombre con que se designó después de 1520 a los miembros de la primera nobleza de España) y aquéllos que poseían títulos, tales como duques, condes y marqueses. Esta era la aristocracia dueña de la tierra, que gozaba de enormes privilegios. No obstante, su influencia política estuvo fuertemente controlada por los monarcas durante el reinado de la casa de Austria. Por debajo de ellos estaban los caballeros de órdenes militares, algunos ricos terratenientes que no pertenecían a la alta nobleza y ciertos miembros privilegiados de las ciudades.

El clero.   Representaba algo más del cinco por ciento de la población y la Iglesia era dueña de enormes propiedades. El clero jugó un importante papel en la creación de universidades y participó desde un principio en la colonización americana a través de las misiones.

El estado llano.   Constituía el ochenta por ciento de la población total y a él pertenecían grupos tan diversos como los ricos mercaderes y manufactureros de las ciudades, los **letrados** (egresados de las universidades que a menudo ejercían labores administrativas), los pequeños comerciantes, los artesanos, los criados y los jornaleros.

Los marginados.   Este grupo lo componían los esclavos traídos de Africa, dedicados generalmente al servicio doméstico; los **moriscos,** que constituían mano de obra barata, principalmente en los campos; los **gitanos,** que ejercían oficios diversos; los **bandoleros,** que constituyeron un serio problema social, especialmente en Cataluña y Valencia; y los **vagos,** que en gran número se concentraban en las ciudades.

LA IGLESIA Y LA INQUISICIÓN

Durante los reinados de Carlos I y de Felipe II la Inquisición continuó la persecución de falsos conversos (**judaizantes** y moriscos), aunque ahora la mano del Inquisidor se extendía también hacia los alumbrados (secta cristiana que apareció en España hacia 1509), **erasmistas** y protestantes. Las ideas del humanista holandés Erasmo (1469–1536) fueron seguidas muy de cerca en España por algunos círculos que creían en la necesidad de una renovación cristiana. Sus escritos fueron traducidos, leídos y analizados. El protestantismo nunca tuvo muchos seguidores en España y quienes abrazaron las ideas del reformador alemán Lutero (1483–1546) fueron duramente reprimidos, como de hecho ocurrió en Sevilla y Valladolid, donde hubo dos pequeños núcleos aislados de protestantismo.

El control de la fe y de la pureza de la religión se ejerció, además, mediante la censura de libros, a través de índices de libros prohibidos o **expurgados.** Los primeros eran condenados en su totalidad, mientras que en los segundos se censuraban sólo frases o párrafos.

Frente al avance del protestantismo la Iglesia se decidió a reformar las viejas estructuras. Ese fue el propósito fundamental del **Concilio de Trento** (1545–1563), que analizó y definió importantes materias relativas al dogma. Tanto la Iglesia como la monarquía españolas abrazaron las ideas contrarreformistas de Trento que llevaron a la división definitiva de la cristiandad.

La cultura del Renacimiento

LA LITERATURA

En la primera mitad del siglo XVI la literatura española absorbe las ideas de renovación cristiana del **erasmismo,** entre cuyos representantes se destacan Juan y Alfonso de Valdés y el filósofo Juan Luis Vives. Esta primera etapa del Renacimiento español se identifica también con el italianismo, movimiento que imita los versos y género de la poesía italiana. Dos notables figuras de este movimiento fueron Juan Boscán y Garcilaso de la Vega, quienes introdujeron formas métricas características de la poesía italiana, a la vez que adoptaron temas e imágenes de la poesía de Petrarca.

Durante la segunda mitad del siglo XVI la lírica sigue dos caminos diferentes. Uno se aproxima más a los temas amorosos y heroicos al estilo de Petrarca, con un lenguaje pomposo y lleno de colorido. Corresponde a la poesía de Fernando de Herrera, sevillano, autor de obras tales como *A la muerte del Rey Don Sebastián, Canción por la victoria de Lepanto, Al santo Rey Don Fernando*. La otra corriente se inspiró en Horacio, poeta latino. El lenguaje se caracteriza por la moderación y gira en torno a temas morales. Fray Luis de León fue el más notable representante de esta última corriente.

La poesía religiosa tuvo dos destacadas figuras: Santa Teresa de Jesús y San Juan de la Cruz. Santa Teresa de Jesús nació en Ávila y perteneció a la Orden del Carmelo, que reformó. Sus ideas renovadoras no gustaron a la Inquisición, que la procesó. De especial valor son sus obras autobiográficas *Libro de la vida* y *Libro de las fundaciones*. San Juan de la Cruz, carmelita nacido en Fontiveros (Ávila) se unió a Santa Teresa de Jesús en sus esfuerzos por reformar la Orden, por lo que fue perseguido y encarcelado. Su obra incluye *Subida al monte Carmelo, Noche oscura del alma* y *Cántico espiritual*.

EL ARTE

La pintura. El arte pictórico español estuvo fuertemente influido por Rafael, entre cuyos seguidores figura Juan de Juanes, autor de una *Última Cena* y una *Sagrada Familia,* y Luis Morales, llamado *el Divino,*

Entierro del Conde de Orgaz, de Doménico Theotocópulli, llamado El Greco.

Fachada plateresca de la Universidad de Salamanca, construida en los primeros años del siglo XVI.

Real Monasterio de El Escorial: también es panteón de los reyes de España. Tiene 16 torres, 86 escaleras, 1110 ventanas y 2800 puertas.

autor de numerosos cuadros religiosos entre los que figura una *Piedad*. Y así llegamos al más sobresaliente pintor de finales del siglo XVI, El Greco, cuyo verdadero nombre fue Domenico Theotocopuli. Nació en Creta y más tarde se estableció definitivamente en España. En su obra se funde lo más importante del mundo renacentista, destacando en muchas de sus pinturas un fuerte realismo místico. A El Greco pertenecen *Entierro del Conde de Orgaz*, *Los Apóstoles*, *El caballero de la mano al pecho*, *Vista de Toledo* y otros.

La arquitectura.   En un principio, la arquitectura renacentista española no siguió estrictamente las formas italianas. Del **gótico florido**

pasó al **plateresco** y sólo en los últimos tiempos adoptó las formas clásicas del Renacimiento italiano, para dar paso luego al **manierismo**. De estilo plateresco son, entre otras, la fachada de la Universidad y el convento de San Esteban en Salamanca, de Juan de Alava, mientras que el clasicismo lo hallamos en obras tales como el Alcázar toledano, de Alonso de Covarrubias, la Capilla mayor de la catedral de Granada, de Diego de Siloé, y el palacio de Carlos V en Granada, de Pedro Machuca. Esta última obra muestra los comienzos del manierismo. En 1563 se inicia la construcción del monasterio de El Escorial, obra fundamental del manierismo arquitectónico español, iniciada por Juan Bautista de Toledo y continuada más tarde por Juan de Herrera. Esta imponente obra, en la que se combinan lo grandioso con una simplicidad exagerada, revela una clara intencionalidad mística.

La escultura.   La escultura tampoco sigue estrictamente las formas del Renacentismo italiano, dándose, como en la arquitectura, una evolución que va del gótico florido a formas propiamente renacentistas. Figuras importantes fueron Bartolomé Ordóñez, autor de la tumba de Juana la Loca y Felipe el Hermoso en Granada, Pompeyo Leoni, creador, entre otras piezas, de los sepulcros de la capilla mayor en El Escorial, y Alonso de Berruguete, quien ejecutó admirables obras en Toledo, Granada, Salamanca y Valladolid.

La música.   La música, tanto religiosa como tradicional, tuvo un importante desarrollo durante el Renacimiento español al incorporarse otras formas a los cánones establecidos, por ejemplo *chansons* francesas, madrigales italianos, sonetos, romances. En cuanto a la música religiosa, ésta no se limitó a lo puramente hispano, ya que Carlos I y Felipe II mantuvieron también un cuerpo de músicos **flamencos.**

La decadencia

EL REINADO DE FELIPE III (1598–1621)

El reinado de Felipe III estuvo dominado por la acción del duque de Lerma, verdadero gobernante del país. A nivel internacional el período se caracterizó en su mayor parte por una tendencia pacifista, con la consiguiente disminución de los gastos militares. A pesar de esta reducción del gasto público, los excesos de la corte provocaron una grave crisis económica, que el gobierno trató de resolver sin éxito mediante la **acuñación** de moneda y créditos solicitados a banqueros genoveses. Era el comienzo de la decadencia española. Los hechos más importantes ocurridos durante el reinado de Felipe III fueron los siguientes:

1. La expulsión de los moriscos (1609). La orden de expulsión— que obedecía a razones ideológicas a las que ya nos hemos referido— significó la salida de España de unos 300 000 moriscos. Esto tuvo graves consecuencias económicas y demográficas, particularmente para Valencia, que fue el reino más afectado al perder alrededor de la tercera parte de su población activa.

2. La paz con Inglaterra (1604). La muerte de Isabel I de Inglaterra favoreció la firma de un tratado de paz con su sucesor Jacobo I Estuardo.

3. La paz con Francia. El asesinato de Enrique IV de Francia permitió un cambio en las relaciones con ese país. Las alianzas matrimoniales entre la corona francesa y la española favorecieron esta situación.

4. La paz con Holanda. En 1609 España y Holanda establecieron una tregua de doce años, lo que tácitamente significaba el reconocimiento de la independencia holandesa.

Plaza Mayor de Madrid, construida durante el reinado de Felipe III.

Retrato del Conde-Duque de Olivares, de Velázquez.

5. La guerra de los Treinta Años (1618–1648). La guerra entre las potencias europeas—aparentemente religiosa pero con fuertes connotaciones políticas y económicas—contó con el apoyo de Felipe III en la última parte de su reinado.

EL REINADO DE FELIPE IV Y EL FIN DE LA SUPREMACÍA ESPAÑOLA EN EUROPA (1621–1665)

Con Felipe IV España entró de lleno en un período de crisis y de pérdida del prestigio internacional. A ello contribuyeron hechos como los siguientes:

1. La guerra con Holanda. Esta se reinició en 1621 y se internacionalizó cuando el conde-duque de Olivares, **valido** (ministro de confianza) de Felipe IV, llevó a España a participar plenamente en la guerra

Retrato de Felipe IV, de Velázquez.

de los Treinta Años. Francia, que apoyaba a las potencias protestantes en el conflicto, y la España católica de los Habsburgos, se disputaban la supremacía en Europa. Luego de algunos triunfos iniciales España tuvo que aceptar la independencia de Holanda (1648). Más tarde perdería el Rosellón y buena parte de la Cerdaña, los cuales pasarían definitivamente a Francia (1659).

2. La rebelión de Cataluña. La imposibilidad de llevar a cabo acciones militares por sí sola hicieron que Castilla exigiese la participación de otros reinos peninsulares. Cataluña contribuía generosamente con dinero y con 16 000 hombres, igual número que Portugal que tenía casi el doble de población. Este hecho, además de los abusos cometidos por las tropas italianas a las que se envió para que apoyasen a Cataluña en el frente francés, condujo a una rebelión que culminó con el asesinato del virrey. Dicha rebelión recibió el nombre de Corpus de Sangre (1640).

Cataluña solicitó la ayuda de Francia, reconociendo a Luis XIII como conde de Barcelona. La unión con Francia sólo duraría hasta 1652, año en que Cataluña volvió a formar parte de la monarquía española.

3. La independencia de Portugal. Aquel mismo año de 1640 se sublevó Lisboa y se proclamó rey al duque de Braganza de la antigua familia real de Portugal (Juan IV).

EL REINADO DE CARLOS II (1665–1700)

Después de un período de regencia, y habiendo cumplido los catorce años, Carlos II comenzó su reinado personal. El nuevo rey—físicamente débil y con escasa voluntad—no pudo resistir las influencias exteriores y su reinado fue un fracaso. Tras continuar la guerra con Portugal, tuvo que aceptar definitivamente que ese país pasara a ser un reino independiente (como de hecho lo era desde 1640). Tampoco fue capaz Carlos II de hacer frente a las presiones y a la agresividad de Luis XIV de Francia, lo que hizo que España perdiese el **Franco Condado.** Más tarde perdería también el territorio correspondiente al actual Luxemburgo.

Antes de morir y al no tener descendientes Carlos II designó a Felipe de Anjou, segundo nieto de Luis XIV de Francia, como su sucesor. Su intención era poner fin a las guerras con aquel país y que el Imperio no continuara dividiéndose. Pero las otras potencias europeas, disconformes frente a la acumulación de poder en manos francesas, declararon la guerra a Luis XIV. En esta guerra de sucesión (1700–1714) el rey francés debió enfrentarse a Inglaterra, Holanda, Austria y Portugal (apoyadas también por el reino de Aragón). Con los tratados de Utrecht (1713) y Rastadt (1714) se puso fin al conflicto. Se reconoció a Felipe V como nuevo rey de España a cambio de que los dominios españoles en Europa pasaran a manos de su rival, el archiduque de Austria. Gran Bretaña, por su parte quedaba en posesión de Menorca y Gibraltar.

Carlos II fue el último Habsburgo que reinó en España y con Felipe V se instaura la dinastía de los Borbones, la misma que reina en la actualidad.

LA ECONOMÍA Y LA SOCIEDAD (SIGLO XVII)

Las características generales de la economía y la sociedad españolas en el siglo XVII no difieren considerablemente de lo observado en el siglo anterior. En líneas generales, los cambios habidos durante este período pueden resumirse así:

1. En lo que se refiere a población, la tendencia general apuntó hacia un estancamiento. A ello contribuyeron las guerras, la expulsión de los moriscos y las epidemias. A finales del siglo España tenía una población de aproximadamente ocho millones de habitantes.

2. En el sector agrícola se introdujeron productos venidos de América, tales como el maíz, la patata, el tomate y el tabaco.

3. El latifundio experimentó un fuerte incremento, especialmente en Andalucía. En gran medida esto se debió a la usurpación de tierras comunales y a la venta de tierras pertenecientes a la corona.

4. En el sector industrial se produjo un estancamiento general debido a los altos precios y costos de producción y al escaso avance científico y tecnológico.

5. A pesar de que las aduanas internas continuaron existiendo, el comercio entre los distintos reinos experimentó un cierto desarrollo. En lo que respecta al comercio exterior, España siguió siendo un proveedor de **materias primas** (propias o de las Indias), recibiendo a cambio productos manufacturados.

6. La pobreza de la **hacienda estatal** y de los municipios por el excesivo gasto público dio lugar a un aumento general de los tributos.

7. En lo social, el grupo más afectado por la crisis económica fue el campesinado. La concentración de la propiedad hizo que aumentaran los jornaleros y **arrendatarios.**

8. La necesidad de protegerse de la crisis económica y del llamado a participar activamente en acciones militares produjo un considerable aumento del clero.

El Siglo de Oro

EL BARROCO

La palabra barroco se ha usado para designar las manifestaciones artísticas nacidas en el siglo XVII, en contraposición al Renacimiento clásico. En las artes, especialmente en la arquitectura, el estilo barroco se caracteriza por su complejidad, la profusión de adornos y el énfasis en la magnificencia. La literatura tiende al empleo de un lenguaje complejo, oscuro y fuertemente emotivo. No obstante, durante este período en

Miguel de Cervantes, la figura literaria más importante del Siglo de Oro.

España se dieron también obras cuyas sencillez y naturalidad las sitúan fuera de los cánones del barroco. En España, la implantación de este nuevo estilo coincide con el fin de la hegemonía en Europa y la grave crisis económica por la que atraviesa el país. Las inquietudes y aflicciones del hombre de la época ante esta situación y su incertidumbre con respecto al futuro se reflejan en las letras de este período que se conoce como el **Siglo de Oro** de la literatura española.

LA LITERATURA

Cervantes y *El Quijote*. Miguel de Cervantes Saavedra (1547–1616) nació en Alcalá de Henares. Hijo de un cirujano, llevó junto a su padre una vida errante y llena de dificultades económicas. En su juventud se alistó como soldado y participó en la batalla de Lepanto. Fue hecho prisionero por los turcos en Argel, donde permaneció cautivo durante cinco años. De regreso en España se inició en las letras, pero acosado por la pobreza se vio obligado a ejercer varios oficios, entre ellos el de **recaudador de impuestos** en Andalucía. Pasó varios años en Sevilla donde su vida desafortunada y sus deudas lo llevaron a la cárcel en más de una oportunidad. En 1605 se encontraba viviendo en Valladolid cuando apareció la primera parte de *El ingenioso hidalgo don Quijote de la Mancha*. En ella se narran las dos primeras salidas del protagonista, un viejo hidalgo aficionado a leer libros de caballería que sale con su fiel **escudero** Sancho Panza en busca de aventuras. En 1608 Cervantes se trasladó a Madrid donde publicó la segunda parte de *Don Quijote* (1615). Dos años antes había publicado sus *Novelas ejemplares*. Miguel de Cervantes murió en Madrid el 23 de abril de 1616.

Cervantes es sin duda la figura más importante del Siglo de Oro. Su originalidad y universalidad y su estilo elevado pero sencillo lo sitúan al margen de los otros escritores del mismo período. Su vida errante y sus frecuentes privaciones le dieron una dimensión mucho más amplia de la sociedad en que vivió. En su obra se destaca la riqueza de las descripciones y el acertado diálogo de los personajes.

La *novela picaresca*.   La novela picaresca narra en forma biográfica y a través de una serie de anécdotas la vida de los **pícaros,** tipos vagabundos y holgazanes de vida licenciosa que abundaban en las ciudades españolas de la época. Este tipo de novela tiene generalmente un trasfondo moral.

El Lazarillo de Tormes es uno de los mejores ejemplos del género picaresco. De autor anónimo, narra la vida de un joven que sirve de lazarillo a un ciego, de monaguillo a un clérigo y de paje a un escudero. A través de una serie de amargas experiencias el miserable Lázaro saca sus propias conclusiones sobre la vida. Plenamente barroca es la obra de Mateo Alemán, *La vida del pícaro Guzmán de Alfarache*.

La poesía

1. El **culteranismo.** Se caracteriza este estilo por el empleo de un lenguaje oscuro, con abundancia de latinismos y cultismos e imágenes difíciles de desentrañar. El culteranismo se identifica principalmente con Luis de Góngora, autor, entre otras obras, de *La fábula de Polifemo y Galatea* y *Las Soledades*.

2. El **conceptismo.** La característica principal de este estilo es su atención al concepto o idea y la mayor brevedad en la forma. Recurre a menudo a juegos de palabras para relacionar o contrastar ideas totalmente distintas una de otra. El más fiel seguidor del conceptismo fue Francisco de Quevedo, cuya extensa obra lírica incluye *Una letrilla satírica, Todas las cosas avisan de la muerte* y *Amor constante más allá de la muerte*.

Lope de Vega, el más prolífico de los dramaturgos del Siglo de Oro.

El teatro

1. La comedia española. Nació a fines del siglo XVI y alcanzó su madurez en el Siglo de Oro. Su principal representante fue Lope de Vega, natural de Madrid. La comedia española, escrita totalmente en verso, consta de tres actos y sus argumentos se desarrollan en torno a las

Calderón de la Barca, dramaturgo favorito de la Corte. A los cincuenta años se ordenó sacerdote.

relaciones amorosas de los protagonistas. Se mezclan en ella elementos trágicos y cómicos, estos últimos representados por la figura del gracioso. Su tema es generalmente el honor.

Lope de Vega escribió más de mil quinientas comedias, algunas de ellas obras maestras del teatro español. A él pertenecen *La dama boba* (comedia de carácter), *El arrogante español* (comedia de malas costumbres), *El caballero de Olmedo* (drama legendario), *Fuenteovejuna*, *Peribañez y el Comendador de Ocaña* y *El mejor alcalde, el rey* (dramas históricos).

Otro gran dramaturgo de la época fue Tirso de Molina, discípulo de Lope de Vega, autor de *El burlador de Sevilla* y numerosas comedias de carácter.

2. El teatro de Calderón de la Barca. De esta gran figura del teatro español se conservan más de cien comedias y unos setenta **autos sacramentales.** La temática es más variada que en las comedias de Lope de Vega, sus obras perfectamente estructuradas y su lenguaje más complejo. Calderón cultivó diversos géneros: la comedia—*La dama duende, Casa con dos puertas mala es de guardar*—; el drama religioso—*La devoción de la cruz, El mágico prodigioso*—; el drama filosófico—*La vida es sueño*—; el drama histórico—*El alcalde de Zalamea*—; el drama de honor—*El médico de su honra*—; el auto sacramental—*El gran teatro del mundo*—.

EL ARTE

La pintura. El Siglo de Oro ha sido sin duda el período más importante en la historia de la pintura española. Las principales características de la pintura de este siglo se pueden resumir así:

- Abandono del detalle por una mayor liberalidad y soltura
- Preferencia por el realismo más que por lo sensual e imaginativo
- Fuerte contenido ideológico y simbólico
- Inclinación por los temas religiosos, acorde con el espíritu contrarreformista de la época

Las principales manifestaciones del arte pictórico del Siglo de Oro tuvieron como centros Valencia, Sevilla y Madrid.

1. La escuela valenciana. Está representada por Francisco Ribalta (1565–1628), cuya obra de gran realismo incluye *San Bruno, La Última Cena* y otras obras de carácter religioso. José de Ribera (1591–1652), llamado el Españoleto, fue discípulo del anterior. Alcanzó gran éxito en la corte de Nápoles donde trabajó desde su juventud. Entre sus obras encontramos el *Martirio de San Bartolomé* y la *Boda mística de Santa Catalina*.

2. La escuela sevillana. La figura más sobresaliente de la escuela sevillana en la primera parte del siglo fue Francisco de Zurbarán (1598–1664) quien realizó para órdenes religiosas cuadros de gran realismo y fuerte sentido místico, entre los cuales figura *Santa Margarita* y *Santa Casilda*. En la segunda mitad del siglo encontramos a Bartolomé Esteban Murillo (1617–1682), autor de innumerables cuadros religiosos, entre ellos *San Diego dando limosna* y una *Inmaculada*.

3. La escuela madrileña. A ella pertenece una de las más grandes figuras de la pintura española, Diego de Silva Velázquez (1599–1648). En la obra de Velázquez, maravillosamente ejecutada, figuran cuadros religiosos y una serie de retratos de la familia real y la nobleza. Su obra maestra es *Las Meninas,* que se encuentra en el Museo del Prado (Madrid). Sus seguidores Juan Carreño de Miranda (1614–1685) y Claudio Coello (1642–1693), **retratistas** de la corte como Velázquez, incorporaron en sus obras elementos de la pintura de Rubens.

La arquitectura. El barroco español tuvo sus más importantes manifestaciones en la construcción y decoración de edificios religiosos, con muestras tales como la fachada de la catedral de Granada (Alonso Cano), la basílica del Pilar de Zaragoza (Francisco de Herrera el Mozo) y el **retablo** de San Esteban en Salamanca (José de Churriguera).

La Inmaculada Concepción,
(pormenor) de Murillo
(Museo del Prado).

Las meninas, de Velázquez (Museo
del Prado).

San Pablo, de Alonso Cano.

La escultura. La escultura barroca tuvo sus principales manifestaciones en el ámbito religioso. La **imaginería** (creación de imágenes religiosas) fue su principal forma de expresión. Ello servía a la afirmación del espíritu contrarreformista de la época. Entre sus representantes encontramos a Juan Martínez de Montañés y Alonso Cano en Andalucía, y Gregorio Hernández, principal figura de la escuela castellana.

Glosario

acuñación. minting of coinage

arrendatarios. tenants

autos sacramentales. mystery plays

bandoleros. bandits

comuneros. those who belonged to the *Comunidades de Castilla.* The *comuneros* rose against the excesses of the monarchy at the beginning of the sixteenth century.

conceptismo. literary style that places special emphasis on concepts

Concilio de Trento. ecumenical council that carried out the great reform of the Roman Catholic Church in the sixteenth century

culteranismo. affected literary style

erasmismo. Erasmianism, movement that supported the ideas of Erasmus

erasmistas. followers of Erasmus

escudero. squire

expurgados. expurgated, texts from which words or passages have been censored

flamencos. Flemish

Franco Condado. region in eastern France that was a Spanish possession between 1496 and 1678

germanías. revolutionary movement in Valencia at the beginning of the sixteenth century

gitanos. gypsies

gótico florido. flamboyant Gothic style

grandes. grandees, noblemen (name used after 1520)

hacienda estatal. state treasury

imaginería. religious imagery in art

judaizantes. judaizing

letrados. literate, educated

manierismo. mannerism; elaborate, affected, and refined form of art

marginados. those on the fringes of society

materias primas. raw materials

moriscos. Spanish Moors who accepted Christianity during the Reconquest

novela picaresca. picaresque novel

peste negra. Black Death

pícaro. rogue, rake

plateresco. plateresque style, characterized by detailed ornamentation used for its decorative, rather than symbolic, intent

recaudador de impuestos. tax collector

Renacimiento. Renaissance

retablo. altarpiece

retratistas. portrait painters

Siglo de Oro. Golden Age

vagos. idlers, vagrants

valido. favorite minister

Cuestionario

LA HEGEMONÍA ESPAÑOLA

1. ¿Qué alianzas matrimoniales se establecieron entre la monarquía española y otras coronas europeas? ¿Cuál fue uno de los propósitos de estas alianzas?
2. ¿A qué se debió el levantamiento de los comuneros? ¿Qué actitud adoptó la corona con respecto a este levantamiento?
3. ¿Cómo se llamaron los levantamientos producidos en Valencia? ¿Qué carácter tuvieron?
4. ¿Qué ocurrió con el luteranismo bajo Carlos V?
5. ¿Qué territorio se disputaba Carlos V con Francisco I de Francia? ¿Qué ocurrió tras la victoria de Pavía?
6. ¿En qué consistió la amenaza turca durante el reinado de Carlos V?
7. ¿Qué actitud adoptó la Inquisición con respecto a los judaizantes y moriscos bajo Carlos V y Felipe II?
8. ¿Qué ocurrió con los alumbrados, erasmistas y protestantes?

9. ¿Qué influencia tuvo el humanista holandés Erasmo en España?
10. ¿Qué control ejerció la Inquisición sobre el material de lectura?
11. ¿Cuál fue la principal razón del Concilio de Trento? ¿Cuál fue la actitud de la monarquía española frente al Concilio?

LA CULTURA DEL RENACIMIENTO

1. ¿Qué fue el italianismo? ¿Cómo contribuyeron Juan Boscán y Garcilaso de la Vega a este movimiento?
2. ¿Qué caminos siguió la lírica en la segunda mitad del siglo XVI?
3. ¿Cuáles fueron las principales figuras de la poesía religiosa?
4. ¿Qué pintor italiano influyó en la pintura española de este período?
5. ¿Quién fue El Greco y qué importancia tiene dentro de la pintura española?
6. ¿Qué característica tuvo la arquitectura del Renacimiento en España?
7. ¿Qué formas musicales se incorporaron durante el Renacimiento español?
8. ¿Qué ocurrió con la música religiosa?

LA DECADENCIA

1. ¿Cuáles fueron los hechos más importantes ocurridos bajo Felipe III?
2. ¿Qué hechos importantes ocurrieron bajo Felipe IV?
3. ¿A qué edad ascendió Carlos II al trono de España? ¿Qué tipo de persona era?
4. ¿Cómo terminó el conflicto con Portugal? ¿Y el conflicto con Francia?
5. ¿A quién designó Carlos II como sucesor? ¿Cuál era su intención?
6. ¿Cómo reaccionaron las otras potencias europeas frente a la sucesión?
7. ¿Cuál fue el resultado de la guerra de sucesión?

Temas de redacción o presentación oral

1. Explica los siguientes hechos relacionados con el reinado de Felipe II:
   (a) El avance turco
   (b) Las disputas con Francia
   (c) La rebelión protestante
   (d) La incorporación de las Filipinas
   (e) La incorporación de Portugal

2. ¿Cuál es tu opinión sobre el papel de la Inquisición? ¿Crees que esta institución se justifica dentro del contexto histórico en que existió?

3. ¿Qué factores pueden haber ayudado a acelerar el protestantismo en algunos países de Europa? ¿Por qué crees que el protestantismo no prosperó en España?

4. ¿Crees que existe una diferencia de mentalidad y de visión del mundo entre católicos y protestantes? Ilustra esto con relación a España, Hispanoamérica y tu propio país.

5. Haz un breve análisis de la economía y la sociedad en el siglo XVI.
   (a) La actividad agrícola
   (b) La ganadería
   (c) La industria y la artesanía
   (d) La minería
   (e) La expansión demográfica
   (f) La sociedad
   La nobleza
   El clero
   El estado llano
   Los marginados

6. Resume los principales cambios habidos en la economía y la sociedad del siglo XVII, en relación con:
   (a) La población
   (b) El sector agrícola
   (c) El latifundio
   (d) El sector industrial
   (e) El comercio
   (f) Los tributos
   (g) El campesinado
   (h) El clero

7. Compara la economía y la sociedad durante la España de los Austrias (siglos XVI y XVII) con la situación en otro país europeo, por ejemplo Gran Bretaña o Francia.

8. ¿Crees que los moldes económicos y sociales que existían en España en aquel momento influyeron en la conformación de la economía y la sociedad hispanoamericanas? ¿De qué manera?

9. Haz un breve análisis sobre la literatura del Siglo de Oro; incluye la siguiente información:
   (a) El barroco y sus características
   Las artes y la literatura
   (b) Cervantes y *El Quijote*
   Datos biográficos del autor
   El Quijote
   Importancia y estilo del autor
   (c) La novela picaresca
   Definición
   El Lazarillo de Tormes
   (d) La poesía
   El culteranismo y el conceptismo: definición y principales figuras

(e) El teatro
   La comedia española: definición y principales figuras
(f) El teatro de Calderón de la Barca
   Características principales de su obra
   Géneros que cultivó

Al comentar los puntos anteriores menciona obras específicas que conozcas o hayas leído.

10. Busca más información sobre el teatro español de los siglos XVI y XVII y compáralo con el teatro inglés del mismo período.

Práctica

1. Observa estas oraciones en que se expresan situaciones e ideas que se contraponen:
   - Gracias a esta combinación de fuerzas (la Santa Liga) los turcos fueron derrotados en Lepanto. *Sin embargo,* esta ofensiva no logró alejarlos permanentemente.
   - El emperador logró contener el avance turco, *pero* sin conseguir la victoria definitiva.
   - En Túnez sus fuerzas derrotaron al pirata Barbarroja, *aunque* no lograron recuperar Argel.
   - La hostilidad de algunos príncipes alemanes favoreció el triunfo del luteranismo, *pese a* la intervención militar.
   - *A pesar de* la reducción del gasto público, los excesos de la corte provocaron una grave crisis económica.
   - Sevilla tenía 120 000 habitantes, *en cambio* Barcelona sólo tenía 40 000.
   - Países como Francia, Alemania e Italia tenían una gran población. España, *por el contrario,* sólo tenía 8 millones.
   - La literatura del barroco tiende al empleo de un lenguaje complejo. *No obstante,* durante este período se dieron también obras de gran sencillez.

Para unir dos ideas que se contraponen puedes usar estas expresiones.

sin embargo	*however, nevertheless*
pero	*but*
aunque	*although, though, even though*
no obstante	*nevertheless, however, in spite of, despite*
pese a	*in spite of, despite*
a pesar de	*in spite of, despite*
en cambio	*on the other hand, however*
por el contrario	*on the contrary*

Forma una oración con cada una de las expresiones anteriores.

2. Observa cómo se ha evitado la repetición innecesaria en los textos que siguen.

- Isabel se casó con el príncipe Don Alfonso de Portugal y, al morir *éste* (el príncipe Don Alfonso), con el rey portugués Don Manuel. *Su* hermana (la hermana de Isabel) Catalina de Aragón contrajo matrimonio con Arturo y, muerto *éste* (Arturo), con *su* hermano (el hermano de Arturo) el rey Enrique VIII. La alianza con la casa de Austria se formalizó con el matrimonio de Juana la Loca, hermana de *las anteriores* (Isabel y Catalina de Aragón), con el archiduque de Austria.

- El reinado de Felipe II estuvo dominado por el duque de Lerma. A nivel internacional *este período* (el reinado de Felipe II) se caracterizó por . . .

- La orden de expulsión de los moriscos significó la salida de España de unos 300 000 de *ellos* (moriscos). *Esto* (la salida de los 300 000 moriscos) tuvo graves consecuencias.

Vuelve a escribir estas oraciones evitando la repetición innecesaria.

(a) En 1556 Felipe II heredó la corona de España. Durante *el reinado de Felipe II* continuaron los conflictos en *España*.

(b) Al morir el rey Sebastián de Portugal sin sucesores, el rey de España Felipe II heredó la corona de *Portugal*.

(c) A fines del siglo XVI la población de España era de 8 millones de habitantes. La mayor parte de *la población de España* correspondía a los reinos castellanos.

(d) La característica fundamental de la sociedad española del siglo XVI era la jerarquización de *la sociedad*.

(e) La nobleza constituía la minoría, pero *la nobleza* era a la vez el grupo dominante.

(f) El clero representaba algo más del cinco por ciento de la población. *El clero* jugó un papel importante en la creación de universidades.

3. Cambia las palabras en cursiva por otras de significado similar.

(a) Catalina de Aragón *contrajo matrimonio* con Enrique VIII.

(b) Felipe el Hermoso *falleció* en 1506.

(c) Los excesos de la corte provocaron *una sublevación*.

(d) Durante su reinado continuaron *las disputas* con Francia.

(e) El enfrentamiento *culminó* con *la victoria* española.

(f) El protestantismo nunca tuvo muchos *seguidores* en España.

Los fusilamientos de la Moncloa, de Goya (Museo del Prado).

CAPÍTULO SEIS

La instauración del absolutismo y las guerras de independencia

CRONOLOGÍA

1700–1746	Reinado de Felipe V, primer rey Borbón de España. Se intensifica la centralización del poder.
1746–1759	Reinado de Fernando VI.
1759–1788	Reinado de Carlos III. España progresa económica y socialmente.
1767	Expulsión de los jesuitas de todos los dominios españoles.
1779	España apoya la independencia de los Estados Unidos.
1782–1783	España recupera Menorca y Florida.
1788–1808	Reinado de Carlos IV.
1793	La República francesa declara la guerra a España. España responde en igual forma.
1796	España se une con Francia en contra de Gran Bretaña (primer Tratado de San Ildefonso).
1797	Gran Bretaña derrota a la flota española en el cabo San Vicente.
1800	España y Francia firman el segundo Tratado de San Ildefonso.
	Continúan las hostilidades contra Gran Bretaña.
1805	Las flotas de España y Francia son derrotadas por Nelson en Trafalgar.
1808	Tropas napoleónicas entran en España y, a través de España, en Portugal.
	Carlos IV abdica en favor de su hijo Fernando. Se inicia la guerra de independencia contra los franceses. José I Bonaparte es designado rey de España.
	La invasión de España y Portugal por el ejército francés precipita la independencia de los territorios españoles en América.
1808–1814	Guerra de independencia española contra los invasores franceses.

1810	Se establece una regencia en Cádiz para actuar en nombre de Fernando VII.
	Se constituyen juntas de gobierno en las principales ciudades de Hispanoamérica.
1812	Las Cortes de Cádiz aprueban la Constitución liberal.
1813	Simón Bolívar entra triunfante en Caracas y es proclamado Libertador.
1814	La alianza entre España y Gran Bretaña termina con la ocupación francesa. José Bonaparte huye a Francia y se firma el fin de las hostilidades.
1816	Argentina se independiza oficialmente de España.
1818	Independencia definitiva de Chile.
1819	Bolívar entra en Bogotá donde proclama la República de Colombia o Gran Colombia.
1820	La escuadra libertadora del Perú al mando de Lord Cochrane zarpa de Valparaíso (Chile).
1821	México se convierte oficialmente en Imperio independiente.
1822	Agustín Iturbide es proclamado emperador de México.
	San Martín deja el mando del ejército en manos de Bolívar.
1824	Batalla de Ayacucho contra las tropas realistas españolas. Se consolida la independencia del Perú.
	Guadalupe Victoria, primer presidente de México, que se constituye en república federal tras la abdicación de Agustín I.

El advenimiento de los Borbones

FELIPE V Y LA FRAGMENTACIÓN DEL IMPERIO

La firma de los tratados de Utrecht y Rastadt había puesto fin a la guerra de sucesión (ver pág. 112) y entregado la corona a Felipe V, primer rey de España de la casa de Borbón (1700–1746). La aceptación de Felipe V por las potencias europeas significó la fragmentación del Imperio, ya que los tratados repartieron los dominios de la monarquía española entre el nuevo rey y el emperador germánico Carlos VI. La paz de Utrecht también beneficiaba a los otros países aliados, en especial a Gran Bretaña.

A Felipe V correspondieron los territorios propiamente hispanos, con las posesiones americanas. Gran Bretaña recibió Gibraltar (territorio aún en posesión de la corona británica), Menorca (devuelta definitivamente a España en 1802) y Terranova (hoy parte del territorio del Canadá). Portugal recibió la colonia de Sacramento en las Indias (Colonia, Uruguay). Al emperador germano correspondieron Flandes, Milán, Nápoles y Cerdeña. Por otra parte, los tratados concedían grandes garantías a Gran Bretaña, que ahora podía comerciar con las Indias y ejercer sin competencia el tráfico de esclavos negros. En Cataluña, el bando que apoyaba a los aliados tuvo que someterse a la fuerza militar del rey Borbón.

ABSOLUTISMO Y REFORMISMO

La tendencia centralizadora iniciada ya durante el reinado de los Habsburgo se impuso con el advenimiento de Felipe V, al abolirse las instituciones políticas autónomas y centralizarse el poder en Madrid. España seguía los moldes franceses. Aragón, Valencia, Mallorca y Cataluña perdieron sus instituciones propias. Sólo Navarra y el País Vasco las conservaron.

Antes del siglo XVIII el gobierno estuvo organizado sobre la base de un sistema de **Consejos** que atendían los asuntos de los distintos territorios, a través de sus representantes. Uno de los más importantes era el consejo de Castilla, que con Felipe V pasó a tener jurisdicción sobre la corona de Aragón. Paralelamente a los consejos territoriales existían otros que se ocupaban de cuestiones específicas, por ejemplo **Hacienda,** Cultura. Quien dominaba en estos organismos era la nobleza y para reducir el predominio de este grupo y crear una administración más eficaz, Felipe V fortaleció el poder de las **secretarías de estado y despacho.** La función de éstas era relacionar al monarca con las instituciones y al adquirir nuevas atribuciones se transformó cada una de ellas en una especie de ministerio. Felipe V creó cuatro: de Marina e Indias, de Guerra, de Estado y de Justicia. Durante el reinado de Carlos III (1759–1788) había siete secretarías, todas las cuales pasaron a integrar la Junta Suprema de Estado. Los consejos continuaron existiendo, pero sus funciones—gubernativas, legislativas, judiciales, culturales— estaban ahora mucho más limitadas. Así, el poder se centralizaba cada vez más. Al mismo tiempo que la monarquía abolía las instituciones autónomas, se creaban otras destinadas a fortalecer la autoridad del rey.

NUEVAS INSTITUCIONES

Las principales instituciones y cargos creados bajo los reinados de Felipe V y de sus sucesores Fernando VI (1746–1759) y Carlos III (1759–1788) fueron las siguientes:

1. Las **Audiencias.** Fueron organismos fundamentalmente judiciales, pero además tuvieron algunas atribuciones gubernativas.

2. Los **capitanes generales.** Al suprimirse la institución del virreinato en la corona de Aragón se crearon las capitanías generales, que más tarde se introdujeron en el continente americano. El capitán general presidía la Audiencia y tenía amplios poderes gubernativos.

3. Los **intendentes.** En cada reino o provincia había un intendente. Sus funciones eran múltiples, entre ellas gubernativas, judiciales, militares, financieras. Estos funcionarios fueron un importante medio de control del poder en el siglo XVIII. Durante el reinado de Carlos III también se establecieron en América.

LA POLÍTICA EXTERNA

Felipe V. La política externa de Felipe V se caracterizó por un acercamiento a Francia y un distanciamiento con respecto a Gran Bretaña. Gracias al Tratado de Utrecht este último país quedaba ahora en posesión de Menorca y Gibraltar. Además, su creciente poderío y sus ambiciones ponían en peligro la seguridad de los dominios americanos de España. Esta desconfianza y rivalidad provocó más de un conflicto armado durante el reinado de Felipe V, como lo fue el fracasado intento español de recuperar Gibraltar (1727).

En el Mediterráneo la política militar estuvo dominada por los intentos del monarca de recuperar territorios italianos. La principal promotora de esta campaña fue su segunda esposa Isabel de Farnesio, que ambicionaba obtener dominios para sus hijos en su tierra natal. Para ello se valió de Alberoni, principal agente de la política exterior en la primera parte del reinado de Felipe V. Las inclinaciones belicistas llevaron a la toma de Cerdeña (1717) y a una fracasada tentativa de invasión de Sicilia (1718).

En 1724 el rey abdicó en favor de su hijo Luis (Luis I), pero ante la muerte prematura de éste Felipe V se hizo cargo del trono nuevamente. Pero el monarca, afectado por la melancolía y la depresión, fue incapaz de ocuparse eficazmente de los asuntos del reino. La política externa en este período estuvo dominada por su esposa Isabel y por Patiño, nuevo secretario de Marina e Indias. Patiño quiso llevar a cabo una política pacifista que ayudara a la recuperación económica de España. Pero debido a las alianzas con Francia (llamadas **Pactos de familia**), España se vio envuelta de nuevo en conflictos internacionales: guerra de sucesión polaca; conquista de Nápoles y Sicilia para España y reconocimiento de don Carlos, hijo de Felipe V e Isabel, como rey de esas tierras; guerra de sucesión de Austria. Sin embargo, gracias a la política de recuperación

Palacio Real de Madrid, construido bajo el reinado de Felipe V.

nacional iniciada por Patiño, España consiguió recobrar gran parte de su prestigio perdido.

Fernando VI.   En 1746 murió Felipe V y le sucedió su hijo Fernando VI. Fernando VI siguió durante su reinado una política de neutralidad, aunque por la vía diplomática España mantuvo su presencia y su fuerza en el contexto europeo. Los esfuerzos de la monarquía se orientaron hacia la recuperación interna y la administración de las Indias.

Carlos III.   Al morir Fernando VI, su hermano Carlos, rey de Nápoles y Sicilia, ocupó el trono de España con el nombre de Carlos III. La firma de un nuevo Pacto de familia con Francia llevó al nuevo rey a participar en la guerra de los Siete Años entre Francia y Gran Bretaña. A España le interesaba contener la amenaza expansionista británica en el continente americano. Resultado de este conflicto fue la pérdida de la Florida por parte de la monarquía española y del Canadá por Francia. Sin embargo, gracias al apoyo prestado por los dos países europeos a la guerra de independencia de los Estados Unidos (1776–1783), la Florida y Menorca volvieron a manos de España.

EL DESPOTISMO ILUSTRADO

Las transformaciones económicas y el progreso social logrados durante el reinado de Felipe V alcanzaron su punto máximo con Carlos

Carlos III. Durante el reinado de este Borbón, España logró importantes
adelantos económicos y sociales.

III, considerado el más destacado monarca del siglo XVIII. El espíritu reformista del rey encontró eco en una nueva clase política. Esta, inspirada por las ideas innovadoras del siglo, no se opuso al absolutismo monárquico puesto que éste servía sus propias aspiraciones de cambio. Así, se impone en el siglo XVIII el **despotismo ilustrado** que, a través de la transformación de las instituciones, pretende lograr un avance social y cultural que beneficie a la mayoría de los ciudadanos, pero sin que éstos participen en la toma de decisiones.

LA ECONOMÍA

La agricultura y la ganadería. El aumento de la producción agrícola se consiguió gracias a la incorporación de tierras sin explotar, a la introducción de nuevos cultivos y al incremento de las obras de regadío. Ello fue acompañado de un notable aumento de la actividad ganadera. La colonización de tierras no cultivadas y una política agraria más progresista contribuyeron también a una cierta modernización de la sociedad rural.

La industria y el comercio. El mercado interno seguía siendo limitado, lo que dificultaba la expansión industrial. Esto, a pesar del proteccionismo introducido por Felipe V, que redujo considerablemente la importación de productos manufacturados. Las industrias metalúrgica, de producción de alimentos y de manera especial la textil experimentaron cierto progreso. El desarrollo del comercio interno y las facilidades concedidas por el Estado permitieron un considerable avance de la producción textil en Cataluña. Por otra parte, la mejora de las comunicaciones y la liberalización del comercio con las Indias contribuyeron al incremento de la actividad mercantil.

LA SOCIEDAD

Las transformaciones sociales durante la mayor parte del siglo XVIII fueron escasas si se comparan con los cambios ocurridos en otras esferas de la vida española. Al igual que en el siglo XVII, la pirámide social constaba de cuatro grupos principales: la nobleza, el clero, el estado llano y los marginados. A los tres primeros nos referiremos en más detalle:

La nobleza. Conservó los privilegios que tenía, aunque su importancia numérica disminuyó a causa de la mayor concentración de la riqueza. Sin embargo, este grupo consiguió aumentar sus bienes a través de la adquisición y la usurpación de tierras. Todo ello sin olvidar las grandes diferencias que de hecho se daban entre la alta nobleza y otros nobles menos privilegiados.

El clero. Las reformas políticas y administrativas tampoco afectaron mayormente al clero. Lo mismo que la nobleza, continuó disfrutando de los privilegios legales que tradicionalmente había tenido. Así era, a pesar de la actitud de los miembros más ilustrados del poder político que hubiesen querido extender sus reformas al clero regular. En la práctica, hubo algunos cambios, tales como la mayor participación del clero en la educación y la creación de seminarios que contribuyeron a elevar su propio nivel cultural.

Los bienes de la Iglesia eran cuantiosos y su distribución muy desigual. La riqueza estaba en su mayor parte en manos de los altos cargos de la jerarquía eclesiástica, mientras que en las zonas rurales más apartadas el clero vivía en condiciones muy desventajosas. Los reformistas ilustrados trataron de corregir esta situación y, en efecto, hubo ciertos cambios en favor de los menos privilegiados, pero no hasta el punto que los reformistas hubiesen deseado.

El estado llano. Este grupo lo componía alrededor del 90 por ciento de la población frente al 10 por ciento restante correspondiente a la nobleza y el clero. La enorme diversidad del estado llano y las grandes desigualdades que se apreciaban dentro de él hacen difícil una generalización. El campesinado constituía la mayoría, aproximadamente un 90 por ciento del total. En Cataluña y el País Vasco la situación económica de los campesinos era muy superior a la que existía en La Mancha, Extremadura y Andalucía, donde reinaban condiciones de extrema pobreza.

La población urbana representaba un 10 por ciento del estado llano y en ella se daba una gran variedad de oficios y actividades. Había quienes percibían altos ingresos económicos, frente a otros, cada vez más numerosos, que vivían en condiciones miserables. Las protestas se hicieron frecuentes entre estos últimos. Una de las causas de los levantamientos contra Carlos III en 1766 fue el descontento de las clases populares ante la **carestía de la vida.** Estos movimientos se extendieron en aquel año por toda España, pero fueron contenidos sin que tuvieran mayores repercusiones.

LA POLÍTICA RELIGIOSA

La naciente clase política no veía con buenos ojos la total sujeción de la Iglesia española a Roma y el enorme poder político y económico de la jerarquía eclesiástica. La intervención estatal en asuntos religiosos no relativos al dogma produjo momentos de gran tensión que culminaron con la expulsión de los jesuitas. La Orden tenía gran influencia entre la aristocracia hispana, pero ni la una ni la otra contaba con la simpatía de la clase política que supo manipular la situación de tal manera que Carlos III firmó un decreto de expulsión de los jesuitas de todos sus dominios, incluidos los americanos (1767).

La Ilustración y la creación artística

Con el nombre de **Ilustración** se conoce el movimiento cultural europeo del siglo XVIII cuyos orígenes están en el racionalismo y el empirismo, dos corrientes filosóficas del siglo XVII, la primera basada en la razón, la segunda en la experiencia. La Ilustración pretende cambiar las instituciones y, a través del saber, transformar la sociedad en una sociedad más justa. Sus ideas llegaron a España con las obras de filósofos y científicos franceses, entre ellos D'Alembert y Diderot, autores de *La enciclopedia,* publicada en París en la segunda mitad del siglo XVIII. En España, sin embargo, el pensamiento ilustrado no alcanzó la fuerza que tuvo en Francia y se circunscribió más bien a los círculos políticos próximos a la corona, especialmente bajo el reinado de Carlos III.

Real Academia de la Lengua (Madrid).

Biblioteca Nacional (Madrid).

El interés prioritario de la Ilustración por el desarrollo del saber dio origen a una serie de instituciones culturales, tales como escuelas y cátedras de Derecho, Matemáticas, Economía, Ingeniería, además de academias, entre las que encontramos la Real Academia de la Lengua, la Real Academia de la Historia, la Real Academia de Bellas Artes. Muchas otras instituciones culturales, científicas y técnicas tuvieron el apoyo oficial de la monarquía. Una de ellas fue la Biblioteca Nacional, fundada en 1712.

En el campo de la creación artística, el barroco del siglo XVII sigue dominando la estética en la primera parte del siglo XVIII, pero muy pronto comparte el escenario con otras tendencias, tales como el **rococó** y el **neoclasicismo.** El primero no consiguió imponerse mayormente en España, mientras que el segundo logró establecerse y dio lugar a algunas brillantes creaciones, tanto en el campo de la literatura como en las artes.

LA LITERATURA

La prosa.   El espíritu de la Ilustración llevó a la creación de una prosa destinada principalmente a la difusión del conocimiento en todos sus aspectos, lo cual restó valor a la creación literaria propiamente. Acordes con las ideas de la Ilustración y con el neoclasicismo, las obras literarias de autores como Feijoo (1676–1764), José Cadalso (1741–1782) y Gaspar Melchor de Jovellanos (1744–1811), se caracterizan por su estilo preciso y claro, alejado de la complejidad y emotividad del barroco.

El teatro.   Ramón de la Cruz (1731–1794), seguidor de la tradición impuesta en el siglo anterior por Lope de Rueda y Cervantes, fue el creador de innumerables comedias breves de carácter popular llamadas **sainetes,** en las que se retratan las costumbres del Madrid de aquel tiempo. *Manolo, La casa de Tócame Roque, El Rastro por la mañana,* son algunas de sus obras.

Leandro Fernandez de Moratín (1760–1828) es la figura más importante del teatro neoclásico. Autor de cinco comedias de intención moral, una de las cuales es *El sí de las niñas,* obra satírica costumbrista. Su argumento gira en torno a una muchacha llamada Francisca que por obediencia a su madre va a casarse con un hombre mayor, don Diego, al que no ama. La situación se resuelve cuando el futuro esposo se da cuenta de que Francisca en realidad ama a Carlos, sobrino de él. Don Diego desiste de sus intenciones matrimoniales para que los jóvenes enamorados se casen.

Izquierda: Puerta de Alcalá (Madrid).
Derecha: Fachada del Obradoiro de la Catedral de Santiago de Compostela,
máxima expresión del barroco en España.

EL ARTE

La arquitectura. Como la creación literaria, la arquitectura se movió
entre los excesos del barroco y la sencillez del neoclasicismo. Durante el
reinado de Felipe V se construyeron el Palacio Real de Madrid (Francisco Juvara y Juan Bautista Sacchetti, arquitectos italianos) y el Palacio
de la Granja (Teodoro Ardemans y Sacchetti) en Segovia, hecho a imita-
ción de Versalles. De estilo barroco son la fachada del Obradoiro de la
catedral de Santiago de Compostela (Fernando Casas y Novoa), el Hos-
picio de Madrid (Pedro de Ribera) y el Palacio del Marqués de Dos
Aguas en Valencia (Rovira).

El neoclasicismo alcanzó mayor desarrollo durante el reinado de
Carlos III. De esta época datan el Ministerio de Hacienda y la Puerta de
Alcalá (Francisco Sabatini), el Museo del Prado y el Observatorio As-
tronómico (Juan de Villanueva).

La escultura. El barroco continúa manifestándose en la imaginería
religiosa, mientras que el neoclasicismo encuentra expresión en obras
tales como la fuente de Cibeles (Francisco Gutiérrez) y la fuente de
Neptuno (Pascual de Mena), ambas en Madrid.

La música. El siglo XVIII vio renacer un viejo instrumento de origen
árabe, la guitarra. Su prestigio en la corte de Castilla entre los siglos XIII
y XV había decaído durante el reinado de los Reyes Católicos en favor

de la **vihuela,** instrumento de cuerda parecido al anterior. Sin embargo, las clases populares no abandonaron su preferencia por la guitarra, la que posteriormente debió competir con el violín. Los gustos musicales del siglo XVIII devolvieron a la guitarra su antiguo prestigio.

El gusto de la corte por la ópera y la naciente **zarzuela** se extendió al pueblo llano. Tanto en los espectáculos populares como en las representaciones de la corte se observa la fuerte influencia de la música italiana. Domenico Scarlatti (1685–1757) y Luigi Boccherini (1743–1805), músicos italianos, residieron largo tiempo en Madrid con el auspicio de los reyes Borbones.

Reinado de Carlos IV (1788–1808)

Un año antes de que George Washington fuese elegido primer presidente de los Estados Unidos y del **estallido** de la Revolución Francesa, sube al trono de España Carlos IV. Durante su reinado hasta 1808 este movimiento iniciado con la toma de la Bastilla tendrá importantes repercusiones en la política hispana, tanto interior como exterior.

Hombre de carácter débil, acabó rápidamente dominado por su mujer—María Luisa de Parma—y las luchas entre **facciones cortesanas** terminaron con la anterior estabilidad ministerial, además de verse paralizadas las reformas políticas y económicas puestas en marcha en el reinado de su padre.

INESTABILIDAD MINISTERIAL

El conde de Floridablanca—que había sido primer ministro de Carlos III y que era un decidido partidario de aislar a la Francia revolucionaria—fue destituido de su cargo a finales de 1792. Lo sucedió el conde de Aranda. Su política hacia Francia tenía como objetivo impedir que Gran Bretaña se aprovechara de la guerra que **se avecinaba** en Europa para apoderarse de los territorios españoles en el continente americano. Según parece, Aranda era partidario—tras lo que había sucedido con las colonias británicas que se declararon independientes en América del Norte—de que España olvidara la teoría imperial y creara monarquías locales en manos de miembros de la casa de Borbón o que incluso se desprendiera del virreinato del Perú. Precisamente esa resistencia a envolver a España en un conflicto con su vecino **allende** los Pirineos fue la causa de su caída tras nueve meses en el gobierno, aunque tampoco fueron ajenas las antipatías que sentían por él la reina María Luisa y su favorito, Manuel Godoy.

EL GOBIERNO DE GODOY

Este personaje—que en poco tiempo pasó de **guardia de corps** a teniente general y duque de Alcudia—dominó, con un breve paréntesis, la corte y la vida política de España entre 1792 y 1808, año en que acabó escondido en una alfombra enrollada para escapar a las iras de los amotinados que habían invadido la residencia real de Aranjuez, a pocos kilómetros al sur de Madrid.

La política de Godoy con respecto a Francia estuvo dirigida a salvar la vida de Luis XVI, descendiente al igual que Carlos IV del rey Luis XIV. Dos meses después de la muerte del monarca francés en la guillotina el soberano español firmó en Aranjuez—el 27 de marzo de 1793— la declaración de guerra a Francia en respuesta a la medida similar adoptada el 7 de ese mes por la Convención Nacional francesa.

La guerra con Francia. España no estaba en las mejores condiciones para enfrentarse a un conflicto armado, ni tampoco el rey ni Godoy para llevarlo a cabo. Dos años más tarde se firmaba la paz en Basilea, y España, al hacerlo, cedía la parte bajo su soberanía en la isla de Santo Domingo, en el Caribe. Godoy recibe el título de Príncipe de la Paz.

Primer Tratado de San Ildefonso. Tras el **armisticio** Godoy inicia un período de amistad con la Francia revolucionaria que culminará con la firma del primer Tratado de San Ildefonso (1796), que renovaba treinta y cinco años después los Pactos de familia que habían firmado la rama española y la francesa de la casa de Borbón. España se obligaba a luchar con Francia contra Gran Bretaña.

La guerra con Gran Bretaña. El conflicto le significó a España la derrota de su flota en la batalla del cabo de San Vicente (14 de febrero de 1797), la toma ese mismo año de la isla antillana de Trinidad—que pasó a la soberanía británica por el tratado de paz de 1802—y, al año siguiente, la ocupación del territorio centroamericano que hoy se conoce como Belice. Pero, más grave aún, fue la perturbación del tráfico comercial entre la España metropolitana y los territorios ultramarinos.

El favorito se vio obligado a dimitir el 28 de marzo de 1798, pero en 1801 volvió al poder sin haber abandonado nunca el palacio real ni los favores de la reina.

Segundo Tratado de San Ildefonso. Al otro lado de los Pirineos una figura, la de Napoleón, dominaba la vida política y militar de la Francia surgida de la Revolución de 1789. Como primer Cónsul, Napoleón consigue que España firme el segundo Tratado de San Ildefonso (1º de octubre de 1800), por el cual, entre otras cosas, España vende Luisiana a Francia.

Un año más tarde se declara la guerra a Portugal, país aliado a Gran Bretaña desde finales de la edad media, que se negaba a cerrar sus puertos al comercio británico. El conflicto duró poco tiempo y Lisboa firmó la paz por la cual cedía a España Olivenza, en Extremadura, pagaba a Francia una fuerte **indemnización** y cerraba sus puertos a Gran Bretaña.

Las hostilidades contra los británicos continuaron y en 1805 las flotas combinadas de Francia y España fueron derrotadas por Nelson en Trafalgar.

Tratado de Fontainebleau.   El 27 de octubre de 1807 España y Francia firmaban el Tratado de Fontainebleau que iba a permitir el paso de fuerzas de este país para conquistar Portugal. El 29 de febrero del año siguiente los soldados napoleónicos estaban en Barcelona y el 3 de marzo el general Murat entraba en Madrid.

La amenaza francesa.   El peligro de la ocupación de España se había convertido en un hecho, ante el que reaccionó Godoy tarde con el plan de trasladar a la familia real hacia el sur y hacer de Andalucía su base de resistencia. Mientras el rey, su familia y Godoy estaban en Aranjuez, estalló allí el **motín** que se conoce con el nombre de esta localidad.

El motín de Aranjuez.   El 17 de marzo de 1808 soldados, campesinos y servidores de palacio obligaron a Carlos IV a destituir al Príncipe de la Paz y dos días más tarde otra **turba** lo obligaba a abdicar a favor del heredero de la corona, Fernando, príncipe de Asturias. Pero este levantamiento fue inducido desde arriba por una facción de nobles aliados al heredero, y con él se inició la llamada crisis del Antiguo Régimen, crisis que se venía gestando lentamente por los cambios económicos e ideológicos. En pocas décadas destruirá el Imperio español, herirá de muerte a la monarquía absoluta y será el umbral de las modificaciones en las estructuras españolas a lo largo del siglo XIX.

JOSÉ BONAPARTE, REY DE ESPAÑA

España tenía un nuevo rey: Fernando VII. Sin embargo, los planes de Napoleón eran otros, pues tras ofrecerse como mediador entre el exsoberano y el nuevo, los atrajo a la ciudad vasco-francesa de Bayona y consiguió, el 5 de mayo de 1808, que ambos le cediesen la corona.

José Bonaparte.

España iba a tener un nuevo rey: José Bonaparte, hermano del futuro Emperador. Había 100 000 soldados en su territorio para apoyarlo y un nuevo orden político basado en la Constitución de Bayona.

La Guerra de Independencia Española

Se conoce con este nombre la lucha para expulsar al invasor francés de España que se desarrolló hasta 1814. Tuvo características especiales, pues no sólo participó el Ejército, sino también el pueblo. En la lucha armada jugaron un papel importante las guerrillas que **hostigaron** permanentemente a las fuerzas napoleónicas.

EL 2 DE MAYO

La población española era hostil a los franceses, la iglesia católico-romana también lo era por su oposición a la Revolución de 1789. El 2 de mayo, tres días antes de las abdicaciones de Bayona, se produjo el levantamiento del pueblo en Madrid. Fue duramente reprimido por el general Murat y los **fusilamientos** de la jornada siguiente fueron inmortalizados por Goya.

LAS JUNTAS PROVINCIALES

La noticia de lo sucedido en Bayona desató la insurrección en todo el territorio español libre de franceses, donde se formaron **juntas** que gobernaban en los territorios de los antiguos reinos y principados de la corona: Galicia, Asturias, Sevilla y otros. Esos cuerpos, si bien tienen origen popular, en su mayoría están integrados por nobles, profesionales, eclesiásticos. A ellos aluden poco tiempo después quienes reclamarían en América el establecimiento de "juntas como en España".

LA BATALLA DE BAILÉN

Las juntas se encargaron de organizar la resistencia contra la ocupación y el 19 de julio de 1808 las fuerzas de la Junta de Sevilla derrotaron al cuerpo expedicionario de Dupont aislado en Bailén. La batalla, en la que recibiría su **bautismo de fuego** el futuro general José de San Martín (ver pág. 149), significó la liberación de Andalucía. Además se obligó a José Bonaparte a abandonar Madrid, mientras que el ejército francés negociaba con los británicos su retirada de Portugal. La causa española parecía triunfar, pero la invasión de España por Napoleón lo impidió.

LA JUNTA CENTRAL Y LA REGENCIA

La necesidad de coordinar los esfuerzos en la lucha contra las fuerzas napoleónicas llevó a la creación de la Junta Suprema Gubernativa del Reino, que integrada por 35 miembros se estableció, en septiembre de 1808, bajo la presidencia del conde de Floridablanca. Su primera sede fue Aranjuez y después se trasladó a Sevilla. En enero de 1810 **traspasó sus poderes** a una regencia que, establecida en Cádiz, iba a actuar en nombre de Fernando VII.

NAPOLEÓN EN ESPAÑA

El triunfo español en Bailén y la consiguiente huida de José Bonaparte de Madrid obligaron a Napoleón a ir a España, en noviembre de 1808, al frente de 300 000 soldados. Con la nueva ocupación de la capital española se inició la segunda etapa de la guerra, con la recuperación francesa.

EL AVANCE FRANCÉS

La situación europea obligó al Emperador francés a abandonar el territorio peninsular y los ejércitos galos quedaron directamente dirigidos por sus generales, quienes dominaron sucesivamente Aragón, después de tomar Zaragoza, Galicia y Cataluña, hasta llegar a Sevilla en 1810. El campo, sin embargo, estaba en manos de la guerrilla y España era en esa época predominantemente rural.

ALIANZA ANGLO-ESPAÑOLA Y RETIRADA FRANCESA

La **Junta Central** y el gobierno británico firmaron una alianza contra Francia y las tropas británicas al mando del futuro Lord Wellington desembarcaron en Portugal. Se constituyó un ejército hispano-británico y al comenzar el año 1811 las fuerzas francesas fueron derrotadas en Ciudad Rodrigo (19 de enero) y meses después también lo fueron en Los Arapiles, Salamanca.

La ofensiva hispano-británica se intensificó y culminó con su triunfo sobre las fuerzas invasoras. José Bonaparte huye a Francia y en abril de 1814 se firma el fin de las hostilidades.

Las Cortes de Cádiz

REUNIÓN DE LAS CORTES

La Junta Central de Sevilla había comenzado a trabajar en la convocatoria de unas Cortes, idea y realización de Gaspar de Jovellanos (1744–1811), alto funcionario civil en los reinados de Carlos III y Carlos IV y una de las figuras intelectuales más influyentes en la España de la época.

La primera sesión se celebró el 24 de septiembre de 1810, bajo el gobierno de la regencia, en la isla de León, frente a Cádiz. Allí se reunieron los diputados elegidos en las regiones libres de franceses y algunos refugiados de zonas ocupadas. Había intelectuales, abogados, eclesiásticos, comerciantes, funcionarios públicos.

En las Cortes se formaron básicamente dos grupos: aquéllos que querían modernizar la estructura de la sociedad y la del Estado e implantar una monarquía parlamentaria y los que seguían fieles a las viejas ideas, partidarios de la monarquía absoluta.

CONSTITUCIÓN LIBERAL DE 1812

La Constitución emanada de las Cortes de Cádiz en 1812 instaura una monarquía constitucional. Bajo la influencia de las ideas de la Ilustración francesa proclama el principio de la soberanía nacional, que reside en la nación formada por el conjunto de sus ciudadanos, establece la división de poderes—legislativo, ejecutivo y judicial—e introduce un sistema de representación popular que elimina el procedimiento medieval por **estamentos** (nobleza, alto clero, burguesía).

Aunque la Constitución de 1812 establecía que la religión católico-romana era la única en España, las Cortes eliminaron, tras uno de los más agitados debates de toda su existencia, el **tribunal del Santo Oficio.** Este órgano eclesiástico había sido abolido por un decreto de Napoleón en 1808.

Las Cortes no se limitaron a dictar una Constitución, pues fueron elaborando una serie de disposiciones legales que eliminaban **trabas** en los campos económico, ideológico y social. Se establecieron las libertades de industria, comercio y circulación, además de ampliarse los derechos de los propietarios. Se abrió paso a la reforma agraria para ampliar la cantidad de tierra en manos privadas, se estableció la libertad de prensa, se eliminaron las torturas y se echó por tierra el sistema medieval de **señoríos** y **vasallaje,** entre otras cosas.

IRREALIDAD DE LA REFORMA LIBERAL

El triunfo liberal en las Cortes de Cádiz fue efímero, pues no tenía bases sólidas en la realidad social de España. La burguesía era demasiado débil como para proseguir en la práctica la revolución llevada a

Autorretrato, de Goya.

cabo por la minoría ilustrada en Cádiz y las fuerzas reaccionarias, entre
ellas la Iglesia, eran demasiado fuertes como para aceptar fácilmente el
cambio que se pretendía llevar adelante.

Arte: Goya y la crisis política y social de España

Francisco de Goya y Lucientes, uno de los más grandes genios de la
pintura española, nació en Fuendetodos (Zaragoza) el 30 de marzo de
1746. Hizo estudios en Zaragoza y más tarde trabajó junto a un conocido artista local. Algunas de sus primeras obras las realizó en Italia,

donde logró cierto prestigio. De regreso en España, más concretamente en Madrid, llegó a ser Pintor de Cámara de Carlos IV. Su obra como pintor de la corte incluye numerosos retratos de los reyes y de personajes importantes de la España de la época.

Las transformaciones sociales que vivía el país y el profundo impacto creado por la guerra contra los invasores franceses, de la cual Goya fue testigo, se reflejarían también en sus cuadros. La violencia y la crueldad de los acontecimientos son el tema de *Los desastres de la guerra,* una serie de grabados realizados entre 1810 y 1814. La misma temática se da en *El 2 de mayo de 1808* y *Los fusilamientos del 3 de mayo de 1808,* dos célebres obras del pintor.

Tras la restauración del absolutismo con Fernando VII, Goya siguió siendo Pintor de Cámara. Pero, la inseguridad reinante afectó también al artista que se sentía vigilado por la Inquisición por sus *Majas.* Esta atmósfera oscura y represiva se refleja en los *Disparates* y más tarde en las *Pinturas Negras* realizadas entre 1820 y 1822, cargadas de sarcasmo, pesimismo y desolación.

La ola de terror que se produce con la invasión francesa de 1823 (ver los Cien mil hijos de San Luis, págs. 158–59) llevó al pintor a abandonar el país. Fijó su residencia en Burdeos, Francia, donde murió el 16 de abril de 1828.

La independencia hispanoamericana

La invasión de España por Napoleón en 1808 fue el factor clave que impulsó la independencia de las colonias hispanoamericanas. De la expresión de lealtad a Fernando VII, depuesto por los franceses, se pasará a la lucha por la emancipación política y económica de los territorios americanos. Desde México hasta el sur del continente cobra fuerza el movimiento independentista. Y los ejércitos de liberación se enfrentan a las fuerzas **realistas** que tratan de contener la rebelión. Dos ejércitos avanzan triunfantes a través de la América del Sur. Desde Venezuela, Bolívar dirige sus tropas a Nueva Granada (Colombia), Quito y Guayaquil. Y en Argentina, San Martín inicia la campaña que dará libertad a Chile y al Perú. La lucha por la independencia mexicana se llevará adelante independientemente y culminará en 1821. En 1826 todos los territorios dependientes de la corona española en América—salvo Cuba y Puerto Rico—se habían independizado. El estallido revolucionario obedece a una serie de causas tanto internas como externas, que resumiremos a continuación.

CAUSAS INTERNAS

La rivalidad entre peninsulares y *criollos*.   Quizá éste haya sido el factor más determinante en la lucha por la independencia hispanoamericana. Los privilegios de los españoles nacidos en la Península eran causa de constantes fricciones. Los criollos criticaban la escasa participación que tenían en la vida pública y en la toma de decisiones. Los altos cargos públicos estaban reservados a los españoles nacidos en la Península. El control del comercio y de la economía era ejercido por la corona a través de sus representantes más directos, los peninsulares.

La censura ejercida por la Inquisición.   En materia de ideas la Inquisición ejercía un estricto control sobre la lectura de ciertos libros. Los escritos de los enciclopedistas franceses como Rousseau constituían lectura prohibida. La censura de éstas y otras obras era discutida por los criollos ilustrados, quienes sólo podían tener acceso a ellas de manera clandestina a través del contrabando que llegaba de Europa.

La expulsión de los jesuitas.   La expulsión de los jesuitas fue mal recibida en la América española. Desde su exilio, la Orden criticó severamente el absolutismo de la corona.

CAUSAS EXTERNAS

La influencia de la Ilustración.   Iberoamérica **no fue ajena a** las ideas de la Ilustración (ver págs. 135–36): la gran confianza en la razón, la crítica de las instituciones tradicionales, la difusión del saber y la idea de libertad. El pensamiento de la Ilustración o **Siglo de las Luces** llegó al subcontinente a través de los criollos educados en Europa y de los contrabandistas que traían consigo libros proscritos por la Inquisición.

La independencia de las colonias inglesas de América del Norte. En 1776 se produjo la independencia de las colonias inglesas de Norteamérica y el nuevo espíritu libertario sirvió de ejemplo y dio forma a la idea de emancipación hispanoamericana.

La Revolución francesa.   Las ideas de los revolucionarios franceses de 1789 prendieron también en la mente de los criollos. En Bogotá se imprimió secretamente la *Declaración de los derechos del hombre,* conjunto de principios que la Asamblea Constituyente francesa adoptó como fundamento de las instituciones humanas.

El debilitamiento de la monarquía.   La crisis que venía afectando a la monarquía española, debilitada económicamente y perdidos su antiguo prestigio y su Imperio europeo, fue también un factor determinante de la independencia hispanoamericana.

La invasión francesa.   Al producirse la invasión de la Península por las tropas napoleónicas los hechos se precipitaron. En 1810 se constituyeron juntas de gobierno en las principales ciudades de Hispanoamérica. Los criollos y españoles al frente de las juntas juraron lealtad al depuesto rey Fernando VII. En su nombre establecieron los nuevos gobiernos que se mantendrían mientras durara su cautiverio. Pero esta autonomía que surgió como reacción a la invasión francesa y en defensa de la corona **iba a desembocar en** las guerras de independencia entre los ejércitos libertadores y las fuerzas que representaban al rey. De esta lucha nacerían las actuales repúblicas hispanoamericanas.

LA LUCHA POR LA INDEPENDENCIA

Francisco Miranda.   Francisco Miranda, precursor de la independencia hispanoamericana, nació en Caracas en 1750. Después de servir a la corona española en La Habana se dirigió a los Estados Unidos, donde se dedicó al estudio de las instituciones políticas y de la democracia. Influido por estas ideas pensó en la emancipación de las colonias hispanoamericanas y en la formación de una gran nación. Más tarde, en Inglaterra, hizo planes para la lucha por la independencia americana. En Francia tomó parte en el ejército de la Revolución. En 1806 dirigió una expedición libertadora que salió de Nueva York hacia Venezuela, pero fue derrotado y regresó a Londres. En 1810 participó con Bolívar en una nueva expedición. En Venezuela fue recibido triunfalmente, pero dos años más tarde fue derrotado por las fuerzas realistas en la Guaira. Miranda fue hecho prisionero y llevado a España donde falleció en el año 1816.

La campaña de Bolívar.   Simón Bolívar, "el Libertador", nacido en Caracas en 1783, es la figura más importante de la independencia hispanoamericana. Hizo estudios en España y viajó por Europa, donde absorbió las ideas de Rousseau. En 1810 participó con Miranda en el movimiento que creó la primera junta venezolana. Al caer Venezuela nuevamente bajo el dominio español Bolívar organizó una nueva expedición. En 1813 derrotó al ejército realista y fue proclamado Libertador, pero los conflictos entre los patriotas lo hicieron refugiarse más tarde en Jamaica. Allí escribe la célebre *Carta* donde hace un análisis sobre la emancipación americana.

Al frente de un nuevo ejército Bolívar derrota a las fuerzas realistas y entra en Bogotá (1819), donde proclama la República de Colombia o

Gran Colombia, que incluía los territorios de Nueva Granada y lo que es hoy Venezuela, a los que se incorporaría luego Quito. En 1822 el general José de San Martín dejó el mando del ejército en manos del Libertador. Bolívar entra en Lima en 1823. Su ejército vence a los realistas en Junín y su lugarteniente Sucre gana la batalla de Ayacucho (1824), con lo cual se consolida la independencia de los territorios sudamericanos. El Alto Perú pasaría a constituir una república independiente a la que se llamó Bolivia en honor del Libertador.

San Martín y el Ejército Libertador. José de San Martín, hijo de un oficial del ejército español, nació en la Argentina en 1778. Hizo estudios militares en España y tomó parte en la guerra contra Napoleón. Regresó a la Argentina, cuya junta de gobierno se había constituido en mayo de 1810. San Martín se puso al servicio de las autoridades de Buenos Aires y fue enviado a Mendoza, en la región de los Andes. Allí organizó el Ejército de los Andes para la liberación de Chile y el Perú. Con 5400 hombres cruzó la cordillera hacia Chile, derrotó a las tropas realistas en Chacabuco (1817) y entró victorioso en Santiago. Al año siguiente se libró la batalla de Maipú con el triunfo definitivo del Ejército Libertador.

San Martín no aceptó ser el gobernante de Chile y en su lugar se proclamó como Director Supremo al general Bernardo O'Higgins, chileno que había luchado junto a San Martín. San Martín y O'Higgins organizaron la **escuadra** libertadora del Perú, que al mando del almirante británico Lord Cochrane zarpó de Valparaíso el 20 de agosto de 1820. La guerra por la liberación del Perú seguiría con la ocupación de Lima por San Martín el 9 de julio de 1821. El 28 de aquel mismo mes se proclamaba la independencia del país andino. El general argentino se hizo cargo del poder con el título de Protector hasta 1822, cuando cedió el campo a Bolívar. Fue este último quien dirigió la batalla final contra los realistas que seguían dominando en la sierra (batallas de Junín y de Ayacucho, 1824).

LA INDEPENDENCIA DE MÉXICO

La rebelión del cura Hidalgo. La guerra de independencia mexicana comenzó con la rebelión del cura Miguel Hidalgo en el pequeño pueblo de Dolores el 16 de septiembre de 1810. Hidalgo organizó un ejército de voluntarios en el que se alistaron criollos, mestizos e indios. Sus fuerzas sumaban muchos miles de hombres que, triunfantes, ocuparon Guanajuato, Valladolid y más tarde Guadalajara, pero en 1811 sus fuerzas fueron derrotadas. Hidalgo fue hecho prisionero y fusilado.

El Acta Primaria de Independencia. José María Morelos y Pavón continuó la campaña independentista. Después de vencer en varias batallas a las fuerzas realistas convocó el Congreso de Chilpacingo (1813) que redactó el **Acta** Primaria de Independencia. Pero sorprendido por las tropas realistas fue hecho prisionero y ejecutado (1815). La lucha la siguió Francisco Javier Mina, guerrillero español, que tras una brillante campaña fue también fusilado (1817).

De la Constitución liberal a la independencia. El deseo de independencia crece con la vuelta al trono de Fernando VII que trata de imponer en la Península un régimen absolutista. Ante la rebelión de los elementos liberales españoles, el rey se vio obligado a acatar la Constitución liberal de 1812. Esta fue proclamada también en México, lo que causó gran preocupación entre los elementos conservadores mexicanos que veían amenazados sus privilegios. Los conservadores rebeldes—partidarios de la monarquía—eligieron como líder a Agustín Iturbide. En febrero de 1821 se aprobó el Plan de Iguala que proponía a Fernando VII como rey de Nueva España (México), cosa que no llegaría a ser realidad. Aquel mismo año se declaró la independencia e Iturbide convocó un congreso que redactaría la Constitución. Los seguidores de Iturbide proclamaron a su líder como emperador. Pero Agustín I no reinaría por mucho tiempo. Sus oponentes—Santa Anna, Guadalupe Victoria y otros insurgentes—consiguieron derrotar al nuevo gobierno. Iturbide tuvo que abdicar y abandonar el país (más tarde volvería y sería ejecutado). México se convirtió en república (1823) con Guadalupe Victoria como primer presidente (1824–1829). En 1824 se promulgó el Acta Constitutiva por la que se adoptó el régimen federal.

Glosario

Acta. act, official document, bill
allende. beyond
armisticio. armistice
audiencias. As in the Spanish-speaking territories of the New World, *audiencias* in Spain had mainly judicial powers.
bautismo de fuego. baptism by fire
capitanes generales. the highest civilian authority in a region who presided over the *audiencia*
carestía de la vida. high cost of living
Consejos. councils
criollos. Spaniards born in America (a term used during colonial times)
despotismo ilustrado. enlightened despotism, a form of paternalistic government during the eighteenth century

escuadra. naval fleet
estallido. outbreak
estamento. class, stratum
facciones cortesanas. court factions
fusilamientos. executions by firing squad
guardia de corps. bodyguard
Hacienda. treasury
hostigaron. harassed
iba a desembocar en. would lead to
Ilustración. the Enlightenment
indemnización. compensation
intendentes. officials who had governmental, judicial, military, and economic powers over designated territories
Junta Central. central governing council in Seville
junta. governing body or council
motín. insurrection
neoclasicismo. neoclassicism, literary and artistic style of the eighteenth century which promoted a revival of classic forms
no fue ajena a. was not unaware of
Pactos de Familia. family alliances between branches of the Bourbons, mainly in Spain and France, against Great Britain and other potential enemies
poderes. powers
realistas. royalists
rococó. Rococo, affected French style that originated toward the end of the reign of Louis XV
sainetes. short comedy, one-act farce
se avecinaba. approached, neared
secretaría de estado y despacho. ministry
señoríos y vasallaje. fiefdoms and fealty
Siglo de las Luces. Age of Enlightenment
trabas. obstacles
traspasó. transferred
Tribunal del Santo Oficio. the Inquisition
turba. mob
vihuela. a guitar-like musical instrument
zarzuela. Spanish operetta

Cuestionario

EL ADVENIMIENTO DE LOS BORBONES

1. ¿Qué dinastía comienza a reinar en España con Felipe V?
2. ¿Entre qué monarcas se repartió el Imperio español?
3. ¿Qué otros países se beneficiaron con la paz de Utrecht?
4. ¿Cómo quedó dividido el Imperio?

5. ¿Qué garantías se concedían a Inglaterra?
6. ¿A quién apoyaba Cataluña durante la guerra de sucesión? ¿Qué ocurrió una vez terminada la guerra?
7. ¿Qué ocurrió con las instituciones políticas autónomas bajo Felipe V?
8. ¿Dónde se centralizó el poder?
9. ¿Qué asuntos atendían los Consejos en el Antiguo Régimen?
10. ¿Qué corona se integró al Consejo de Castilla?
11. ¿Qué hizo Felipe V para reducir el poder de la nobleza en los Consejos?
12. ¿Qué secretarías de estado creó Felipe V?
13. ¿Qué fueron las Audiencias?
14. ¿Qué instituciones se crearon al suprimirse el virreinato en la corona de Aragón?
15. ¿Cuál fue la principal característica de la política externa de Felipe V?
16. ¿Qué provocaba el distanciamiento de España con respecto a Inglaterra?
17. ¿En qué conflictos internacionales se vio envuelta España con Felipe V?
18. ¿Qué caracterizó la política externa de Fernando VI?
19. ¿En qué conflicto internacional se vio envuelto Carlos III?
20. ¿Qué territorios perdieron España y Francia como resultado de ese conflicto?
21. ¿Qué ocurrió con el territorio perdido por España al independizarse los Estados Unidos?

LA ILUSTRACIÓN Y LA CREACIÓN ARTÍSTICA

1. ¿Qué fue la Ilustración?
2. ¿Cuáles eran sus objetivos?
3. ¿Cómo se introdujo en España el pensamiento de la Ilustración?
4. ¿Qué fuerza tuvo este movimiento en España?
5. ¿Qué tipo de instituciones se crearon bajo su influencia? ¿Qué ejemplos hay?
6. ¿Qué corrientes artísticas y literarias se dieron en España durante el siglo XVIII?
7. ¿Cuál fue el propósito principal de la prosa del siglo XVIII?
8. ¿Cuáles fueron las características generales del estilo de Feijoo, Cadalso y Jovellanos?
9. ¿Qué fueron los sainetes? ¿Quién fue su creador?
10. ¿Quién fue el autor de *El sí de las niñas*?
11. ¿Cuál es el argumento de esta obra?
12. ¿Cuáles fueron las dos corrientes principales dentro de la arquitectura?
13. ¿Cuál de estas dos corrientes tuvo mayor importancia durante el reinado de Carlos III? ¿Qué ejemplos existen de aquella época?
14. ¿Qué estilo siguió la imaginería religiosa?
15. En el campo musical, ¿qué instrumento recuperó su antiguo prestigio?
16. ¿Qué influencia externa se observa en la música de este período?

17. ¿Qué géneros musicales se popularizaron?

Temas de redacción o presentación oral

1. Haz un resumen escrito u oral sobre las principales características de la economía y la sociedad durante el reinado de los primeros Borbones. Incluye la siguiente información:
   (a) El despotismo ilustrado
   (b) La economía
      La agricultura y la ganadería
      La industria y el comercio
   (c) La sociedad
      La nobleza
      El clero
      El estado llano

2. "Todo para el pueblo, pero sin el pueblo". Analiza esta frase en relación con el despotismo ilustrado y expresa tu propia opinión con respecto a esta forma de gobierno.

3. "El absolutismo del siglo XVIII tiene su paralelo en el totalitarismo de nuestros días". Comenta esta afirmación y expresa tu punto de vista refiriéndote a situaciones concretas de la historia y del presente.

4. Resume por escrito u oralmente los principales hechos relativos al reinado de Carlos IV y al gobierno de Godoy. Incluye la siguiente información:
   (a) La subida al trono de Carlos IV
   (b) La inestabilidad ministerial
   (c) El gobierno de Godoy
      La guerra con Francia
      Primer Tratado de San Ildefonso
      La guerra con Gran Bretaña
      Segundo Tratado de San Ildefonso
      La guerra con Portugal
      Tratado de Fontainebleau
      La amenaza francesa
      El motín de Aranjuez
      José Bonaparte, rey de España

5. Señala los hechos más destacados de la guerra de independencia española, comenzando con el levantamiento del 2 de mayo hasta la formación de la regencia.

6. "La invasión de la Península por los franceses no fue sino la culminación de la crisis que venía afectando a la monarquía española desde el siglo XVII". Haz un comentario sobre esta afirmación, dando ejemplos concretos.

7. Resume brevemente las circunstancias y principales acciones que culminaron con la independencia de las colonias hispanoamericanas. Incluye los siguientes puntos:
   (a) Causas internas
   (b) Causas externas
   (c) La lucha por la independencia
      Francisco Miranda
      La campaña de Bolívar
      San Martín y el Ejército Libertador
   (d) La independencia de México
      La rebelión del cura Hidalgo
      De la Constitución liberal a la independencia

8. Haz una investigación sobre los gustos musicales en tu país en el siglo XVIII y compáralos con los géneros musicales que predominaban en España en el mismo período.

9. Busca mayor información sobre Goya y su obra y haz una presentación oral o escrita sobre lo que hayas averiguado.

Práctica

1. Completa los espacios en blanco con la preposición correcta, *por* o *para*.
   (a) Las secretarías de estado se crearon _____ reducir el predominio de la nobleza.
   (b) Isabel de Farnesio ambicionaba obtener dominios _____ sus hijos y _____ ello se valió de Alberoni.
   (c) El monarca estaba afectado _____ la melancolía y la depresión.
   (d) La Ilustración tenía un interés prioritario _____ el desarrollo del saber.
   (e) Cadalso se caracteriza _____ su estilo preciso y claro.
   (f) Ramón de la Cruz siguió la tradición impuesta _____ Cervantes.
   (g) Francisca, _____ obediencia a su madre, iba a casarse con una persona mayor.
   (h) Don Diego desiste de sus intenciones matrimoniales _____ que los jóvenes se casen.
   (i) La Puerta de Alcalá fue construida _____ Sabatini.
   (j) Las clases populares no abandonaron su preferencia _____ la guitarra.

2. Elige el verbo correcto, *ser* o *estar*.
   (a) Menorca y Gibraltar (*eran/estaban*) bajo dominio británico.
   (b) Carlos III (*era/estaba*) rey de Nápoles y Sicilia.
   (c) Los bienes de la Iglesia (*eran/estaban*) cuantiosos.

(d) La riqueza (*era/estaba*) en manos de la nobleza y de la Iglesia.

(e) La nobleza (*era/estaba*) el grupo más privilegiado.

(f) La mayoría de los españoles (*eran/estaban*) campesinos.

(g) Muchas de las tierras (*eran/estaban*) sin explotar.

(h) Gran parte del prestigio de España (*era/estaba*) perdido.

(i) Luis I (*era/estaba*) el hijo de Felipe V.

(j) Luis I (*era/estaba*) muerto.

3. Observa el uso del **gerundio** en estas oraciones:
   - El mercado interno *seguía siendo* limitado.
   - El clero *continuó disfrutando* de los privilegios legales.

   Recuerda: La construcción **seguir (continuar) + gerundio** expresa la continuidad de una acción o situación.

   Transforma estas oraciones usando los verbos **seguir o continuar + gerundio.** Sigue el ejemplo:
   - Fernando VII *todavía reinaba* en España.
   - Fernando VII *seguía (o continuaba) reinando* en España.

   (a) La producción industrial *todavía era* limitada.

   (b) Las tierras *todavía estaban* en manos de unos pocos.

   (c) La Iglesia *todavía intervenía* en los asuntos españoles.

   (d) Los jesuitas *todavía tenían* influencia entre la aristocracia.

   (e) Godoy *todavía era* el ministro favorito.

   (f) Las tropas francesas *todavía ocupaban* España.

   (g) Goya *todavía vivía* en Madrid.

   (h) El artista *todavía pintaba* para la Corte.

4. Elige la forma verbal correcta en cada una de estas oraciones.

   (a) Las transformaciones sociales fueron escasas si se (*comparan/compara/compararía*) con otros cambios ocurridos.

   (b) Un año antes de que George Washington (*fue/sería/fuera*) elegido presidente, Carlos IV subió al trono de España.

   (c) Aranda era partidario de que España (*olvidara/olvida/olvidaba*) la teoría imperial.

   (d) En 1798 el favorito (*ha debido/debió/había debido*) dimitir.

   (e) El despotismo ilustrado pretende lograr un avance social que (*beneficiaba/beneficia/beneficie*) a la mayoría.

   (f) Más tarde los hispanoamericanos (*formaran/formen/formarán*) juntas como en España.

5. Forma oraciones con cada una de estas expresiones:

   (a) verse en vuelto (en).

   (b) ser capaz/incapaz (de).

   (c) poner fin (a).

   (d) someterse (a).

   (e) valerse (de).

   (f) hacerse cargo (de).

   (g) oponerse (a).

   (h) disfrutar (de).

   (i) circunscribirse (a).

   (j) dar lugar (a).

CAPÍTULO SIETE

España: de la Restauración absolutista a la crisis de 1898

CRONOLOGÍA

1814–1833	Reinado de Fernando VII y restauración del absolutismo. Se inician las guerras de independencia en Hispanoamérica.
1820	Tras una sublevación generalizada el rey debe aceptar la Constitución de 1812.
1823	Con la ayuda de Luis XVIII de Francia se restaura el poder absoluto del rey.
1833–1868	Reinado de Isabel II. Su madre María Cristina asume la regencia. Guerras carlistas.
1837	Reforma de la Constitución de 1812.
1841	Isabel II inicia su reinado efectivo.
1868	Una sublevación militar apoyada por progresistas y demócratas lleva a la caída de Isabel II, quien huye a Francia. Se forma un gobierno provisional. Los carlistas vuelven a alterar la vida política. Se inicia la insurrección en Cuba.
1869	Nuevo texto constitucional.
1871–1873	Breve reinado de Amadeo I de Saboya, quien debe abdicar ante la oposición generalizada.
1875–1885	Restauración de la monarquía y reinado de Alfonso XII.
1876	Nueva Constitución que estará vigente hasta 1923. La campaña contra el carlismo se intensifica y el pretendiente Carlos VII deja la Península.
1879	Se funda el Partido Democrático Socialista Obrero.
1888	Nace en Barcelona la Unión General de Trabajadores Españoles (UGT)
1885–1902	Tras la muerte de Alfonso XII asume la regencia su viuda María Cristina.
1898	Estalla la guerra entre España y los Estados Unidos. España renuncia a Cuba y cede las Filipinas, Guam y Puerto Rico a los Estados Unidos.
1902	Se inicia el reinado efectivo de Alfonso XIII.

La iglesia de la Sagrada Familia, obra sin terminar de Gaudí (Barcelona).

El reinado de Fernando VII

LA RESTAURACIÓN ABSOLUTISTA

Fernando VII regresa a España el 22 de marzo de 1814 y cuando aún no habían pasado dos meses anula—el 4 de mayo—la Constitución de Cádiz y el resto de la obra legislativa de las Cortes (ver capítulo 6, págs. 143–44). Se trata de una auténtica restauración del Antiguo Régimen y muchos liberales debieron emprender el camino del exilio. Se producen conspiraciones y **pronunciamientos** por parte de elementos liberales que fracasan. Estos hechos, más el movimiento de emancipación americano y la crisis económica dominaron la primera parte del reinado.

En 1820 se produce una sublevación en Sevilla y su ejemplo es seguido en otras partes de España. El rey se ve obligado a aceptar la Constitución de Cádiz. Se inician, así, tres años de predominio liberal.

DIVISIÓN DE LIBERALES Y ABSOLUTISTAS

Los liberales se dividen en dos grupos: los moderados, partidarios de la participación de la corona en el proceso de reforma, y los exaltados, que querían limitar drásticamente el poder del monarca. Entre los absolutistas se produce un similar fenómeno de división.

GOBIERNO DE LOS MODERADOS

Durante los dos primeros años del trienio gobiernan los moderados quienes restablecen las reformas aprobadas por las Cortes de Cádiz, como la abolición de la Inquisición y la supresión de los **señoríos.** La acción armada de los absolutistas más extremos lleva a la creación de la llamada regencia de Urgell para gobernar el país mientras el rey estuviese limitado en su acción.

GOBIERNO DE LOS EXALTADOS

La situación creada lleva al poder a los exaltados. Reprimen a los grupos armados absolutistas y consiguen eliminar la resistencia de la regencia de Urgell.

LOS CIEN MIL HIJOS DE SAN LUIS

Se produce entonces la intervención de la **Santa Alianza,** formada por las potencias europeas temerosas de la agitación liberal, por petición de Fernando VII. El rey de Francia Luis XVIII envía un ejército (los Cien mil hijos de San Luis), que en abril de 1823 entra en España. En octubre de ese año se restablece el poder absoluto del rey y se procede a abolir toda legislación liberal.

ÚLTIMA ETAPA DEL REINADO DE FERNANDO VII

Con el retorno del absolutismo se abrió el último período del reinado de Fernando VII, que se cierra con su muerte en 1833 y que se conoce con el nombre de "década ominosa". Los liberales vuelven a exiliarse en Francia y Gran Bretaña y conspiran para volver al poder. Los absolutistas más obstinados se reúnen en torno al **infante** Don Carlos, hermano del rey y presunto heredero al trono.

EL PROBLEMA SUCESORIO

El caótico reinado de Fernando VII se cerró con un nuevo problema: el de la sucesión. En España el primer rey Borbón, Felipe V, había introducido la **ley sálica** francesa. Esta fijaba la sucesión por vía masculina y el rey tenía una hija, Isabel, de su cuarta esposa, María Cristina de Borbón. En 1830 derogó tal disposición, aunque después restauró la ley sálica, para luego volver a eliminarla.

El reinado de Isabel II

LA DÉCADA DE REGENCIAS (1833–1843)

La regencia de María Cristina.   Tras la muerte del rey, y como la infanta Isabel sólo tenía tres años, asumió el gobierno del reino su madre. La regente buscó el apoyo de los absolutistas moderados y promulgó una amnistía que permitió el regreso de los liberales exiliados.

La primera guerra carlista.   En 1833 se produjo el levantamiento de los carlistas, llamados así por seguir a Don Carlos, quien de acuerdo con la ley sálica debía heredar la corona. Es la primera guerra civil que se produce en España y el carlismo no sólo es un problema dinástico, es también ideológico y social. Sus regiones de mayor influencia fueron el País Vasco, Navarra, el norte de Aragón, Cataluña y el **Maestrazgo.** El primer conflicto acabó en 1840 tras la firma de un convenio por el cual se reconocía a la reina.

La Constitución de 1837.   La agitación política se intensificó a partir de 1835 y la regente se vio obligada a acatar la Constitución de 1812, que es reformada en 1837. Las Cortes vuelven a suprimir los señoríos, establecen la libertad de imprenta, libran tierras de la Iglesia que pasan a la propiedad de particulares (**desamortización**), institucionalizan la Milicia Nacional y eliminan el **diezmo** que se pagaba a la Iglesia.

La regencia de Espartero. Tras la renuncia de María Cristina a la regencia, ésta es asumida en 1841 por el general Baldomero Espartero, que contaba con el apoyo liberal. Un problema de comercio exterior, el Tratado con Gran Bretaña—que podía afectar a la industria textil catalana—enfrentó a Espartero con la burguesía y los obreros del sector. Al año siguiente triunfó una rebelión moderada y, para evitar el nombramiento de un tercer regente, se declara que la reina es mayor de edad.

Década moderada (1844–1854). Los moderados, fracción del partido liberal, desplazaron a los progresistas y desde 1844 se mantuvieron en el poder con el apoyo de una parte del ejército. La intervención militar en política continuará hasta convertirse en uno de los rasgos más destacados del siglo XIX español.

Una de las primeras medidas de los moderados fue reformar la Constitución de 1837. El nuevo texto restringía el poder de las Cortes—organizadas en dos Cámaras—y aumentaba el de la corona. Ambas instituciones compartían la soberanía. La ley electoral implantada por los moderados limitaba el derecho al voto a una ínfima minoría.

María Cristina de Borbón, regente durante las guerras carlistas y madre de Isabel II.

La obra de los moderados

1. Con los moderados se refuerza el proceso de centralización iniciado por los Borbones en el siglo XVIII. En 1833 España había sido dividida en provincias, siguiendo el modelo francés, forma que continúa hasta ahora.

2. La libertad de prensa se vio limitada por la acción más o menos encubierta de la censura.

3. Las relaciones con la Iglesia fueron reguladas por el **Concordato** de 1851. Este estuvo vigente hasta 1931, cuando se proclamó la II República española.

4. En 1844 se creó la Guardia Civil, cuerpo con organización militar y funciones civiles—orden público y seguridad ciudadana—que sigue existiendo hasta hoy.

LA SEGUNDA GUERRA CARLISTA

El hijo de Don Carlos y nuevo pretendiente, el conde de Montemolín, reactivó la actividad carlista entre 1846 y 1849, especialmente en Cataluña. Las divisiones internas, los errores estratégicos y la represión acabaron con este nuevo intento de quienes seguían cuestionando la legitimidad de Isabel II.

EL BIENIO PROGRESISTA (1854–1856)

Las posiciones extremas que iban asumiendo los moderados y la propia corrupción interna de su sistema reforzó la oposición y se produjo el consabido pronunciamiento militar que llevó a los progresistas al poder. Estos emprendieron la reforma constitucional, que no llegaron a aplicar en la práctica, aunque sí pusieron en marcha un nuevo proceso de desamortización de bienes eclesiásticos y civiles.

LOS ÚLTIMOS DOCE AÑOS DEL REINADO DE ISABEL II

La agitación social, a causa de los nacientes movimientos obreros, y la debilidad política de los progresistas determinaron la caída de éstos. Se abre una nueva etapa que estará dominada por dos figuras militares, Ramón A. Narváez y Leopoldo O'Donnell. Ambos se alternaron en el poder con sus respectivas fuerzas políticas—la Unión Liberal y el Partido Moderado—entre 1856 y 1868.

Las causas de la caída de Isabel II son muy complejas y van desde la propia vida privada de la soberana a la corrupción y agotamiento del sistema político—apoyado en una minoría oligárquica y que, además, excluía a los grupos más liberales—y la generalizada crisis económica.

Los progresistas y demócratas, escisión de los anteriores, buscaron el apoyo militar para acabar con la situación en que se encontraba España. El 18 de septiembre de 1868 se sublevó la flota en Cádiz y el movimiento se extiende al ejército. Figuras prestigiosas y populares, como las de los generales Juan Prim y Francisco Serrano, participaron en el movimiento. Isabel II huyó a Francia.

Seis años de ensayos políticos

HETEROGENEIDAD IDEOLÓGICA

Los grupos que participaron en el movimiento no coincidían en las soluciones a poner en práctica. Unos no iban más allá de un cambio constitucional y de monarca, mientras que otros pretendían llevar a cabo una verdadera revolución política. Los demócratas se dividieron y surgió el Partido Republicano. Entre 1868 y 1874 se intentará crear un sistema democrático, primero bajo el régimen monárquico y después bajo el republicano. A la difícil situación en la Península se agregará la revuelta en las provincias ultramarinas.

COMIENZO DE LA CUESTIÓN CUBANA

En 1868 se inicia la insurrección de Cuba, uno de los últimos territorios ultramarinos españoles, junto con Puerto Rico y las Filipinas. El azúcar, el café y el tabaco de estas islas eran de gran interés para el comercio español y ellas eran, a su vez, un mercado para la producción metropolitana. Los movimientos filipino y puertorriqueño fueron sofocados. No sucedió lo mismo en Cuba, donde fracasaron los intentos reformistas para darle autonomía y abolir la esclavitud. La situación se complicó por el interés de los Estados Unidos en esta isla.

EL GOBIERNO PROVISIONAL

Tras la huida de la reina Isabel II se constituyeron Juntas Revolucionarias y se formó un gobierno provisional presidido por el general Serrano. Las primeras, dominadas por los demócratas, eran más radicales que el segundo. El general Prim acabó disolviéndolas.

CONVOCATORIA A ELECCIONES

Tras regular el ejercicio de los derechos de asociación y reunión, la libertad de imprenta e implantar el sufragio universal se convocaron elecciones a **Cortes Constituyentes.** En ellas estuvieron representados los progresistas (160 escaños), la Unión Liberal (80 escaños), los republicanos (80 escaños), los demócratas (40 escaños) y los carlistas (36 escaños).

CONSTITUCIÓN DE 1869

El nuevo texto constitucional refleja las divisiones y las aspiraciones de las principales corrientes políticas representadas en las Cortes:

1. La determinación del tipo de régimen—monarquía o república—y el problema religioso fueron los asuntos que produjeron los debates más agitados. El triunfo fue para los monárquicos.

2. Se instauró la libertad religiosa, aunque el Estado se comprometía al sostenimiento del culto católico-romano.

3. La soberanía nacional residía en las Cortes, organizadas en dos Cámaras elegidas por sufragio universal.

4. Se establecía la descentralización administrativa y judicial.

5. Se reconocían ampliamente los derechos individuales.

LA REGENCIA DE SERRANO

Tras proclamarse la Constitución el general Serrano asumió las funciones de regente y el gobierno del general Prim comenzó las gestiones para encontrar un nuevo monarca. Las candidaturas eran numerosas y finalmente triunfó la de Amadeo de Saboya, hijo del rey italiano Víctor Manuel II. En noviembre de 1870 las Cortes lo eligieron rey de España.

REINADO DE AMADEO I

El nuevo soberano llegó a España pocos días después de la muerte del general Prim (ver pág. 162), ocurrida en un atentado. En enero de 1871 Amadeo I juró la Constitución. Sin embargo, la oposición de los monárquicos carlistas y los alfonsinos (partidarios de Alfonso, hijo de Isabel II), la de los republicanos y las propias disputas entre las fuerzas que habían participado en la Revolución de 1868 vulneraron la posición del monarca. Además, era mal visto por el pueblo por ser extranjero. A esto se sumó la nueva guerra carlista y la grave situación en Cuba. El rey abdicó en febrero de 1873.

LA TERCERA GUERRA CARLISTA

En 1872 se impone dentro del carlismo—reavivado desde hacía cinco años por el nuevo pretendiente, Carlos VII, y la oposición a la Revolución de 1868—la fracción partidaria de la lucha armada. Se inicia la tercera y última guerra carlista, que se agudiza especialmente en el País Vasco-navarro, Cataluña y el Maestrazgo, al proclamarse la República.

La I República española

PROCLAMACIÓN DEL NUEVO RÉGIMEN

Tras la abdicación de Amadeo I, diputados y senadores reunidos en Asamblea Nacional proclamaron la República. A pesar del voto parlamentario (258 votos a favor y 32 en contra) la idea no tenía mayor apoyo popular y los líderes republicanos estaban divididos en cuanto a la estructura que debía asumir el Estado (unitaria o federal).

LA REPÚBLICA FEDERAL

En junio de 1873 se reúnen las nuevas Cortes Constituyentes y proclamaron la República federal integrada por 15 estados. A Estanislao Figueras lo sucedió como presidente Francisco Pi y Margall, teórico del federalismo hispano.

INSURRECCIÓN CANTONAL

Las revueltas sociales de signo anarquista y las insurrecciones en el sureste y sur español—donde numerosas poblaciones se erigieron en **cantones** semi-independientes con programas de reformas radicales—obligaron a suspender las Cortes y a que dimitiese Pi y Margall. El ejército tuvo que intervenir para reprimir el movimiento y el Cantón de Cartagena sobrevivió casi todo el tiempo que duró la República.

LA REPÚBLICA UNITARIA

Los dos presidentes que siguieron a Pi y Margall—Nicolás Salmerón y Emilio Castelar—fueron unitarios y el último de ellos declaró la

Monumento a Alfonso XII en el Parque del Retiro
(Madrid).

ilegalidad del federalismo. En enero de 1874 la situación política se
había hecho insostenible a causa de las disensiones republicanas, el cantonalismo, la guerra carlista y la insurrección de Cuba. Se produce así el
golpe de Estado del general Pavía. Otro militar, el general Serrano,
asume la presidencia y restablece la vigencia de la Constitución de 1869.

La restauración borbónica y el reinado de Alfonso XII

CÁNOVAS DEL CASTILLO

El general Serrano disolvió las Cortes y para gobernar se apoyó en
el partido alfonsino. Este había sido creado por Antonio Cánovas del
Castillo, quien sin romper la legalidad republicana preparó el retorno de
la casa de Borbón en la persona de Alfonso, hijo de Isabel II. Para ello
había conseguido que la soberana abdicara en 1870 a favor de éste. Un
pronunciamiento militar precipitó los hechos al proclamarse en Sagunto (Valencia), en diciembre de 1874, la restauración monárquica.

LA CONSTITUCIÓN DE 1876

Tras el pronunciamiento se constituyó el gobierno presidido por Cánovas, quien buscaba la instauración de un sistema monárquico liberal. Para ello se formó una comisión destinada a preparar la nueva Constitución y se convocaron Cortes Constituyentes.

El nuevo texto constitucional estuvo fuertemente inspirado por el pensamiento de Cánovas y tuvo vigencia sin interrupciones hasta 1923, al establecerse la dictadura de Primo de Rivera. Es de carácter conservador y hace depositarios de la soberanía al rey y a las Cortes, organizadas éstas en dos Cámaras: **Congreso de los Diputados** y **Senado.** Establece la colaboración y equilibrio de poderes y, si bien proclama el catolicismo como la religión del Estado, respeta la libertad de cultos, junto con los clásicos derechos y garantías individuales.

BIPARTIDISMO

El sistema político de la Restauración está inspirado en el modelo británico con dos fuerzas políticas que se alternan en el poder. El propio Cánovas había fundado el Partido Conservador, que expresaba los intereses de la aristocracia, los terratenientes y la alta burguesía. Pero, el esquema requería otra fuerza política y Cánovas alentó su formación. La burguesía industrial y los sectores medios urbanos constituyen el Partido Liberal bajo la dirección de Práxedes Mateo Sagasta. De hecho quedaron excluidos de la vida política los carlistas y los republicanos.

EL CACIQUISMO

En una primera etapa las elecciones se hicieron sobre la base de un sistema restringido y desde 1890 por sufragio universal. Pero, el mecanismo electoral, y por consiguiente el propio sistema democrático, se vio desvirtuado por su manejo desde el poder. Al otro extremo apareció la figura del **cacique,** quien maneja el voto popular, especialmente en las zonas rurales y en las poblaciones intermedias. Esto y los fraudes directos alejaron a los ciudadanos de las **urnas.**

FIN DE LA GUERRA CARLISTA

La propia estabilidad del sistema instaurado obligaba a terminar con el problema carlista que había alterado esporádicamente la vida política desde 1833. En los últimos tiempos de la República numerosas poblaciones en el País Vasco y en Cataluña estaban en manos de los carlistas. Alfonso XII dirigió la campaña y el pretendiente, Carlos VII, se vio obligado a dejar la Península en febrero de 1876.

Los **fueros** vascos, conjunto de privilegios y libertades de origen medieval para manejar sus propios asuntos, fueron abolidos. Parte del carlismo se unirá más tarde al movimiento de reivindicación catalán y vasco, especialmente a este último.

PACIFICACIÓN DE CUBA

En 1878 se firma la paz de Zanjón entre el general Martínez Campos y los insurrectos cubanos. Por ella se otorgaba una amplia amnistía y se concedían a los isleños los mismos derechos políticos de los cuales gozaban los habitantes de Puerto Rico. Tres años más tarde se abolió la esclavitud. Sin embargo, estas reformas eran mínimas para los partidarios de la autonomía y máximas para quienes rechazaban cualquier cambio en la situación política y social de Cuba.

SURGIMIENTO DEL MOVIMIENTO OBRERO

Después de la Revolución de 1868 y al amparo de la Constitución del año siguiente florecieron las asociaciones de trabajadores, especialmente en Barcelona y Madrid, que siguen, en general, las dos corrientes existentes a nivel internacional: el anarquismo y el marxismo. La sección española de la Primera **Internacional** fue disuelta en 1874 por el general Serrano. A los períodos de represión de organizaciones obreras seguirán otros de tolerancia hasta la obtención de su legalización.

EL MOVIMIENTO SOCIALISTA

El socialismo español nació en torno a la Asociación de Tipógrafos fundada en Madrid por Pablo Iglesias. Este, junto con otros ex-internacionalistas, fundó en 1879 el Partido Democrático Socialista Obrero. La legislación de los liberales permitió a partir de 1881, a pesar de las limitaciones legales, organizar el movimiento socialista en dos vertientes: partido político y organización sindical. En 1888 se constituye en Barcelona la Unión General de Trabajadores (UGT) que alcanzó rápida influencia especialmente en Madrid y en el País Vasco.

EL MOVIMIENTO ANARQUISTA

El rechazo de las estructuras políticas por parte del anarquismo hizo que éste actuara en el terreno sindical. En 1881 se formó en Barcelona la Federación de Trabajadores de la Región Española, con particular influencia en Cataluña y en Andalucía. La acción violenta de ciertas facciones anarquistas llevó al gobierno a reprimir el movimiento, que no volvió a tener presencia masiva hasta 1910.

La regencia de María Cristina de Habsburgo

REGENCIA DE MARÍA CRISTINA (1885–1902)

El 25 de noviembre de 1885 muere Alfonso XII y como su heredero (el infante Don Alfonso) es menor de edad, la corona queda en manos de su viuda, la reina María Cristina. El período de regencia durará hasta 1902 y en el mismo se produce la consolidación del turno de partidos y España llega a su momento de mayor crisis en 1898.

CONSOLIDACIÓN DEL TURNO DE PARTIDOS

A la muerte de Alfonso XII los liberales y conservadores firman un pacto para renovarse en el poder. Ello sucedía cuando el gobierno consideraba que había terminado con su plan o cuando se producía una crisis en su seno. Entonces el jefe de gobierno presentaba su dimisión al rey, y éste llamaba al jefe del otro partido para formar nuevo gobierno. Tras ello se convocaban elecciones, que siempre eran ganadas por el partido que organizaba los **comicios.** Para ellos se recurría al fraude y al sistema de caciques.

REIVINDICACIÓN REGIONALISTA

Al calor del romanticismo despertaron nuevamente a la vida literaria lenguas que habían quedado, por razones históricas, postergadas, como el catalán y el gallego. El renacimiento literario se convirtió en reivindicación política, especialmente en Cataluña y en menor medida en el País Vasco y en Galicia, avivada por las ideas federalistas. El movimiento tuvo también raíces en problemas económicos y en 1892 las **bases** de Manresa (pueblo industrial catalán) expresaron las reclamaciones catalanas básicas: un régimen de autonomía, con gobierno y parlamento propios. En 1902 se crea la **Lliga Catalana.**

La destrucción del *Maine* sirvió de pretexto a los Estados Unidos para la declaración de guerra a España.

LA CRISIS DEL 98

La conjunción de una serie de factores—económicos, sociales, políticos y militares—hizo que el siglo XIX terminara en España con una profunda crisis: la crisis del 98, pues en el transcurso de ese año se produjo la derrota frente a los Estados Unidos y la pérdida de las últimas provincias ultramarinas.

LA PÉRDIDA DE LOS TERRITORIOS DE ULTRAMAR

El Grito de **Baire,** en noviembre de 1895, marca el comienzo de la nueva insurrección cubana y al año siguiente comienza el movimiento emancipador en las Filipinas. Los Estados Unidos, con intereses económicos en el Caribe, intentaron comprar la isla de Cuba. España se negó y en 1898 estalló la guerra, provocada por Washington usando como pretexto la voladura del acorazado *Maine* que estaba en el puerto de La Habana. El desastre naval de **Cavite,** en el mes de mayo, y la batalla de Santiago de Cuba, en julio, prácticamente dejaron a España sin su anticuada flota. En agosto se produjo la capitulación de Manila y en diciembre se firmó la paz de París. España renuncia a Cuba. Las Filipinas,

Guam, y Puerto Rico son cedidas a los Estados Unidos. En 1899 las islas Carolinas, Marianas y Palaos son vendidas a Alemania.

EL IMPACTO DEL DESASTRE

A consecuencia de la derrota se hicieron más visibles los defectos del régimen político vigente. Joaquín Costa encabezó la llamada corriente regeneracionista que reclamó una renovación de la vida española para solucionar los problemas que había. A su vez, los intelectuales de la generación del 98 iniciaron una reflexión sobre España. Pero, no sólo fue cuestionado el régimen político en sí, sino la propia estructura del Estado, por parte de los movimientos regionalistas, especialmente el catalán, mientras que la agitación social se agudizaba. Con esta herencia la regente, María Cristina de Habsburgo, deja paso al rey Alfonso XIII.

Sociedad y economía en la España del siglo XIX

DEMOGRAFÍA

Durante el siglo pasado se produjo un crecimiento de la población en España, aunque fue de menor importancia que el que se registró en otras regiones europeas. Hacia finales del siglo XVIII había algo más de 10 millones de habitantes. Cien años más tarde esa cifra había registrado un aumento de 8 millones y medio. La población, sin embargo, creció en forma desigual desde el punto de vista geográfico. El incremento en el número de habitantes fue mucho mayor en las regiones de la periferia que en las del centro. Asimismo, aumentó la cantidad de personas que vivía en las ciudades, particularmente Madrid, Barcelona, Valencia y Sevilla. El crecimiento de esos núcleos urbanos se debió en buena medida a la llegada de inmigrantes procedentes de regiones económicamente deprimidas—como Galicia, Andalucía o Castilla—, que iban en busca de las oportunidades de trabajo creadas por las nuevas industrias y servicios que se iban estableciendo. A esta migración interior hay que sumar la que se dirigía al exterior. En el reinado de Isabel II se inició una gran salida de emigrantes—especialmente de Galicia, Asturias, Canarias y Andalucía—hacia los países iberoamericanos más prósperos. Entre 1881 y 1914 un millón de personas dejaron sus tierras en España para dirigirse especialmente a la Argentina, Cuba, Uruguay y Brasil.

EL SURGIMIENTO DEL CAPITALISMO INDUSTRIAL

Cambio de la estructura agrícola. España era un país con estructuras anticuadas para permitir el surgimiento del capitalismo industrial, el nuevo sistema que se estaba desarrollando rápidamente en Gran Bretaña. La transición española se desarrolló mediante la abolición del régimen señorial y el paso a nuevas manos de tierras en poder de la Iglesia y de los ayuntamientos. Este último proceso se conoció con el nombre de **desamortización** y fue iniciado, al igual que el otro, por las Cortes de Cádiz, aunque no sin resistencias por parte de quienes querían mantener el orden establecido. Las tierras desamortizadas, que en general no se aprovechaban bien, se vendieron en pública subasta a particulares. Los fondos pasaron a manos del Estado y contribuyeron a aliviar el endeudamiento público.

La agricultura. España fue a todo lo largo del siglo XIX un país agrario, pues la base de su economía y, por lo tanto, el medio de subsistencia de la mayor parte de la población estaba en este sector.

El panorama español presentaba fuertes contrastes, pues frente a las grandes extensiones de tierra del sur, a veces improductivas o deficientemente explotadas, contrastaba el minifundio gallego y de regiones vecinas. En un caso existían grandes sectores sin acceso a la tierra que trabajaban, en muchos casos estacionalmente, y que apenas sobrevivían; y en el otro había una economía de subsistencia; es decir, sólo se conseguía lo mínimo necesario. Sólo las regiones con fincas de tipo medio desarrollaron una agricultura competitiva, especialmente en Valencia y Cataluña. En buena medida a través de las desamortizaciones se había aumentado la superficie cultivada en la primera parte del siglo XIX. Sin embargo, algunas de ellas no eran aptas para esta función y sólo se consiguieron rendimientos muy bajos. A partir de 1870 se alcanzó un buen nivel de rendimiento en la producción de trigo. Asimismo, avanzó el cultivo del olivo y de la vid. Dado que, desde el punto de vista geográfico, la mayor parte de las tierras españolas, quitando la zona desde Galicia hasta los Pirineos, están en una región seca, era necesario introducir mejoras tecnológicas—sistemas de regadío—y esto sólo se hizo en menor escala.

La minería. La riqueza del subsuelo español fue en un principio explotada casi exclusivamente por capitales procedentes del exterior, principalmente británicos y franceses. Dado el bajo desarrollo industrial que existía en España el mineral extraído—cobre, plomo, hierro, mercurio, etcétera—era exportado. Los primeros centros mineros de importancia estuvieron en Almadén y Río Tinto (en el sur de España). En el desarrollo de las minas en el norte peninsular tuvo ya participación el capital español y su desarrollo está ligado a la industria siderúrgica en el País Vasco. La producción de las minas de carbón de Asturias y León, y las de hierro de Vizcaya, adquirió importancia hacia el último cuarto del siglo XIX.

La industria. Con lentitud y en forma desequilibrada fueron apareciendo en España diversas industrias. Las dos primeras y fundamentales: la textil y la siderúrgica.

1. La industria textil. En el siglo XVIII se habían comenzado a instalar en Barcelona telares mecánicos y en el siguiente la capital catalana se transformó en el centro de la industria textil. La tecnología no era local sino que procedía de Gran Bretaña, donde se había producido ya la primera revolución industrial. El mercado fundamental de los tejidos de algodón que se producían era los territorios peninsular y ultramarino. Estos últimos estaban reducidos a Cuba, Puerto Rico y las Filipinas cuando la producción catalana llegó a su auge, pero no dejaban de ser importantes. Los productos catalanes no podían competir ni en precio ni en calidad con los salidos de las fábricas inglesas.

La industria textil sufrió diversas crisis—la depresión económica de 1857—y períodos difíciles—problemas de abastecimiento de algodón durante la guerra de secesión de los Estados Unidos—pero se recuperó a partir de 1868. Posteriormente se desarrolló la industria textil que utilizaba como materia prima la lana. Cataluña se transformó en el primer centro de actividad económica en España. Así entraría en el siglo XX.

2. La industria siderúrgica. Esta industria acabó instalándose en Vizcaya con capitales en parte provenientes de la explotación del mineral de hierro. En Bilbao la industria creció a partir de 1882 y a comienzos del siglo XX (1902) se unieron varias empresas y surgió la Sociedad de Altos Hornos de Vizcaya, que dominó el sector. Dentro del País Vasco esta actividad alentó, a su vez, el surgimiento de los astilleros. Bilbao se convirtió en el segundo centro industrial de España.

Los ferrocarriles. El desarrollo del sistema ferroviario comenzó en España con el tendido de líneas que cubrían trayectos entre localidades más o menos vecinas. El primer ferrocarril circuló entre Barcelona y Mataró (1848), el segundo entre Madrid y Aranjuez (1851), y el tercero entre Gijón y Langreo (1855). Sin embargo, fue a partir de la sanción de la ley de ferrocarriles (1855) y la afluencia de capitales extranjeros—particularmente franceses—cuando comenzó a tenderse la red de este medio de transporte. La estructura de los ferrocarriles españoles, que

Banco de España (Madrid).

prácticamente se conserva hasta hoy, fue radial, con su centro en Madrid. En 1866 había 5000 kilómetros de vía y a finales del siglo XIX se llegó a los 11 000 kilómetros. El diseño radial no posibilitó las comunicaciones en sentido horizontal. Por otra parte, las vías españolas no tienen el mismo ancho que las europeas, cosa que dificultó el enlace internacional. Los ferrocarriles no fueron, en general, rentables.

Finanzas. En 1838 se creó el Banco Español de San Fernando que sustituyó a uno que existía desde finales del siglo anterior. Esta institución pasó a denominarse Banco de España (1856) y a partir de 1874 tuvo el monopolio de emisión de moneda, cuya unidad—la peseta— había sido establecida en 1868. En este siglo se creó también la **Bolsa de Valores** de Madrid.

LAS CLASES SOCIALES

El débil proceso de industrialización español, particularmente reducido cuando comenzó en el País Vasco y Cataluña, hizo que la estructura de clases se caracterizase por la existencia de una reducida clase media. Hacia 1860 se estimaba que no sobrepasaba el 10 por ciento y estaba integrada fundamentalmente por pequeños comerciantes, funcionarios de la Administración y empleados de las empresas que iban surgiendo. Un 16 por ciento pertenecía al sector de la nobleza y el clero. Correspondía el resto a las clases populares, con mayoría de campesinos y trabajadores agrícolas. Como sucedía en el caso de las clases medias, y por la misma razón, el sector obrero era muy reducido. Sin embargo, este panorama comenzará a tener un cambio relativamente importante hacia finales del siglo XIX.

La cultura en el siglo XIX

LA LITERATURA DEL ROMANTICISMO

Este movimiento reacciona ante el racionalismo de la escuela neoclásica y potencia la libertad creadora. Da paso, así, a la expresión del sentimiento. El romanticismo dominó buena parte del siglo XIX y en la literatura castellana comprende tres generaciones de escritores:

Dentro de la primera generación se encuentran el poeta Alberto Lista (1775–1848) y el autor teatral Martínez de la Rosa (1787–1862).

En la segunda generación se destacan la novelista Cecilia Böhl de Faber (1796–1877), que escribió bajo el seudónimo de Fernán Caballero, el autor teatral y poeta Manuel Bretón de los Herreros (1796–1873) y el poeta y dramaturgo Ángel de Saavedra (1791–1865), más conocido como el duque de Rivas.

En el tercer período del romanticismo español hay figuras de la talla de José Zorrilla (1817–1893), Mariano José de Larra (1809–1837), Ramón de Campoamor (1817–1901) y José Espronceda (1808–1842).

El teatro.   Martínez de la Rosa fue el iniciador del drama romántico y su pieza más conocida es *La conjuración de Venecia*. Diez años más tarde, en 1844, Zorrilla dio a conocer la obra teatral más popular del teatro romántico español, *Don Juan,* basada en esa legendaria figura, que en esta ocasión es redimida por el amor de una mujer casta.

La novela.   La novela dentro de este movimiento estético no se desarrolla hasta que no desaparece la prohibición de publicar obras de ficción, vigente en España desde 1799. Las primeras novelas históricas datan de 1823—*Ramiro, conde de Lucena,* de R. Húmara Salamanca—y 1830—*Los bandos de Castilla,* de Antonio López Soler.

En 1834 Larra publicó la novela sentimental *El doncel de don Enrique el Doliente* que tiene por personaje central al trovador gallego Macías, o Namorado—ejemplo de amante fiel—de quien se había ocupado en su drama *Macías*. Pero, su contribución real a las letras españolas han sido sus artículos sobre aspectos de la vida cotidiana, vivos retratos de su época nacidos de una aguda percepción de la realidad y con una gran carga satírica.

La poesía.   Una de las mayores figuras de este género es probablemente Espronceda, profundamente lírico, aunque en su producción en verso no dejó a un lado los ataques al despotismo y a quienes se oponían a las ideas liberales que él sostenía y que, como a algunos de los anteriores escritores, le valieron el exilio.

Campoamor publicó en 1845 sus famosas poesías de *Doloras* y ejerció influencias sobre Gustavo Adolfo Bécquer en España y Rubén Darío en Hispanoamérica.

Resurgimiento de las literaturas no castellanas. El romanticismo, con su curiosidad por el pasado medieval y las costumbres populares, despertó el interés por idiomas no oficiales y dialectos en toda Europa. En Cataluña la publicación en 1833 del poema *Oda a la Pàtria* de Bonaventura Aribau (1798–1862) se toma como el punto de partida de la literatura en catalán. La poesía en lengua catalana tomó decidido impulso tras la restauración, en 1859, de los *Jocs Florals* (**Juegos Florales**) al estilo de los que se celebraban en la edad media. En el caso de Galicia un escritor romántico, con la totalidad de su obra en castellano, Nicomedes Pastor Díaz (1811–1863), escribió dos poemas en gallego hacia finales de la década de 1820. En 1861 se celebraron en la Coruña los *Xogos Florais* (Juegos Florales) al modo de los catalanes.

EL POSTROMANTICISMO

La poesía. El andaluz Gustavo Adolfo Bécquer (1836–1870) es, junto con Rosalía de Castro, la más importante figura poética de la España del siglo XIX, a pesar de que también cultivó la prosa. *Rimas* es el nombre de la obra poética sobre la cual descansa su fama. Sus temas son el amor, la esperanza, la soledad y la miseria.

La novela. En la segunda mitad del siglo XIX la novela alcanzó un notable desarrollo con figuras como Juan Valera (1824–1905), Pedro Antonio de Alarcón (1833–1891), José María de Pereda (1833–1906), Benito Pérez Galdós (1843–1920), Leopoldo Alas (1851–1901), que escribió bajo el seudónimo de Clarín, Emilia Pardo Bazán (1851–1921), Armando Palacio Valdés (1853–1938), Vicente Blasco Ibáñez (1867–1928). Todos ellos escribieron bajo el influjo de los movimientos estéticos dominantes en Europa: el naturalismo y el realismo.

Pepita Jiménez, publicada por Juan Valera en 1874, es posiblemente la novela de mayor éxito en el siglo XIX español. *Episodios nacionales* (1873–1912) de Benito Pérez Galdós constituye un vasto fresco de la historia hispana desde la batalla de Trafalgar (1805) hasta la Restauración borbónica en 1874, a través de 46 novelas impregnadas de liberalismo y anticlericalismo. *La regenta* de Clarín es probablemente uno de los más acabados ejemplos de la novelística hispana de la época.

Casa donde vivió y murió
Unamuno (Salamanca).

Busto de Unamuno, de Victorio Macho.

LA GENERACIÓN DEL 98

Bajo este nombre se incluyen figuras como Miguel de Unamuno (1865–1936), Ramón del Valle-Inclán (1866–1936), Pío Baroja (1872–1956), Ramiro de Maeztu (1874–1936), Antonio Machado (1874–1939) y José Martínez Ruiz, *Azorín* (1874–1967). Son hombres en plena juventud cuando se produce el desastre de 1898. Todos ellos proceden de la periferia y, a pesar de ello, su atención se centrará en Castilla, como quintaesencia de su meditación sobre el problema de España.

Miguel de Unamuno.   Vasco, es el gran pensador de la generación. Entre sus ensayos fundamentales están *En torno al casticismo, Del sentimiento trágico de la vida* y *La agonía del cristianismo*. También escribió novelas y poesía.

Antonio Machado.   Andaluz, expresa en su obra poética—una de las más importantes de la literatura castellana—un profundo lirismo en un verso puro. Fiel a sus ideas republicanas murió exiliado en la localidad francesa de Colliure. En *Campos de Castilla* late su vida en Soria y el amor por su esposa, Leonor.

Pío Baroja. Vasco, es el más importante novelista del grupo. Dejó sesenta y seis novelas, la mayoría de ellas concebidas en ciclos, habitualmente compuestos de tres libros cada uno.

Azorín. Natural de Monóvar (Alicante), escribió novelas y piezas teatrales, pero su prosa alcanza toda su plenitud expresiva en sus ensayos, especialmente en aquéllos en que describe los paisajes de España.

LA ERUDICIÓN

Dentro del pensamiento filosófico, y en este caso de origen católico, sobresale Jaime Balmes (1810–1848), cuya obra más conocida es *El criterio.* Pero, la mayor influencia la ejerce el krausismo, corriente idealista que toma su nombre del alemán Karl Christian Friedrich Krause (1781–1832). El difusor de estas ideas en España fue Julián Sanz del Río.

En el terreno de la historia y crítica literarias la mayor figura es Marcelino Menéndez y Pelayo (1856–1912). Fiel a la ortodoxia católica, representó la renovación del pensamiento tradicional. Su vasta obra incluye trabajos de la talla de la *Historia de las ideas estéticas en España* (1882–1891).

LA INSTITUCIÓN LIBRE DE ENSEÑANZA

Fue fundada en Madrid en 1876 como universidad privada por Francisco Giner de los Ríos y otros discípulos de Sanz del Río. Sus métodos significaron una revolución no sólo en términos de la anticuada estructura pedagógica española sino a nivel europeo. A este instituto han quedado vinculados los nombres de casi todas las figuras intelectuales españolas de la época y las de generaciones siguientes hasta la época republicana.

EL ARTE

La música. Las dos figuras más importantes del siglo XIX son Isaac Albéniz (1860–1909) y Enrique Granados (1867–1916), ambos catalanes. Las composiciones más conocidas del primero son las reunidas bajo el título de *Iberia,* algunas de ellas orquestadas por el madrileño Enrique Fernández Arbós (1863–1939). Entre la producción de Gra-

Edificio de apartamentos, de Gaudí (Barcelona).

nados se encuentra la ópera *Goyescas,* cuyo intermezzo ha alcanzado gran popularidad.

Al aliento del naciente nacionalismo musical se desarrolló por completo en España un género lírico particular: la zarzuela. En él se distinguen la zarzuela grande, generalmente en tres actos y muy cercana en su estilo a la ópera romántica italiana, y el género chico, en el que las obras suelen tener un solo acto y son muchas veces satíricas o cómicas. Entre las primeras se encuentra *Marina,* de Pascual Arrieta (1823–1894), y entre las segundas *La verbena de la paloma,* de Tomás Bretón (1853–1923).

La arquitectura. Antonio Gaudí (1852–1926) es el gran arquitecto del movimiento modernista catalán. Sus primeras obras están influidas por el neogótico vigente, pero lentamente evoluciona hasta crear un estilo extremadamente original en el que maneja con total libertad curvas, planos, volúmenes y elementos decorativos. Sus principales obras están en Barcelona: el palacio Güell y el parque de igual nombre, la Pedrera y el templo de la Sagrada Familia. Hace pocos años, tras no pocas polémicas, se decidió reanudar los trabajos para completar esta basílica, cuyas torres se han convertido en uno de los símbolos de la ciudad condal.

Otro importante arquitecto de la época es Lluis Domènech i Montaner, diseñador del Palau de la Musica Catalana (Palacio de la Música Catalana).

LAS LITERATURAS CATALANA, GALLEGA Y VASCA

La literatura catalana. La definitiva afirmación del catalán como lengua literaria moderna se produce con Jacint Verdaguer (1845–1902), autor de dos poemas épicos *L'Atlántida,* sobre el descubrimiento de América, y *Canigó,* de asunto medieval. En el teatro sobresale Ángel Guimerá, cuya pieza *Terra baixa* fue traducida a diversas lenguas. En la novela se puede señalar, entre otros, a Narcis Oller.

La literatura gallega. El pleno renacimiento literario en Galicia descansa sobre tres poetas: Rosalía de Castro (1837–1885), Eduardo Pondal (1835–1917) y Manuel Curros Enríquez (1851–1908). El prestigio de la primera como poeta de dimensión universal descansa en dos obras en gallego—*Cantares galegos* (Cantares gallegos) y *Follas Novas* (Hojas Nuevas)—y una en castellano—*En las orillas del Sar*—precursora ésta de novedades que desarrollará después el modernismo.

La literatura vasca. Menos importante que las dos anteriores, cuenta con poetas como Jean Baptiste Elissamburu (1828–1891), Indalecio Bizcarrondo (1831–1876) y José María Iparraguirre (1820–1881), autor éste del *Gernikako Arbola* (El árbol de Guernica), que se convertiría en el himno vasco.

Glosario

Baire. town in Cuba where the campaign for independence reignited in 1895
bases. members of a political party or trade union
Bolsa de Valores. Stock Exchange
cacique. local political boss
caciquismo. despotic system in which local elections are controlled by party bosses
cantón. governmental subdivision of the type that exists today in Switzerland

Cavite. town in the Philippines where the United States Navy defeated the Spanish fleet in 1898

comicios. elections

Concordato. Concordat. With the signing of the Concordat in 1851, the Roman Catholic Church in Spain became a State Church, supported by the State, and the Catholic religion was declared the "sole religion of the Spanish nation".

Congreso de los Diputados. Chamber of Deputies, one of the two chambers of the Spanish parliament

Cortes Constituyentes. Constituent Assembly

desamortización. the sale of lands owned by the Church and city governments carried out by the Spanish Government during the nineteenth century

diezmo. tithe

fueros. royal charters granted to the Basque country and other regions

Guam. one of the Mariana Islands

infante. title given in Spain to all the king's sons except the first-born. The daughters are called *infantas*.

Internacional. the International, association of workers from different countries whose aim was to promote their interests. The First International was founded in London in 1864.

Juegos Florales. poetry competition

ley sálica. law that excluded women from succeeding to the Spanish throne

Lliga Catalana. association of Catalan nationalists who tried to organize support for regional demands

Maestrazgo. region situated in the provinces of Castellón and Teruel

pronunciamiento. rebellion, insurrection

Santa Alianza. the Holy Alliance formed in 1815 by Russia, Austria, and Prussia

señorío. fiefdom, lordship

urnas. ballot boxes, polls

Cuestionario

EL REINADO DE FERNANDO VII

1. ¿Cuáles fueron los principales hechos ocurridos tras el regreso de Fernando VII?
2. ¿Quiénes crearon la regencia de Urgell? ¿Cuáles eran sus objetivos?
3. ¿Qué papel tuvo la Santa Alianza en la restauración del absolutismo español?
4. ¿Qué era la ley sálica? ¿Qué problema de sucesión creó esta ley a la muerte de Fernando VII?

EL REINADO DE ISABEL II

1. ¿Qué fueron las guerras carlistas?
2. ¿Quiénes eran los moderados? ¿Cuál fue su obra?
3. ¿Cómo llegaron los progresistas al poder?
4. ¿Cómo se produjo la caída de Isabel II?

SEIS AÑOS DE ENSAYOS POLÍTICOS

1. ¿Cuál fue el resultado de las primeras insurrecciones en Cuba, Puerto Rico y las Filipinas?
2. ¿Qué forma de gobierno estableció la Constitución de 1869: monarquía o república? ¿Qué estableció la Constitución con relación a la cuestión religiosa? ¿Y con respecto a la soberanía nacional?
3. ¿Quién era Amadeo I? ¿Cómo llegó al trono de España? ¿Cuál fue su fin?

LA I REPÚBLICA ESPAÑOLA

1. ¿Qué estructura asumió el Estado al comenzar la I República: unitaria o federal? ¿Se conservó el mismo sistema a través de la I República?
2. ¿Por qué se produjo la suspensión de las Cortes?
3. ¿Por qué se dice que la situación política era insostenible al comenzar el año 1874?

LA RESTAURACIÓN BORBÓNICA Y EL REINADO DE ALFONSO XII

1. ¿Qué tendencia política tuvo la Constitución de 1876? ¿Qué estableció esta Constitución con respecto a la soberanía, la religión católica, la libertad de cultos?
2. ¿En qué modelo se inspiró el sistema bipartidista (dos partidos) de la Restauración?
3. ¿Cuáles fueron los dos grupos que dominaron la vida política española en este período?
4. ¿Por qué se habla de caciquismo al referirse a la política española de este período? ¿Qué significa *cacique* en este contexto?
5. ¿Cómo terminó la guerra carlista?
6. ¿En qué consistió la paz de Zanjón firmada entre España y Cuba?
7. ¿Qué corrientes aparecieron dentro del movimiento obrero después de 1868?
8. ¿Cómo nació el socialismo español?

LA REGENCIA DE MARÍA CRISTINA DE HABSBURGO

1. ¿En qué consistía el "turno de partidos"?
2. ¿Cómo se produjo la pérdida de los territorios españoles de ultramar en este período?
3. ¿Qué efectos tuvo la derrota española por parte de los Estados Unidos?

LA CULTURA EN EL SIGLO XIX

1. ¿Cuáles son las principales figuras del postromanticismo dentro de la poesía española?
2. ¿Cuál fue la novela de mayor éxito en el siglo XIX español? ¿Quién fue su autor?
3. ¿Cuáles fueron los principales autores de la generación del 98?
4. ¿En qué lugar de España se centró el interés de estos escritores?
5. ¿Qué figuras se destacan dentro de la música?
6. ¿Qué formas adoptó la zarzuela?
7. ¿Quién fue Antonio Gaudí? ¿Qué características tiene su estilo?
8. ¿Cuáles son algunas de sus obras?

Temas de redacción o presentación oral

1. Describe la sociedad y la economía en la España del siglo XIX. Menciona específicamente los siguientes puntos:
   (a) Demografía
   (b) El surgimiento del capitalismo industrial: cambio de la estructura agrícola, la agricultura, la minería, la industria, los ferrocarriles, las finanzas
   (c) Las clases sociales

2. Haz un breve análisis sobre el conflicto entre España y los Estados Unidos a fines del siglo XIX. Refiérete a las causas del conflicto, a su resultado y al significado de la guerra tanto para España como para los Estados Unidos.

3. Analiza las ventajas y desventajas del predominio de dos partidos políticos principales tal como existió en España en la segunda mitad del siglo XIX y como existe hoy en los Estados Unidos (Partido Demócrata y Partido Republicano) y en Gran Bretaña (Partido Conservador y Partido Laborista).

4. Si tuvieras que decidir sobre la elección de un sistema político, ¿elegirías el republicano o el monárquico? ¿Por qué?

5. ¿Qué opinas sobre la sucesión al trono por vía masculina tal como existía en España bajo la ley sálica? ¿Te parece justa, razonable o crees que es injustificable? ¿Por qué?

6. Haz un breve resumen sobre el romanticismo español:
   (a) Característica principal
   (b) Autores principales en el teatro, la novela y la poesía
   (c) Las literaturas no castellanas en el período romántico

7. ¿Crees que la literatura puede ayudar a reactivar una lengua o dialecto minoritario? ¿De qué manera? ¿Consideras que la literatura en una len-

gua minoritaria tiene más o menos valor que la que utiliza una lengua principal como el castellano o el inglés?

Práctica

1. Estudia estas oraciones que llevan la construcción **ir** + **gerundio:**
   - Las posiciones extremas que *iban asumiendo* los moderados reforzaron a la oposición.
   - Iban en busca de las oportunidades creadas por las industrias que *se iban estableciendo*.
   - La clase media estaba integrada por pequeños comerciantes, funcionarios y empleados de las empresas que *iban surgiendo*.

   Recuerda: La idea expresada con la construcción **ir** + **gerundio** es de duración, de un proceso que ocurre *gradualmente, lentamente, poco a poco*. Esta construcción acepta también el uso del pretérito: Por ej. España *fue cambiando* lentamente.

   Transforma cada una de estas oraciones en otra de significado similar con la construcción **ir** + **gerundio.**
   (a) La situación *cambiaba* lentamente.
   (b) La sociedad *se transformó* paulatinamente.
   (c) Poco a poco la monarquía *perdía* prestigio.
   (d) La economía *se deterioraba* progresivamente.
   (e) La agitación social *se agudizaba*.
   (f) La población *aumentaba* gradualmente.
   (g) La agricultura *se modernizaba* lentamente.
   (h) El comercio *creció* poco a poco.

2. Observa el uso del verbo **acabar (terminar)** + **gerundio** en estas oraciones.
   - Tras la huida de la reina se constituyeron Juntas Revolucionarias, pero el general Prim *acabó disolviéndolas*.
   - La industria siderúrgica *acabó instalándose* en Vizcaya.

   Recuerda: La construcción **acabar** + **gerundio** sirve para indicar la culminación de un hecho o proceso.

   Transforma estas oraciones según el ejemplo:
   - La industria siderúrgica *se instaló* en Vizcaya.
     La industria siderúrgica *acabó instalándose* en Vizcaya.
   (a) España *perdió* Cuba, Puerto Rico y las Filipinas.
   (b) La reina *huyó* del país.
   (c) El movimiento *se extendió* al ejército.
   (d) Las revueltas sociales *afectaron* a todo el país.
   (e) El jefe del gobierno *presentó* su dimisión.
   (f) Los fraudes electorales *alejaron* a los ciudadanos de las urnas.

(g) La situación política *se hizo* insostenible.

(h) Amadeo I *abdicó.*

3. Estudia el uso de la construcción **verse obligado a** + **infinitivo** en estas frases.

• El rey *se ve obligado a aceptar* la Constitución.

• La regente *se vio obligada a acatar* la Constitución.

Recuerda: La construcción **verse obligado a** + **infinitivo** sirve para indicar una obligación de carácter externo.

Transforma estas oraciones según el ejemplo:

• La regente *tuvo que acatar* la Constitución.

  La regente *se vio obligada a acatar* la Constitución.

(a) El presidente *tuvo que dimitir.*

(b) La Iglesia *tuvo que entregar* muchas de sus tierras.

(c) Los españoles *tenían que buscar* un nuevo monarca.

(d) El gobierno *tuvo que suspender* las Cortes.

(e) Muchos españoles *tuvieron que exiliarse.*

(f) *Tenemos que emigrar.*

(g) *Tuvimos que dejar* el país.

(h) *Tuve que hacerlo.*

4. Indica el sustantivo que corresponde a cada uno de los verbos en cursiva. Sigue el ejemplo.

(a) *Se abolió* la Inquisición.   *La abolición* de la Inquisición . . .

(b) *Se suprimieron* los señoríos.

(c) *Se restableció* el poder absoluto.

(d) *Se eliminó* el diezmo.

(e) *Se instauró* la libertad religiosa.

(f) *Se descentralizó* la administración.

(g) *Se reconocieron* los derechos individuales.

(h) *Se suspendió* la Constitución.

(i) *Se instauró* la libertad religiosa.

(j) *Se creó* la regencia.

5. Forma oraciones con cada una de estas expresiones: *convocar elecciones, perpetrar un atentado, presentar la dimisión, cubrir un trayecto, firmar la paz, buscar (el) apoyo.*

TERCERA PARTE

La España del siglo XX

CAPÍTULO OCHO

De Alfonso XIII a la era de Franco

CRONOLOGÍA

1902–1931	Reinado de Alfonso XIII.
1911	Se funda la Confederación Nacional del Trabajo (CNT), de tendencia anarquista.
1914–1918	Primera guerra mundial: España se declara neutral.
1917	Levantamientos obreros influidos por la Revolución Rusa.
1923	Golpe de Estado del general Primo de Rivera.
1925	Fin de la guerra de Marruecos.
1930	Dimisión del general Primo de Rivera.
1931	En las elecciones municipales (12 de abril) la coalición republicano-socialista gana en las grandes ciudades. Se constituye el Comité Revolucionario. El rey Alfonso XIII sale al exilio. Se proclama la República (14 de abril). La Constitución republicana (9 de diciembre) califica a España de "República democrática de trabajadores de toda clase".
1931–1939	Segunda República española.
1932	El gobierno de la Segunda República aprueba el Estatuto de autogobierno de Cataluña. Posteriormente se aprueban los Estatutos de Galicia y el País Vasco.
1933	Se crea la Falange Española, partido de corte fascista.
1936	Se crea el Frente Popular, coalición de partidos de izquierda. El Frente Popular gana las elecciones de ese año. Se inicia en Melilla (norte de África) el alzamiento militar (17 de julio).
1936–1939	Guerra civil española. Los nacionales se enfrentan a los republicanos. El general Franco, al mando de las fuerzas nacionales, derrota a los republicanos y se convierte en jefe de Estado. Miles de españoles de ambos bandos mueren en el conflicto. La victoria de las fuerzas de derecha obliga a muchos republicanos a marchar al exilio.
1939–1945	Segunda guerra mundial: España se mantiene neutral.
1946	La Organización de las Naciones Unidas aisla a España.

Alfonso XIII, rey de España hasta que se declaró la República.

1953	Concordato entre España y el Vaticano.
	España y los Estados Unidos firman acuerdos militares. A cambio de ayuda económica y defensiva se instalan bases militares norteamericanas en territorio español.
1955	España es admitida en la Organización de las Naciones Unidas.
1969	El príncipe Juan Carlos de Borbón, nieto de Alfonso XIII, es nombrado sucesor a título de rey.
1973	Carrero Blanco asume la presidencia del gobierno. Franco continúa como jefe de Estado. Un atentado terrorista perpetrado por el grupo separatista vasco ETA termina con la vida de Carrero Blanco. Arias Navarro es designado presidente.
1975	Franco muere después de una larga enfermedad (20 de noviembre).
	Don Juan Carlos de Borbón es proclamado rey de España (22 de noviembre). Carlos Arias Navarro es confirmado como presidente del gobierno.

El reinado de Alfonso XIII

MAYORÍA DE EDAD DEL REY

El reinado efectivo de Alfonso XIII comenzó en 1902 como una continuación de la regencia de su madre (ver capítulo 7, pág. 168). La permanencia del régimen constitucional estaba aparentemente asegurada. Sin embargo, a diferencia de María Cristina de Habsburgo, el joven monarca iba a intervenir en política, novedad que acabaría hiriendo de muerte a la corona.

NUEVOS LÍDERES POLÍTICOS

Ese cambio se vio acompañado por la renovación generacional de los líderes políticos de la Restauración. Tras las muertes de Cánovas del Castillo y Sagasta terminaron imponiéndose Antonio Maura al frente de los conservadores y José Canalejas en el caso de los liberales.

PROBLEMAS DEL SISTEMA

El regionalismo. El regionalismo acabó suplantado por el nacionalismo, más avanzado que el anterior y que dio origen, en algunos casos, a planteamientos separatistas. Los diputados de **Solidaritat Catalana** (1906) fueron una activa minoría en el Parlamento español. A ésta se sumaron en 1917 los parlamentarios del Partido Nacionalista Vasco, fundado en 1885. Galicia, más atrasada socialmente, no tendría diputados nacionalistas hasta el primer parlamento republicano de 1931.

El problema militar.   Desde la restauración borbónica no se habían producido los pronunciamientos militares anteriores. Pero, la semilla estaba sembrada y al desastre del 98, con su secuela de exigencias de responsabilidades, se sumarían los problemas de la guerra de Marruecos. El poder civil comenzó a ser acosado por las reivindicaciones militares.

La guerra de Marruecos.   España tenía desde el siglo XVI dos **plazas fuertes**—Ceuta y Melilla—en el norte del actual Marruecos. En el siglo veinte los acuerdos internacionales con Francia fijaron una zona española en el norte marroquí. La ocupación militar comenzó en 1909 y hasta 1925 hubo una guerra colonial marcada por graves derrotas militares a manos de los nacionalistas marroquíes, que culminaron con el desastre de **Annual** en 1921.

El problema religioso.   La Iglesia católica jugaba un importante papel social y político como poder de dominación. A su choque con el pensamiento laico de la mayoría de la intelectualidad española se sumó el enfrentamiento con amplios sectores populares. La razón de ello era que la Iglesia era una institución ligada al poder y opuesta en la práctica al cambio social.

El problema agrario.   En España existían hacia los comienzos del siglo XX dos millones de campesinos sin tierra. Esto ocurría principalmente en Andalucía y en Extremadura, donde dominaban las grandes fincas. En contraste, en Galicia había numerosos propietarios de pequeñas parcelas, casi siempre discontinuas y no viables económicamente. Al latifundio del sur se unía el minifundio del noroeste. Desde el siglo XVIII hubo intentos reformistas con pocos resultados prácticos. Las ideas anarquistas prendieron fuertemente en Andalucía y entre 1918 y 1920 hubo huelgas de trabajadores rurales y disturbios en Córdoba, Sevilla y Málaga.

El problema obrero.   Bajo la influencia de las **encíclicas papales** de tipo social se intentó crear en España un sindicalismo de orientación católica, que fue minoritario. Los trabajadores se adhieron a los sindicatos socialistas de la Unión General de Trabajadores (UGT) y a los anarquistas de la Confederación Nacional del Trabajo (CNT); fundada ésta en 1911 por quienes aceptaban la lucha sindical organizada. Estos movimientos reclamaron la reducción de la jornada laboral, salarios más

Marcha de la Confederación Nacional del Trabajo, organización fundada en 1911.

altos y, en general, mejores condiciones de trabajo. A la vez cuestionaban el orden social vigente.

LOS INTENTOS REFORMISTAS

Frente a esos problemas los políticos del sistema, tanto liberales como conservadores, intentaron diversas soluciones, entre ellas las siguientes:

1. Se aprobó la reforma de la administración local. Ello permitió formar la **Mancomunidad Catalana** y descentralizar parcialmente la administración en la región.

2. Se aprobó la ley de reformas religiosas. Con esto se impedía el establecimiento de nuevas congregaciones.

3. Se tomaron diversas medidas de orden social.

Al considerarse insuficientes estas reformas, las ideas republicanas, socialistas, anarquistas y nacionalistas se fueron haciendo más fuertes. Todas ellas coincidían en el cuestionamiento del régimen vigente, pero diferían profundamente en cuanto al orden que debía sustituirlo.

LAS CRISIS

La Semana Trágica.   Tuvo como primer escenario Barcelona, al oponerse diversos grupos políticos y sindicales al envío de tropas a Marruecos. Detrás de la protesta, que se tradujo en una huelga general en julio de 1917, había otras razones y el movimiento se extendió al resto de Cataluña. A pesar de haber sido sofocada la huelga, cayó el gobierno conservador.

La crisis de 1917. Esta obedeció a una serie de factores y tuvo diferentes manifestaciones:

1. España, como otros países europeos e hispanoamericanos no escapó al impacto de la caída del régimen zarista en febrero de 1917 y al establecimiento de los *soviets* en la antigua Rusia. El sindicalismo hispano cobró mayor ímpetu. Socialistas y anarquistas declararon en agosto la huelga general revolucionaria. El movimiento fue sofocado, pues el ejército apoyó al gobierno.

2. En el ejército se formaron las juntas de defensa, que expresaron el descontento que existía en la institución.

3. La Asamblea de Parlamentarios, reunida en Barcelona, reclamó la renovación de la vida política española.

Hundimiento del sistema de la Restauración. Entre 1917 y 1923 hubo trece cambios de gobierno y treinta crisis políticas parciales en España. A esto se sumaba la crisis económica. La relativa prosperidad alcanzada por España gracias a su neutralidad en la primera guerra mundial había llegado a su fin. Las dificultades económicas alentaron la conflictividad social. A pesar de haberse obtenido en 1919 la jornada laboral de ocho horas, el paro obrero y los salarios bajos continuaban.

La dictadura de Primo de Rivera y el fin de la monarquía

EL DIRECTORIO MILITAR

El 12 de septiembre de 1923 el general Miguel Primo de Rivera dio un golpe de Estado. Los principales hechos ocurridos bajo el **Directorio militar** se pueden resumir así:

- Suspensión de la Constitución y las Cortes
- Prohibición de los partidos políticos
- Fin de la semi-autonomía administrativa para Cataluña
- Restablecimiento del orden público
- Fin de la guerra de Marruecos con la rendición de Abd-el-Krim (1925)
- Penetración de las ideas del fascismo triunfante en Italia
- Creación de un partido único, la Unión Patriótica
- Creación de comités paritarios que obligatoriamente reunían a patrones y obreros.

EL DIRECTORIO CIVIL

Dos años después del golpe se constituyó el **Directorio civil** que sustituye al militar. Se integraron en él independientes y dirigentes de la Unión Patriótica. En un intento de institucionalización se creó una especie de parlamento, la Asamblea Nacional Consultiva. Pero, a pesar de ciertos logros de la dictadura y de un apoyo inicial por parte de diversos grupos políticos, incluidos los socialistas, la oposición fue creciendo. Los intelectuales, en particular Miguel de Unamuno, jugaron un papel central en la lucha contra la dictadura. Miguel Primo de Rivera dimitió en enero de 1930.

EL FIN DE LA MONARQUÍA

Alfonso XIII encargó a otro militar, el general Berenguer, la formación de un gobierno para restaurar el sistema parlamentario instaurado por la Constitución de 1876. Los partidos reclamaron Cortes Constituyentes y las fuerzas republicanas, los socialistas, la izquierda catalanista y los autonomistas gallegos firman en agosto de 1930 el Pacto de San Sebastián para coordinar su acción política.

Los intelectuales se adherían a la idea republicana, y la **sublevación de Jaca**—diciembre de 1930—indicó que el propio ejército había perdido su cohesión monárquica. El general Berenguer fue sucedido en el gobierno por el almirante Aznar, que inició el retorno al sistema parlamentario con la convocatoria a elecciones municipales. Estas se celebran el 12 de abril de 1931. En las grandes ciudades gana la coalición republicano-socialista. Aunque a nivel de toda España los monárquicos tuvieron más votos, los resultados urbanos fueron considerados decisivos por estar menos sujetos a manipulaciones. En Madrid se constituyó el Comité Revolucionario. El rey sale hacia el exilio y España parece iniciar una nueva era por medio del pacífico ejercicio del sufragio.

La segunda República española (1931–1939)

INSTAURACIÓN DEL NUEVO RÉGIMEN

El 14 de abril de 1931 se proclamaba la República y el Comité Revolucionario se convirtió en gobierno provisional. En Barcelona se había proclamado el Estado catalán dentro de la república federal española. El primero de mayo—día de los trabajadores en casi todo el mundo—se registraron grandes manifestaciones obreras. Once días después ardían los primeros conventos en Madrid tras una pastoral del cardenal Segura—arzobispo de Toledo y cabeza de la jerarquía eclesiástica católico-romana en España—elogiando a la monarquía. La pacífica revolución de las urnas no podía cambiar la realidad y la República heredaba todos los problemas que no habían sido resueltos.

El gobierno presidido por Niceto Alcalá Zamora convoca elecciones. Se celebran el 28 de julio con la participación de numerosos partidos de derecha, centro e izquierda, entre ellos el Comunista, que no conseguirá ningún diputado. La coalición republicano-socialista consigue mayoría absoluta en las Cortes destinadas a redactar una nueva Constitución.

LAS CORTES CONSTITUYENTES

Dos cuestiones agitaron especialmente los debates: la reivindicación nacionalista, especialmente la catalana, y el problema religioso. Este último asunto produjo la primera crisis al dimitir de sus cargos, en octubre, algunos de los católicos que había en el gobierno, entre ellos Alcalá Zamora, a quien sucedió Manuel Azaña.

LA CONSTITUCIÓN DE 1931

El 9 de diciembre se proclamó la Constitución que calificaba a España de "República democrática de trabajadores de toda clase", organizada en "régimen de libertad y justicia". Las siguientes eran algunas de las disposiciones principales de la Constitución republicana:

1. Se reconocía la autonomía de municipios y regiones.

2. El presidente se elegía por seis años en forma indirecta.

3. El jefe del gobierno era responsable ante el Parlamento.

4. El Parlamento estaba constituido por una sola Cámara elegida por sufragio universal de los ciudadanos de ambos sexos, por cuatro años.

5. La justicia se organizaba independientemente y constituía el tercer poder, cuya separación garantizaba la Constitución.

6. Se reconocían ampliamente los derechos y libertades individuales, incluido el de propiedad privada, y las garantías necesarias para su ejercicio.

7. La Iglesia y el Estado quedaban separados y se eliminaban derechos que hasta ese momento había tenido la iglesia católica, como el apoyo económico al clero y la enseñanza religiosa.

BIENIO PROGRESISTA

La aplicación concreta de las disposiciones constitucionales referidas a la Iglesia—como la eliminación de la Compañía de Jesús y la confiscación de sus bienes, el sometimiento de las órdenes religiosas a una legislación y otras—generó la oposición católica. Además la Iglesia rechazó medidas tales como la implantación del matrimonio civil, la consiguiente introducción del divorcio y la secularización de los cementerios.

REFORMA MILITAR

El ejército necesitaba ser modernizado comenzando por el exceso de oficiales, pues había 20 000 oficiales para 100 000 soldados. Además numerosos militares seguían siendo monárquicos. En abril de 1931 se da la posibilidad de solicitar el retiro, con sueldo íntegro, a los oficiales que no quisieran jurar fidelidad a la República. Casi la mitad de ellos se acogieron a la "Ley Azaña". Otras medidas adoptadas fueron:

- La eliminación del grado de Capitán General
- La reducción del número de divisiones
- La clausura de la **Academia General de Zaragoza**
- La creación de la Guardia de Asalto, fuerza republicana escogida, sin disolver la Guardia Civil.

Las medidas despertaron oposición en un sector militar.

REIVINDICACIONES AUTONOMISTAS

Las fuerzas que habían proclamado el Estado catalán dentro de la República federal española aceptaron un régimen más limitado. Se restableció, entonces, el viejo órgano de gobierno de Cataluña: la **Generalidad.** Esta estaba constituida por un presidente, un parlamento y un Consejo Ejecutivo. La Constitución republicana era unitaria y sólo admitió un régimen restringido de autonomías.

En 1932 se aprueba el **Estatuto de Cataluña,** que regula el autogobierno asumido al proclamarse la República. Posteriormente se aprobarían los Estatutos de Galicia y el País Vasco. El sistema autonómico será atacado por la derecha y por los militares, por considerar que rompía o ponía en peligro "la unidad española".

LA CUESTIÓN SOCIAL

Como consecuencia de la crisis económica tras la caída de la Bolsa de Valores neoyorquina en 1929, la situación en España se hizo difícil. El paro obrero era muy alto y las reivindicaciones sindicales permanentes, más violentas en el caso de los anarquistas que en el socialista. Los anarquistas estaban divididos en dos tendencias: la **maximalista,** representada por la Federación Anarquista Ibérica (FAI) formada en 1927, y otra menos extremista, la Confederación Nacional del Trabajo (CNT). El gobierno introduce una legislación social para regular, entre otras cosas, la jornada máxima de trabajo, la contratación laboral, el derecho de huelga y los accidentes laborales.

EL PROBLEMA DE LA TIERRA

Esta fue la única cuestión que afectaba la base de la estructura económica española. La Constitución republicana nunca cuestionó el régimen capitalista y su reforma agraria no estuvo dirigida a colectivizar la tierra y sí a darla a los campesinos que no la tenían. Pero, para ello debía tocar los grandes latifundios. La Ley de Reforma Agraria de 1932 establecía la indemnización de los propietarios afectados, aunque hubo expropiaciones sin compensación. Se aplicó a las grandes extensiones de tierra sin cultivar de Andalucía, Extremadura, Castilla la Nueva y Salamanca. El Instituto de Reforma Agraria, creado para aplicar la ley, sólo consiguió asentar a 12 000 campesinos en vez de los 60 000 al año proyectados inicialmente. La tensión en el campo no disminuyó, pues a las reivindicaciones de quienes no tenían tierra se sumó la oposición de los grandes propietarios y, en general, la de los sectores conservadores.

EL BIENIO CONSERVADOR (1933–1936)

En agosto de 1932 se produjo la sublevación del general Sanjurjo que, a pesar de su fracaso, puso de manifiesto la oposición a las reformas del gobierno. Cinco meses después tuvo lugar un alzamiento anarquista en Casas Viejas. El episodio, duramente reprimido por el gobierno, provocó la caída de Manuel Azaña en septiembre de 1933. El presidente de la República, Alcalá Zamora, convocó elecciones, que fueron ganadas por los radicales (que a pesar de su nombre eran de tendencia conservadora) y la Confederación Española de Derechas Autónomas (CEDA). Esta fuerza, organizada en torno a Acción Popular, agrupaba a partidos de orientación católica y tenía como líder a José María Gil-Robles.

INVOLUCIÓN DERECHISTA

Los radicales, con el apoyo de la CEDA, paralizaron la reforma agraria y la aplicación de la política **laicista** del anterior bienio. En general, trataron de contener las reformas puestas en marcha y su objetivo era reformar la Constitución.

La Ley de Contratos de Cultivo del parlamento catalán—a favor de los arrendatarios de tierras—enfrentó a la Generalidad con el gobierno central. La CEDA comienza en octubre a compartir, con tres ministros, la responsabilidad del gobierno.

LA REVOLUCIÓN DE OCTUBRE DE 1934

La política del gobierno y el deterioro de la situación económica llevan a un creciente enfrentamiento con las organizaciones sindicales y los partidos políticos de izquierda. En Asturias los mineros socialistas, apoyados en parte por comunistas y anarquistas, proclaman la República Socialista. El levantamiento es reprimido duramente con tropas provenientes de Marruecos. Cuatro mil muertos marcan la ruptura definitiva entre la derecha y la izquierda. Al mismo tiempo, el conflicto constitucional en torno a la Ley de Cultivos acaba con la proclamación del Estado catalán dentro de la República federal española por parte del presidente de la Generalidad, Lluis Companys. El hecho cuestiona la base misma del sistema y tras la represión se suspende la autonomía catalana.

EL SURGIMIENTO DE LOS FASCISMOS ESPAÑOLES

España no escapó a la influencia de los fascismos, que alcanzó a la misma China. El movimiento, por su anticomunismo, despertó simpatías en los elementos conservadores de países de tradición democrática.

Si bien la CEDA adoptó cierto aire fascista, los verdaderos grupos de esta ideología que se formaron fueron las Juntas de Ofensiva Nacional-Sindicalista (JONS) de Ramiro Ledesma Ramos y Onésimo Redondo, creadas en 1931, y Falange Española, fundada por José Antonio Primo de Rivera—hijo del dictador—en 1933. Ambas se unificaron en 1934 para constituir la Falange Española de las JONS.

FIN DEL BIENIO NEGRO

Los años de gobierno de la derecha, calificados de "bienio negro" por quienes se oponían a él, se cerraron con un escándalo financiero. Tras la formación de sucesivos gobiernos el presidente Alcalá Zamora tuvo que convocar elecciones. Estas se realizaron el 16 de febrero de 1936.

LAS VÍSPERAS DE LA GUERRA CIVIL

El triunfo del Frente Popular. La reacción ante la derecha—tanto republicana como monárquica—y la amenaza fascista llevaron a la formación del Frente Popular. Esta agrupación reunió a republicanos de izquierda, socialistas, nacionalistas de izquierda (gallegos y catalanes) y comunistas. La derecha no fue unida. Los monárquicos del **Bloque Nacional,** dirigidos por José Calvo Sotelo, y los republicanos de la CEDA se presentaron divididos. En las elecciones, si se los considera como bloques, la derecha y la izquierda obtuvieron un número similar de votos, alrededor de cuatro millones cada una, con un predominio de las agrupaciones de izquierda. La división estaba sellada y la propia dialéctica del hecho iba a hacer imposible la convivencia.

Cinco meses cruciales. Con el triunfo del Frente Popular se desbordaron los marcos legales. Las acciones de los diversos grupos que configuraban el ambiente político de aquel momento no cesaban.

1. Se sucedieron los asaltos contra iglesias y centros políticos de la oposición.

2. Se ocuparon tierras.

3. Se reclamaba la libertad de los presos por los sucesos de octubre de 1934.

4. La UGT se radicalizaba y obstaculizaba la acción del gobierno.

La Falange Española, fundada por José Antonio Primo de Rivera en 1933.

José Antonio Primo de Rivera, fundador de la Falange Española.

5. La derecha, desde la Falange a los monárquicos, hacía otro tanto.

6. La lucha parlamentaria alcanzaba a la calle y en ella la oratoria dejaba lugar a la acción.

7. Un sector del ejército conspiraba desde el triunfo del Frente Popular.

Para prevenir la posibilidad de un golpe de Estado los generales sospechosos fueron cambiados de destino. Francisco Franco fue enviado a las Canarias, Emilio Mola a Pamplona y Goded a las islas Baleares. Pero un hecho iba a precipitar los acontecimientos. José Calvo Sotelo—líder de la derecha—fue asesinado el 13 de julio de aquel año de 1936. Un día antes la izquierda había perdido—en una acción similar—a un teniente de la Guardia de Asalto, José Castillo.

La rebelión militar.   La posición del gobierno de Santiago Casares queda comprometida y el entierro de las dos víctimas da lugar a manifestaciones. El 17 de julio se inicia en Melilla (norte de África) el pronunciamiento militar, esta vez con terribles consecuencias comparado con los anteriores.

En la Península la sedición militar se impone en Galicia, León, Castilla la Vieja, Navarra, gran parte de Aragón, la baja Andalucía, las islas Canarias y las Baleares. El general Franco toma el mando de las tropas en Marruecos, el general Mola en el norte. El general Sanjurjo, que debía asumir el mando supremo, muere en un accidente de aviación

El Frente de Cataluña en zona de combate durante la Guerra Civil.

al volver de Portugal donde estaba exiliado. Estos tres no tenían una ideología determinada, otros generales eran monárquicos (alfonsinos o carlistas) o republicanos. En principio coincidían en el temor a una revolución social.

Reacción republicana.   El gobierno legal conservó el dominio del resto del territorio, que comprendía Madrid y los grandes focos industriales de Cataluña y el País Vasco, las cuencas mineras de Asturias y Santander y las comarcas agrícolas de Murcia y Valencia. Por otra parte, la mayoría de la flota permanecía leal. El gobierno de Giral, que sustituyó al de Santiago Casares Quiroga, entregó armas a las milicias populares que se habían formado. España se encontraba dividida físicamente y al enfrentamiento interior se iba a agregar la participación exterior.

Las dos Españas

HETEROGENEIDAD DE LOS BANDOS EN CONFLICTO

En ambos sectores había una gran diversidad de elementos ideológicos y políticos.

El campo republicano abarcaba:

- Los partidos del Frente Popular
- Los trotskistas
- El Partido Obrero de Unificación Marxista (POUM)
- El Partido Nacionalista Vasco, de inspiración demócratacristiana pero fiel al gobierno legal
- El movimiento sindical socialista y el anarquista, incluida la tendencia más radical de este último: la Federación Anarquista Ibérica (FAI)

El otro sector comprendía desde los partidarios de la Confederación Española de Derechas Autónomas (CEDA) a los monárquicos, tanto seguidores de Alfonso XIII como de la causa carlista que seguía teniendo fuerza en Navarra, pasando por los **falangistas.** Por su parte, la iglesia católica tomó decidido partido por el levantamiento militar, al que calificó de "cruzada".

LA ZONA REPUBLICANA

Desde el comienzo de la guerra y hasta pocas semanas antes de su fin se sucedieron media docena de gobiernos republicanos. Estos tuvieron que enfrentarse permanentemente al movimiento revolucionario anarquista con sus acciones de expropiación y colectivización, particularmente en Cataluña y Aragón. Por otra parte, las disidencias ideológicas entre comunistas, anarquistas y trotskistas fueron una constante fuente de disputas, a veces violentas.

LA ZONA FRANQUISTA

El 1º de octubre de 1936 Francisco Franco es proclamado generalísimo y asume la jefatura del Estado. Su prestigio y peso con su ejército marroquí, la muerte del general Sanjurjo y la ejecución de Goded le habían dejado abierto el camino.

En abril de 1937 se unificaron las fuerzas políticas en un solo partido, la Falange Española Tradicionalista y de las JONS (Juntas de Ofensiva Nacional-Sindicalista). Casi un año después, en febrero de 1938, se constituyó un gobierno en Burgos, ciudad que quedará convertida en capital de la España que se autodenominaba **"nacional"**, hasta la entrada de Franco en Madrid.

EL TERROR EN AMBAS ZONAS

En ambos lados hubo represión política con eliminación física de los disidentes o, en muchos casos, de los que podrían parecerlo. En el sector republicano se produjo el terror desde abajo. Muchas de sus víctimas fueron religiosos, se ha dado una cifra de más de siete mil. También hubo religiosos entre las víctimas causadas por la España franquista, como lo demuestran los sacerdotes vascos muertos por ser republicanos—casos minoritarios, pues la Iglesia apoyaba en bloque al gobierno de Burgos.

El terror alcanzó su apogeo en los primeros meses de la guerra en ambos sectores y su víctima más prominente fue Federico García Lorca, fusilado el 19 de agosto de 1936 en Viznar, en la Andalucía en manos de los sublevados. El fundador de Falange Española, José Antonio Primo de Rivera, fue fusilado el 20 de noviembre de ese mismo año en la prisión de Alicante en el sector republicano.

Hacia 1937 en ambas zonas se tendió a controlar este tipo de represión, pero el avance de los ejércitos franquistas dio lugar a matanzas en las regiones conquistadas.

LA INTERNACIONALIZACIÓN DEL CONFLICTO

En los primeros días de agosto de 1936 las tropas de Marruecos, al mando directo del general Franco, cruzaron el estrecho de Gibraltar con el apoyo de una escuadrilla de aviones enviados por el dictador italiano, Benito Mussolini. Ese mismo mes se formó en Londres un Comité de no intervención, cuya actuación resultó una ficción. La Italia fascista, la Alemania nazi y el Portugal de **Antonio de Oliveira Salazar** apoyaron a la España franquista con armas y hombres. Bombarderos de la Legión Cóndor destruyeron la ciudad vasca de Guernica el 26 de abril de 1937. Este último hecho quedó inmortalizado en el lienzo del mismo nombre que Picasso pintó para el pabellón español en la Exposición de París de ese mismo año.

Los republicanos acabaron dependiendo del apoyo de la Unión Soviética. Además, el conflicto bélico agitó a la opinión pública mundial que tomó partido por uno u otro bando. Los comunistas se mostraron activos en la organización de las brigadas internacionales en diversos países, entre ellos los Estados Unidos, Irlanda y Gran Bretaña. Los intelectuales apoyaron, en general, la causa republicana.

El desarrollo de la Guerra Civil

OPERACIÓN PARA ENLAZAR LA ZONA REBELDE

El territorio norte dominado por los militares sublevados no tenía continuidad geográfica con las pequeñas regiones andaluzas en sus manos. Era necesario enlazarlos. El ejército de Marruecos cruzó la Península y dominó así el valle del Guadalquivir. Desde allí avanzó a Extremadura. En septiembre de 1936 había establecido un corredor sobre la frontera con Portugal, que servía de base para avanzar sobre Madrid.

LA RESISTENCIA DE MADRID

La capital española, con la ayuda de las brigadas internacionales, resistió la gran ofensiva de noviembre de 1936. Al año siguiente fracasaron otros dos ataques: las batallas del Jarama (febrero) y de Guadalajara (marzo). Pero, los republicanos no consiguieron en la batalla de Brunete (julio de 1937) romper las líneas franquistas.

LA CAMPAÑA DEL NORTE

Ante la resistencia madrileña, sin abandonar su cerco, se lanzó la ofensiva sobre la región cantábrica hacia marzo de 1937. Sucesivamente cayeron la zona vasca controlada por el gobierno autónomo, Santander y Asturias. En octubre todo el norte de España, desde Aragón hasta Galicia, estaba en manos franquistas.

EL FRENTE DEL ESTE

El gobierno republicano, establecido en Valencia, organizó un ejército y una ofensiva para recuperar el dominio de Aragón. En noviembre de 1937 se lanzó el ataque sobre Teruel, que fue ocupada, y en marzo del año siguiente volvió a manos de las tropas de Franco. Al mes siguiente éstas iniciaron la penetración del valle del Ebro para llegar al Mediterráneo y partir en dos el territorio en poder de los republicanos. Esto lo consiguieron el 14 de abril, pero tres meses después hubo un avance republicano y se desarrolló una violenta batalla—la batalla del Ebro— que duró tres meses y causó bajas importantes en los dos bandos. En noviembre las fuerzas republicanas estaban prácticamente aniquiladas.

¡*Libertad!* (de la colección de carteles de la República y de la Guerra Civil).

LA CAMPAÑA DE CATALUÑA

Los efectivos del gobierno de Burgos comenzaron su avance sobre Cataluña y en enero de 1939 entraban en Barcelona. El presidente Azaña dimitió, pero el gobierno decidió continuar la lucha. El 28 de marzo se entregó Madrid y se ocupó rápidamente el territorio que quedaba en manos de la República. El 1º de abril la guerra había terminado.

La sociedad y la economía (1900–1940)

DEMOGRAFÍA

La población española continuó creciendo en las primeras décadas de este siglo en forma más acelerada que en el anterior. En 1900 el número de habitantes era de 18 600 000 y treinta años más tarde había llegado a 26 187 899. Esto se debió a la caída de las tasas de mortalidad, como consecuencia de mejores condiciones de vida y de los avances médicos, y a un fuerte aumento de la natalidad. Como elementos negativos del punto de vista demográfico hay que mencionar la epidemia de gripe que azotó a Europa en 1918, la guerra civil y la emigración.

La emigración siguió con fuerza especialmente en la década de 1911 a 1920, cuando dejaron España, particularmente hacia Iberoamérica, 1 300 000 personas. En los siguientes años se produjo una brusca caída debido a la fuerte expansión de la economía española entre 1921 y 1930. Durante el período republicano la emigración siguió descendiendo, esta vez en razón de la crisis económica iniciada en 1929 y que afectó también a los países que generalmente recibían al grueso de los emigrantes: la Argentina, Uruguay, Cuba. La expansión económica durante la primera guerra mundial y en la década de 1920 aumentó los movimientos migratorios interiores hacia los centros industrializados. En 1930 el 43 por ciento de la población española residía en núcleos urbanos. Barcelona había pasado de tener 533 000 habitantes a comienzos de siglo a un poco más de un millón treinta años más tarde. Madrid pasó, en igual período, de 539 835 habitantes a un poco menos de un millón.

La actual estación de Atocha (Madrid).

LA INDUSTRIALIZACIÓN

Durante la primera guerra mundial España declaró su neutralidad y ello alentó la actividad industrial y las exportaciones. En primer lugar hubo que sustituir productos que eran importados de países en conflicto. Además, se abrieron nuevos mercados para la producción española por el hecho de que las principales potencias industriales estaban en guerra. La exportación de textiles hacia América del Sur, por ejemplo, había sido de 316 toneladas en 1913 y dos años después llegaba casi a las 2000 toneladas. Las industrias tradicionales, como la siderurgia vasca y el sector textil catalán, registraron una gran expansión al tiempo que comenzaban a aparecer nuevas empresas: alimentación, madera y sus derivados, construcción, electricidad y química.

LA AGRICULTURA Y LA GANADERÍA

El aumento de la población urbana y el desarrollo de la industria de la alimentación alentaron la producción agrícola, que también se vio favorecida por la incorporación de máquinas, la utilización de abonos químicos y la expansión del sistema de regadío, particularmente en las provincias valencianas, Aragón y Lérida. La **cabaña** española registró un notable aumento y pasó de 25 millones de cabezas de ganado en 1910 a 37 millones en 1935.

LAS COMUNICACIONES

La red ferroviaria creció en 1000 kilómetros entre 1900 y 1935, año en que sobrepasó ligeramente los 12 000 kilómetros. Además, se mejoraron los servicios y se renovó su infraestructura. Asimismo, se desarrolló más el sistema de carreteras como consecuencia de la expansión del transporte por camión y automóvil. Entre 1924 y 1930 se construyeron poco menos de 10 000 kilómetros de carreteras. Esta red alcanzó en 1930 cerca de los 70 000 kilómetros y, al igual que la ferroviaria, tuvo estructura radial con su centro en Madrid. El transporte aéreo comenzó hacia 1920 como medio para llevar correspondencia y en 1927 existía una línea de pasajeros que unía a Madrid y Barcelona.

LAS FINANZAS

Los períodos de expansión económica dejaron importantes beneficios que en una buena proporción ingresaron en los bancos. Estos acumularon grandes reservas y aumentaron sus beneficios. La banca comenzó a invertir en los sectores industriales que estaban en plena expansión (mecánico, químico y eléctrico). Asimismo, en la década de 1920 se produjeron inversiones españolas en Hispanoamérica, como en el caso del sector eléctrico y el ferrocarril urbano subterráneo en la capital argentina.

LA ESTRUCTURA DE CLASES

En este período se produce una expansión de las clases medias y de la clase obrera. Asimismo, como consecuencia del aumento de la actividad industrial y financiera, se consolida una gran burguesía que se suma al sector más alto donde prácticamente había dominado la nobleza propietaria de tierras. Pero, si el cuadro de clases de la sociedad española se hace más rico, siguen predominando en ella los sectores obrero, de jornaleros rurales y de campesinos pobres.

Las disparidades sociales eran muy grandes y se ha estimado que sólo tres millones de personas contaban con medios suficientes para vivir bien. Este panorama social se vio agravado por las repercusiones de la crisis de 1929.

La cultura desde principios de siglo

LA LITERATURA

El cambio de siglo. En la transición del modernismo—estilo literario introducido en España por el nicaragüense Rubén Darío y que más o menos coincide cronológicamente con la generación del 98, aunque no todos sus escritores se plegaron a él—aparecen figuras como Gabriel Miró (1879–1930) y Juan Ramón Jiménez (1881–1958). Este último, autor de *Platero y yo* y premio Nobel de Literatura de 1956, es considerado como el nexo entre Rubén Darío y la generación de 1927.

La generación del 27. Bajo este nombre se reúne un extraordinario núcleo de escritores, casi todos ellos poetas en contraste con la generación del 98, en la que predominaron los prosistas. Pertenecen a ella, entre otros, Pedro Salinas (1891–1951), Jorge Guillén (1893–1984), Gerardo Diego (1896–1987), Federico García Lorca (1898–1936), Dámaso Alonso (n. 1898) y Vicente Aleixandre (1898–1984). Este último recibió el premio Nobel de Literatura en 1977.

La figura más universalmente conocida de esta generación es García Lorca. Nacido en Fuentevaqueros (Granada), dejó una importante obra poética en la que resalta *Poeta en Nueva York* (1929–1930), libro escrito mientras residía en la Universidad de Columbia y en cuyos poemas confluyen el desasosiego personal y el brutal impacto de la ciudad.

Posterior a esta generación es Miguel Hernández (1910–1942), que comienza a publicar en pleno período republicano.

Una buena parte de la generación del 27, así como otros escritores e intelectuales, dejaron España al finalizar la guerra civil.

El teatro. La escena española estuvo dominada hasta comienzos de este siglo por José Echegaray (1832–1916), quien recibió—en 1904—el primer premio Nobel obtenido por un español. Fue Jacinto Benavente (1866–1954), quien en 1922 logró el segundo premio Nobel de Literatura, el que liberó al teatro español de la influencia de los melodramas del primero. En los comienzos de 1920 Ramón María del Valle Inclán comenzó a publicar sus obras de teatro, que en algunos casos anticiparon en varias décadas el teatro del absurdo.

Federico García Lorca escribió en los últimos años de su vida diversas piezas teatrales, entre ellas *Bodas de sangre, Yerma* y *La casa de Bernarda Alba*. Esta última se estrenó en 1945 en Buenos Aires y sólo tiene mujeres como personajes, aunque toda la pieza gira en torno a la figura del hombre.

LA ERUDICIÓN

Hacia la segunda mitad de este siglo comienza a brillar la figura de José Ortega y Gasset (1883–1955), catedrático de Metafísica en la Universidad de Madrid. Sus reflexiones sobre España—entre ellas *Meditaciones del Quijote* y *España invertebrada*—enlazan directamente con las de la generación del 98.

En los estudios históricos y filológicos hay que señalar los nombres de Ramón Menéndez Pidal (1869–1968), Claudio Sánchez Albornoz (1893–1984) y Américo Castro (1885–1972).

EL ARTE

La pintura. Las artes plásticas continuaron desarrollándose durante todo el siglo XIX, pero fue en el siguiente cuando surgen, con la aparición de las vanguardias, cuatro figuras de dimensión internacional: el andaluz Pablo Picasso (1881–1973), el madrileño Juan Gris (1887–1927) y los catalanes Joan Miró (1893–1983) y Salvador Dalí (1904–1989).

Cabeza de una mujer llorando con pañuelo (III), de Picasso (Museo del Prado).

Picasso es el más importante del cuarteto. Pocos años después de su nacimiento en Málaga, su familia se mudó a La Coruña. En esta ciudad gallega comenzó a pintar y dibujar y la dejó para irse a Barcelona que, a finales del siglo pasado y comienzos del actual, era uno de los centros artísticos europeos. Es un período de formación bajo el influjo de la pintura académica y de los clásicos de la pintura, especialmente los españoles. Entre 1900 y 1907, aproximadamente, se desarrollan sus períodos azul y rosa, llamados así por el predominio de estos dos colores.

En 1907, cuando llevaba tres años en París, pinta *Las señoritas de Aviñón.* El tema, las prostitutas de la calle barcelonesa de igual nombre, está relacionado con su anterior pintura de carácter realista, pero desde el punto de vista formal representa una ruptura, no sólo con sus obras previas. Picasso quiebra el sistema tradicional de perspectiva y las figuras se organizan en un mismo plano para ser vistas simultáneamente desde diversos puntos. Las formas se plasman a través de figuras geométricas: el cubo, el cilindro, el cono. Además, es clara la influencia del llamado arte primitivo, tanto africano (máscaras negras) como el europeo (la escultura ibérica).

Picasso buscará otras formas de expresión, hecho que caracterizará toda su obra, junto con las incursiones en otros campos artísticos como la escultura, la cerámica, el grabado. Al período cubista sigue, más o

Guernica, de Picasso (Museo del Prado).

Paisaje de fondo, de Salvador Dalí (Museo Español de Arte Contemporáneo, Madrid).

menos, la época clásica, porque el pintor no abandona totalmente lo que ha experimentado. En esta época hay una vuelta a la estética surgida con el Renacimiento y entre sus lienzos se destaca *El arlequín* (1917).

A partir de 1924, aproximadamente, y hasta el final de su vida Picasso continuará pintando sin adoptar un lenguaje único. Podrá recu-

Diálogo o Grupo, de Ángel Ferrant.

rrir al surrealismo, al expresionismo, a las fórmulas neoclásicas e, incluso, mezclarlas. La libertad—es decir, su libertad de expresión—es el elemento radical y básico que puede unir obras tan dispares como el *Guernica* (1937) y los paisajes del sur de Francia—donde murió—que pintó en los últimos años de su vida.

Juan Gris fue esencialmente un pintor cubista, mientras que Joan Miró y Salvador Dalí fueron influidos profundamente por el surrealismo. Miró evolucionó hasta encontrar un lenguaje de una aparente gran sencillez en sus formas y profundo colorido.

Entre otros pintores importantes de la primera mitad de este siglo, aunque nacidos en el siglo pasado, están Josep María Sert (1876–1945), José Gutiérrez Solana (1886–1945) e Ignacio Zuloaga (1870–1945).

La escultura. Julio González (1876–1942), Victorio Macho (1887–1966) y Ángel Ferrant (1891–1959) son algunos nombres destacados de la primera parte de este siglo.

La música. El andaluz Manuel de Falla (1876–1946) es la figura dominante del panorama musical español del siglo XX, con un lenguaje influido por el impresionismo y profundamente enraizado en su tierra. Entre su producción destacan la ópera *La vida breve,* los ballets *El amor brujo* y *El sombrero de tres picos,* y numerosas piezas para piano. Dejó incompleta al morir en la Argentina, donde se había auto-exiliado, su cantata escénica basada en el poema catalán *L'Atlántida.*

Otros nombres importantes son los del también andaluz Joaquín Turina (1882–1949) autor, entre otras piezas, del poema sinfónico *La procesión del Rocío,* el valenciano Oscar Esplá (1886–1976) y Joaquín Rodrigo (1902–1987), quien en 1939 terminó el posteriormente popularísimo *Concierto de Aranjuez.* En este siglo ya, nacieron los madrileños Rodolfo Halffter (n. 1900), su hermano Ernesto, cinco años más joven, que completó *L'Atlántida* de Falla, y el catalán Xavier Monstsalvatge (n. 1911).

LA CIENCIA

En medicina se destacó Santiago Ramón y Cajal (1852–1934), ganador en 1906 del premio Nobel de Fisiología y Medicina.

LITERATURAS CATALANA, GALLEGA Y VASCA

La literatura catalana. El modernismo representó el comienzo de la gran renovación cultural catalana. Comenzó a gestarse a finales del siglo XIX y alcanzó su plenitud en la primera década del actual. En la poesía su figura sobresaliente fue Joan Maragall (1860–1911). En la novela, centrada fundamentalmente en la temática rural, se destacó Victor Catalá (1869–1966), seudónimo de Caterina Albert. Adrià Gual e Ignasi Iglesias contribuyen al desarrollo del teatro catalán.

El neucentismo significó una segunda transformación en el panorama literario catalán, especialmente en la poesía. Tiene sus fuentes en los movimientos estéticos **parnasiano** y *simbolista* y su figura central fue Josep Carner (1884–1970). Las vanguardias tuvieron en Joan Salvat-Papasseit (1894–1924) a su más destacado representante. La novelística fue renovada por la denominada generación del 36, en la que se destacan Sebastiá Juan Arbó, Xavier Benguerel, Mercè Rodoreda, Joan Oliver y Llorenç Villalonga, entre otros.

La literatura gallega. Bajo el influjo del modernismo comenzó la renovación de la poesía gallega, anclada en una temática costumbrista heredada del siglo XIX. Ramón Cabanillas (1876–1959) es la figura poética de mayor importancia y en su vasta producción se destaca *Na noite estrelecida,* que nacionaliza la vieja leyenda de origen celta del **Santo Grial.**

La renovación de la cultura gallega será llevada adelante por la generación NOS, que toma su nombre de la revista de igual nombre. Sus tres figuras centrales son Vicente Risco (1874–1963), Alfonso Rodríguez Castelao (1886–1950) y Ramón Otero Pedrayo (1888–1976), creadores de la prosa literaria y didáctica gallega.

La literatura vasca. En 1912 Domingo Aguirre (1864–1920) publica la novela *Garoa* (El helecho) que muchos críticos consideran como la mejor que se ha escrito en vasco, así como también estiman que José María Aguirre (1896–1933) es una de sus voces líricas más importantes.

El régimen de Franco

CARACTERÍSTICAS DEL RÉGIMEN

Aunque a lo largo de sus cuarenta años de existencia hubo modificaciones en el régimen que se instaura con la guerra civil, algunas características persistieron a lo largo de toda su historia. Existe una concentración de poderes en manos del jefe de Estado, se rechaza la idea de democracia representativa, existe un solo partido político, los sindicatos incluyen a trabajadores y empresarios y están organizados por el Estado, y ciertas libertades no existen o están severamente limitadas.

LAS LEYES FUNDAMENTALES

El régimen careció de constitución en el sentido de un código único en el que se regula normalmente la organización del Estado, su funcionamiento y los derechos y libertades del ciudadano. Tuvo sí, una serie de leyes, denominadas leyes fundamentales, que fueron apareciendo en la medida en que el sistema se iba adaptando a situaciones cambiantes tanto interiores como en el plano internacional.

La primera ley fundamental fue el Fuero del Trabajo (1938) y a ella siguieron, entre otras, la Ley de Sucesión a la Jefatura del Estado (1947) y la Ley Orgánica del Estado (1967), que fue la última.

EL PERÍODO 1939–1951

Francisco Franco detenta las funciones de jefe de Estado y del gobierno. Nombra a sus ministros y los reemplaza cuando no gozan de su confianza. La represión de la oposición se realiza a través de diversas leyes, como la de Responsabilidades Políticas (1939), la de Represión de la **Masonería** y el Comunismo y la de Seguridad del Estado (1940).

La segunda guerra mundial. Pocos meses después de estallar la segunda guerra mundial España declara su estado de "no beligerancia".

El generalísimo Francisco Franco Bahamonde, Jefe de Estado hasta su muerte
en 1975.

Sus simpatías están claramente con el Eje Berlín-Roma. Al ser invadida la Unión Soviética por la Alemania nazi (junio de 1941), se organiza en España la "División Azul" para combatir en el frente ruso.

Aislamiento internacional.   Al comenzar a verse que el triunfo de los Aliados era posible, el régimen inicia una progresiva separación de las potencias nazi-fascistas. Sin embargo, ello no impide el aislamiento internacional a partir de 1946, con las excepciones del régimen de Salazar en Portugal y el de Perón en la Argentina, que no acataron las decisiones de las Naciones Unidas.

La Ley de Sucesión.   La Ley de Sucesión a la Jefatura del Estado define a España como una monarquía y establece las condiciones que deberá tener su futuro rey. El posterior acuerdo entre Francisco Franco y Don Juan de Borbón—pretendiente al trono y heredero de la corona por ser hijo del rey Alfonso XIII—llevó al príncipe Don Juan Carlos a ser educado en España.

EL PERÍODO 1952–1959

La guerra fría.   La guerra fría con la Unión Soviética va a modificar la situación de aislamiento internacional del régimen. En 1950 la ONU levanta el veto existente y al año siguiente los Estados Unidos restablecen relaciones diplomáticas con España. En ese año comienza el ingreso en las Naciones Unidas a través de sus organismos técnicos (**FAO, UNESCO**), que culminará en 1955 con el ingreso como miembro de pleno derecho. En 1953 Washington y Madrid firman los acuerdos por los cuales se ceden bases militares a los Estados Unidos a cambio de ayuda económica y militar.

Primera apertura.   Hay una lenta apertura del régimen, que ha perdido parte de su retórica fascista, y algunas personalidades católicas, como Joaquín Ruiz Giménez al frente del Ministerio de Educación, intentan una renovación cultural. La represión política continúa, aunque el régimen está afianzado en el interior. En 1956 hay intranquilidad estudiantil y estallan huelgas en Madrid, Cataluña y el País Vasco. Al año siguiente hay huelgas en las minas de Asturias.

EL PERÍODO 1962–1973

El cambio de la orientación económica comienza con la incorporación de los llamados "tecnócratas", próximos a la organización católica **Opus Dei.** En 1962 hay huelgas en la industria y en las universidades y se celebra en Munich una reunión de líderes políticos de la oposición moderada y de la izquierda democrática. Tres años más tarde se repiten los conflictos en la universidad y varios catedráticos son sancionados con la expulsión. La Ley de Prensa de 1966 elimina la censura previa y la vigilancia de lo que se dice en los medios de información recae en sus directores.

Nuevos cambios.   Los cambios que se producen en el seno de la iglesia católico-romana a consecuencia del Concilio Vaticano II repercuten en España. Si bien el Estado sigue siendo confesional, el régimen debe reconocer la libertad religiosa (1966) para no entrar en colisión con posiciones asumidas por Roma. El clero joven y algunos obispos del sector progresista y los laicos "post-conciliares" jugarán un papel importante frente al poder (ver cap. 11, págs. 294–97).

Ley Orgánica del Estado.   En 1966 se promulga la Ley Orgánica del Estado, que introduce en las Cortes—que no son de elección popular—una representación de la familia, lo que dará lugar a unos simulacros de comicios en los que votan los cabezas de familia.

La aparición de ETA.   Hacia mediados de la década la organización ETA (*Euskadi ta Askatasuna,* Patria y Libertad), que había surgido en 1960, comienza su actividad de guerrilla y varios de sus miembros son juzgados en Burgos tras el asesinato en 1968 del comisario Melitón Manzanas González. Seis de los acusados son condenados a muerte. El proceso de Burgos moviliza a la opinión pública internacional contra el régimen.

El príncipe Don Juan Carlos.   En 1969 Don Juan Carlos es designado sucesor de la corona y en 1973 se separan las funciones de jefe de Estado y las de jefe del gobierno. Estas últimas recaen en el almirante

El entonces príncipe Don Juan Carlos y el general Franco durante un desfile militar.

215

Luis Carrero Blanco, que ese mismo año muere en un atentado perpetrado en Madrid por ETA.

EL PERÍODO 1973–1975

Crece la oposición. La sociedad española cambió en la década de 1960, pero el régimen no siguió en su evolución el mismo ritmo, por su propia imposibilidad de cambio. El centro de la oposición democrática se desplazó definitivamente del exterior al interior, como consecuencia de su crecimiento con la incorporación de jóvenes militantes y la aparición de nuevas organizaciones políticas y sindicales, entre estas últimas Comisiones Obreras, de tendencia comunista.

El gobierno de Arias Navarro. El gobierno presidido por Carlos Arias Navarro intenta ampliar las bases del régimen con un Estatuto de Asociaciones Políticas, sin que ello implicara la restauración de un régimen democrático con partidos. El intento fracasa y los sectores más reaccionarios, que serán llamados "el bunker", se oponen a todo cambio.

La oposición se organiza. En 1974 se crea la Junta Democrática de España con fuerzas de izquierda marxista, entre ellas el Partido Comunista, y al año siguiente se forma la Plataforma Nacional de Convergencia Democrática con un abanico más amplio de partidos, en cuyo centro derecha se encuentran los democratacristianos y en su centroizquierda los socialistas del Partido Socialista Obrero Español (PSOE). En ambos casos había unos puntos mínimos que se reclamaban, entre ellos la convocatoria a Cortes Constituyentes.

Don Juan Carlos, rey de España. El 20 de noviembre de 1975 moría Francisco Franco y se abría la incógnita de lo que sucedería con el régimen. El 22 de ese mes Don Juan Carlos de Borbón fue proclamado rey de España e inició su reinado dentro de la legalidad del sistema político vigente. Carlos Arias Navarro fue confirmado como presidente del gobierno.

La sociedad y la economía en la España franquista

DEMOGRAFÍA (1940–1960)

La población de España aumentó en este período en algo más de cuatro millones de personas y en 1960 llegó a los 30 903 137 de habi-

Madrid, como otras ciudades españolas, experimentó un gran crecimiento.

tantes. Las tasas de mortalidad continuaron bajando. Lentamente comenzó a darse la misma tendencia en cuanto al número de nacimientos, aunque la natalidad española siguió siendo superior a la del resto de Europa occidental.

La emigración al exterior se reanudó a poco de acabar la segunda guerra mundial. Algunos países hispanoamericanos, especialmente los del río de la Plata, siguieron atrayendo a los emigrantes españoles. Más tarde, el desarrollo venezolano, a consecuencia de la expansión de la industria del petróleo, se convirtió en un nuevo destino para los españoles que dejaban sus tierras. Sin embargo, hacia finales de la década del 50 la emigración española comenzó a dirigirse hacia algunos de los países de la Europa del Mercado Común (Alemania y Francia principalmente), Suiza y Gran Bretaña. El desarrollo europeo de la postguerra necesitaba mano de obra e Iberoamérica entraba en un período de crisis.

El movimiento de población hacia las grandes ciudades continuó, especialmente hacia Barcelona, Madrid, Valencia, Zaragoza, Alicante y Bilbao. En 1960, el 57 por ciento de la población era rural y el resto vivía en centros urbanos. El llamado fenómeno de desertización (pérdida de población) del centro de la Península se acentuaba ya en toda su magnitud hacia finales del período.

LA ETAPA AUTÁRQUICA (1939–1950)

Esta década se caracterizó por un estancamiento económico, con niveles de producción y consumo por debajo de los que había antes de la guerra, y por una fuerte intervención del Estado. El objetivo era hacer a España autosuficiente, liberarla de la dependencia exterior. Siguiendo el ejemplo de la Italia fascista se fundó el Instituto Nacional de Industria para la creación de diversas industrias. Además, el gobierno controló el comercio exterior, que era muy reducido.

Los intentos de aumentar la producción agrícola fracasaron y España debió importar trigo de la Argentina. El racionamiento de productos básicos de consumo (pan, aceite, tabaco, jabón, etcétera) persistió hasta 1952. También existieron restricciones con diversos productos industriales. El mercado negro floreció con los consiguientes negocios ilegales y corrupción administrativa.

LA TRANSICIÓN (1950–1960)

En 1950 los Estados Unidos concedieron el primer crédito a España por 62 millones y medio de dólares. A partir de ese momento la economía española iría vinculándose más y más a la del resto del mundo occidental. En abril de 1952 se decretó la libertad de precios y de circulación de los productos de alimentación. La actividad industrial comenzó a experimentar mayor vigor. Pero, la estructura económica española continuaba con los mismos problemas de la década del treinta, agravados por la situación de los años posteriores a la guerra civil. La situación hizo crisis hacia finales de la década del cincuenta y obligó a realizar un profundo cambio en la política económica: en 1959 se puso en marcha el Plan de Estabilización, y se estableció un tipo de cambio de la peseta de acuerdo con su valor real en el mercado exterior. Además, se removieron los obstáculos para el comercio exterior y se abrió el mercado español a las inversiones extranjeras.

EL DESARROLLO A PARTIR DE 1960

Con el Plan de Estabilización de 1959 se inició el saneamiento de la economía española y su expansión. El acelerado desarrollo económico estuvo alentado por los créditos e inversiones extranjeras, las entradas dejadas por el fenomenal crecimiento del turismo, las divisas que enviaban los emigrantes que salían a trabajar a los países más desarrollados de Europa y un aumento de las exportaciones.

A partir de los años sesenta, se aceleró el proceso de industrialización.

LOS PLANES DE DESARROLLO

A partir de 1964 se pusieron en marcha tres planes de desarrollo económico y social, aunque el último tuvo una aplicación muy relativa en razón de la propia situación que comenzó a vivir el régimen franquista y la crisis del petróleo de 1973.

NUEVOS NÚCLEOS INDUSTRIALES

Se desarrollaron nuevas industrias, especialmente aquéllas ligadas al consumo masivo, como la de electrodomésticos y la de automóviles. Madrid creció como núcleo industrial y dejó de ser una ciudad casi exclusivamente administrativa y política y de servicios. Se sumó, así, a los centros tradicionales en Barcelona, Vizcaya, Asturias. Además, se industrializaron en menor escala provincias como las de Sevilla, Valencia, Cádiz y Zaragoza. Sin embargo, el desarrollo industrial no fue más o menos uniforme y los desequilibrios que existían entre regiones ricas y pobres se aceleraron y aumentaron.

AUMENTO DE LA RENTA

Los salarios reales crecieron entre 1965 y 1972 en un 7,9 por ciento anual, más que en cualquier otro país desarrollado. En 1972 la renta *per cápita* española llegó a los 1239 dólares anuales. Este hecho se tradujo, en la práctica, en un acceso a productos hasta entonces a disposición de una minoría. Surgió lo que se ha denominado consumismo.

CAMBIOS EN LA ESTRUCTURA DE CLASES

En 1950 el 23 por ciento de la población activa estaba formada por los trabajadores agrícolas no cualificados y quince años más tarde ese porcentaje había descendido al 10 por ciento. En esa misma fecha, 1965, el grupo de obreros cualificados representaba el 22 por ciento de la población activa. Asimismo, se produjo una expansión de los sectores medios, las llamadas nuevas clases medias.

PROCESO DE URBANIZACIÓN

La población urbana continuó creciendo, en parte por su natural proceso de crecimiento vegetativo y en parte por la afluencia permanente de gentes que vivían en el campo. En 1970 sólo el 34 por ciento de los habitantes residía en el medio rural.

CONSECUENCIAS DEL PROCESO DE DESARROLLO

Estos hechos determinaron una ruptura en las pautas tradicionales de vida en la sociedad española, apoyadas ideológicamente por el propio régimen. Cada vez más se hizo patente el desfase que existía entre éste y la nueva realidad.

La cultura durante el franquismo

EL EXILIO

El final de la guerra supuso la salida de prácticamente lo más valioso de la intelectualidad española o la imposibilidad de volver para quienes se encontraban fuera de España. Pensadores de la talla de Américo Castro, historiadores como Claudio Sánchez Albornoz, poetas como Luis Cernuda o Rafael Alberti, penalistas como Luis Giménez de Azúa, actrices como Margarita Xirgu y científicos como el doctor José Trueta Raspall abandonaron España. Algunos marcharon a países europeos y a los Estados Unidos, aunque la mayoría prefirió como destino los países iberoamericanos. México, que había apoyado abiertamente a la República española y nunca reconoció al régimen franquista, abrió sus puertas a los exiliados. En esos países fundaron editoriales, crearon revistas

literarias y publicaron sus obras. Se convirtieron en lo que se llamó la
España peregrina.

EL RÉGIMEN FRENTE A LA CULTURA

La rígida imposición de la censura, la obediencia a los principios de
la iglesia católica en cuestiones culturales, la aparición de una "estética"
oficial, el aislamiento frente a la cultura que se desarrollaba en el Occidente, fueron algunas de las características que marcaron el panorama
cultural español, especialmente en la primera década del régimen. Lentamente, tras la consolidación del sistema en el interior y en la escena
internacional, comenzará cierto relajamiento, que se hace más patente
hacia finales de la década de 1960.

LA LITERATURA

La novela.   En este género se desarrolla el denominado tremendismo,
realismo cargado de violencia y terror, cuya obra capital es la novela de
Camilo José Cela, premio Nobel de literatura en 1989, (n. 1916) *La
familia de Pascual Duarte,* publicada en 1942. Posteriormente aparecen
autores con nuevas orientaciones como Rafael Sánchez Ferlosio (n.
1927), Juan Goytisolo (n. 1931) y Luis Goytisolo (n. 1935).

La poesía.   Dámaso Alonso (n. 1898), especialmente con *Hijos de la
ira* (1944), representa una ruptura semejante a la del libro de Cela en un
momento en que la poesía había alcanzado su punto más bajo dentro de
España. En la década de 1950 Gabriel Celaya (n. 1911) y Blas de Otero
(n. 1916) inician una poesía de compromiso, en términos ideológicos,
acompañada de calidad literaria.

El teatro.   Destaca el nombre de Antonio Buero Vallejo (n. 1916),
cuya primera obra fue *Historia de una escalera* (1949), influida por las
técnicas del teatro estadounidense de ese momento. Sus obras, si bien
no son deliberadamente políticas, están cargadas de sentido moral y
social.

LA ERUDICIÓN

Para centralizar la investigación en diversos campos se creó el Consejo Superior de Investigaciones Científicas. En un primer momento la
reflexión filosófica se mueve dentro de la escuela neotomista—basada en
la filosofía religiosa de Santo Tomás de Aquino—y su representante es

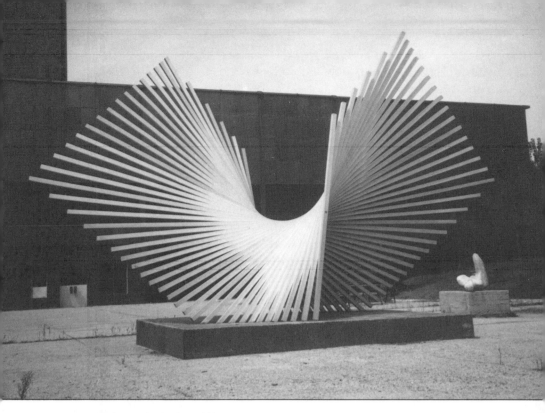

Escultura, de Andreu Alfaro.

Rumor de límites VII, de Eduardo Chillida.

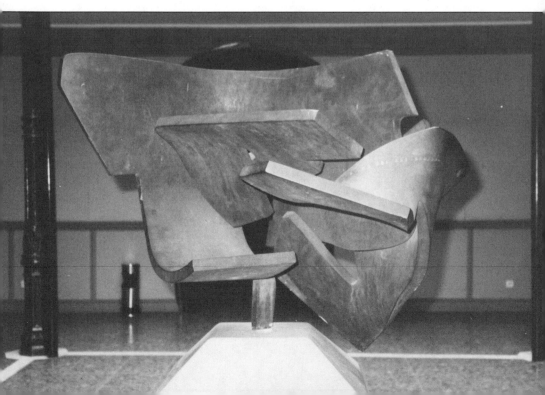

Xavier Zubiri. Discípulo de Ortega y Gasset es Julián Marías (n. 1914). En los estudios históricos y filológicos la figura dominante continúa siendo Ramón Menéndez Pidal (ver pág. 207) y la renovación metodológica la lleva a cabo Jaume Vincens Vives (1910–1960). En el ensayo se destacan Pedro Laín Entralgo (n. 1908) y Gregorio Marañón (1887–1960).

EL ARTE

El cine. Luis Buñuel (1900–1983) fue el director español de mayor prestigio internacional y prácticamente toda su obra fue hecha fuera de España, en parte en México y en Francia. En su filmografía última hay películas como *Nazarín* (1958), basada en la novela de Galdós, *Viridiana* (1961) y la *Vía láctea* (1969). La producción del cine español es, en general, durante estos años de baja calidad, salvo las producciones de directores como Juan Antonio Bardem (n. 1922) y Luis Berlanga (n. 1921). Hacia los finales del franquismo hará su aparición Carlos Saura (n. 1932).

La pintura y la escultura. El informalismo abstracto llena buena parte de la década de 1950 y la siguiente y Antoni Tapies (n. 1923) es su figura más conocida. En la escultura uno de los nombres más conocidos es el de Eduardo Chillida (n. 1924), perteneciente a la denominada escuela vasca. En el experimentalismo sobresale el escultor valenciano Andreu Alfaro (n. 1929).

LA PERSECUCIÓN LINGÜÍSTICA

La utilización en público y la publicación de obras en otro idioma español que no fuese el oficial del Estado—el castellano—quedó formalmente prohibida y oficiosamente interdicta. Pero, tras los primeros años comenzó lentamente la aparición de obras que, en un principio, tuvieron carácter no conflictivo.

LAS LITERATURAS CATALANA, GALLEGA Y VASCA

La literatura catalana. Buena parte de la intelectualidad catalana se exilia y continúa escribiendo y publicando en sus países de residencia. Carles Ribas (1893–1959) regresa en 1943 del exilio y jugará un papel de animador y de maestro. En 1960 el poeta Salvador Espriu (n. 1913) publica su libro más político, *La pell de brau* (La piel de toro). Otro poeta importante de este período—aunque había publicado antes del fin de la guerra—es Joan Oliver (n. 1888). En la novela cabe destacar a Manuel de Pedrolo (n. 1918) y en el teatro habrá que esperar hasta 1960, cuando surge La Escola d'Art Dramatic Adrià Gual (Escuela de Arte Dramático), dirigida por Ricard Salvat y María Aurèlia Capmany, para asistir a una renovación de la escena catalana. En la erudición sobresalen nombres como los de Francesc de B. Moll, Manuel Sanchis Guarner, Antoni Ma Badia Margarit y Joan Fuster.

La literatura gallega. La capital intelectual de Galicia durante los años cuarenta y parte de los cincuenta fue Buenos Aires, donde había una gran colonia gallega y donde se exiliaron la mayoría de los intelectuales gallegos, entre ellos Castelao. Celso Emilio Ferreiro (1914–1979) fue el poeta social más conocido. Álvaro Cunqueiro (1910–1981) se convirtió en el narrador más popular con obras como *Merlin e Família*. Eduardo Blanco-Amor (1897–1979) está considerado como el novelista más importante tras comenzar a cultivar el género con *A esmorga* (La parranda), publicada en 1959 en Buenos Aires por problemas con la censura española.

La literatura vasca. Sufrió los mismos problemas que las anteriores y en el exilio se realizó una buena parte de la literatura de esta época. El poeta Gabriel Aresti fue una de las figuras de mayor impacto con su *Harri eta berri* (Piedra y pueblo), de fuerte contenido social.

Glosario

Academia General de Zaragoza. military academy in Zaragoza

Annual. town in Morocco where Spanish forces were defeated

batalla del Ebro. battle in the valley of the Ebro River in Tarragona that led to the fall of Catalonia

Bloque Nacional. National Block, a right-wing force led by José Calvo Sotelo

cabaña. livestock

de Oliveira Salazar, Antonio. former president of Portugal

Directorio Civil. civil government

Directorio Militar. military government created during Primo de Rivera's dictatorship

encíclica papal. encyclical, letter sent by the Pope to the clergy of the Roman Catholic Church

Estatuto de Cataluña. Catalan Statute, a law that granted the *Generalitat* a form of self-government

falangistas. members of the *Falange,* a Spanish political party that championed the ideas of Italian Fascism

FAO. Food and Agriculture Organization of the United Nations

Generalidad (Catalan *Generalitat*). name adopted by the government of Catalonia during the Second Republic (1931–1939) and reestablished in 1977

laicista. lay, secular

Mancomunidad Catalana. Catalan Commonwealth of Provinces

masonería. freemasonry

maximalista. extremist

nacionales. name adopted by the military rebels and those who fought against the Spanish Republic

neucentisme. modernist Catalan movement in literature and the visual arts

Opus Dei. Roman Catholic movement founded in 1928 in Madrid by J. María Escrivá

parnasiano. Parnassian, concerning a style of poetry that started as a reaction to Romanticism and that emphasized perfection of form over the expression of feeling

plaza fuerte. fortified town, stronghold

Santo Grial. the Holy Grail, (according to tradition) the cup used by Jesus Christ at the Last Supper

simbolista. symbolist, a follower of symbolism, concerning a poetic movement in nineteenth-century France that reacted against realism by stressing the metaphysical and mysterious

Solidaritat Catalana (1906–1909). Catalan nationalist movement

sublevación de Jaca. military uprising that took place in Jaca (Huesca)

UNESCO. United Nations Educational, Scientific, and Cultural Organization

Cuestionario

EL REINADO DE ALFONSO XIII

1. ¿Cómo se manifestó la presencia española en Marruecos en este siglo?
2. ¿En qué consistía el problema religioso?
3. ¿Cómo estaba dividida la tierra a comienzos del siglo XX?
4. ¿Qué exigían los movimientos obreros?
5. ¿Qué reformas se realizaron para hacer frente a los problemas?
6. ¿Qué fue la Semana Trágica? ¿Cuál fue su resultado?
7. ¿Cómo se manifestó la crisis de 1917?

LA DICTADURA DE PRIMO DE RIVERA Y EL FIN DE LA MONARQUÍA

1. ¿Cuáles fueron los principales hechos ocurridos durante el Directorio militar?
2. ¿Quiénes integraron el Directorio civil? ¿Cómo llegó a su fin?
3. ¿Qué ocurrió después de la dimisión de Primo de Rivera?

4. ¿Cuál fue el resultado de las elecciones municipales de 1931?
5. ¿Cuáles fueron las consecuencias políticas de esas elecciones?

LA SEGUNDA REPÚBLICA ESPAÑOLA

1. ¿Cuándo se proclamó la Segunda República española?
2. ¿Qué reacción hubo frente a la defensa de la monarquía por parte de la Iglesia?
3. ¿Cuáles fueron algunas de las disposiciones principales de la Constitución republicana de 1931?
4. ¿Cuál fue la reacción de la Iglesia frente a las nuevas disposiciones que le concernían?
5. ¿Cómo se resolvieron las reivindicaciones autonomistas en Cataluña, en Galicia, en el País Vasco?
6. ¿Qué transformaciones hubo en el sector agrario?
7. ¿Cuáles fueron las principales acciones de los radicales?
8. ¿Cómo se llegó a la Revolución de 1934? ¿Cuál fue el resultado de este conflicto?
9. ¿Qué acciones ocurrieron tras la victoria del Frente Popular en 1936?
10. ¿Dónde se inició la rebelión militar contra el Frente Popular?

LAS DOS ESPAÑAS

1. ¿Qué partidos y grupos políticos integraban el sector republicano?
2. ¿Qué papel jugó el general Franco en el sector rebelde?
3. ¿Cómo se manifestó la represión política? ¿Quiénes fueron algunas de sus víctimas?
4. ¿Qué países apoyaron a la España franquista?
5. ¿Qué apoyo recibieron los republicanos?

EL DESARROLLO DE LA GUERRA CIVIL

1. ¿Qué zonas dominaban los nacionales al comenzar la guerra?
2. ¿Cómo lograron unir las dos zonas?
3. ¿Qué consecuencias tuvo la batalla del Ebro para los republicanos?
4. ¿Qué acciones realizaron los nacionales después de la batalla del Ebro?
5. ¿Cuándo fue ocupada Barcelona por los nacionales? ¿Cuándo ocuparon Madrid?

EL RÉGIMEN DE FRANCO

1. ¿Cuáles fueron las principales características del régimen de Franco?
2. ¿Qué caracteriza el primer período del franquismo?
3. ¿Qué posición adoptó España en la segunda guerra mundial?
4. ¿Cuándo se produce el aislamiento de España por parte de la comunidad internacional?
5. ¿Qué estipulaba la Ley de Sucesión?
6. ¿Cómo terminó el aislamiento internacional de España?
7. ¿Qué acciones realiza la oposición después de 1960?
8. ¿Qué fue la Ley Orgánica del Estado?

9. ¿Cuándo surgió ETA? ¿Qué fue el proceso de Burgos?
10. ¿Cuándo fue designado Don Juan Carlos sucesor de la corona?
11. ¿Cómo se organiza la oposición durante el gobierno de Arias Navarro?
12. ¿Cuándo se proclamó a Don Juan Carlos como rey de España?

Temas de redacción o presentación oral

1. Explica cuál era el estado de la sociedad y la economía españolas entre 1900 y 1940. Incluye información sobre la demografía, la industrialización, la agricultura y la ganadería, las comunicaciones, las finanzas y la estructura de clases.

2. ¿Qué períodos se distinguen dentro de la sociedad y la economía en la España franquista? ¿Qué caracteriza a cada uno de estos períodos y qué hechos importantes se dan en cada uno de ellos?

3. Explica qué consecuencias tuvo la guerra civil para muchos intelectuales y cómo reaccionó el régimen de Franco frente a la cultura.

4. ¿Crees que el curso de la historia española habría sido diferente si las potencias occidentales hubiesen intervenido en favor de la República? ¿De qué forma podría haber cambiado la situación?

5. Haz una investigación sobre Federico García Lorca: su vida, su compromiso con la España de su época, sus principales obras y algunas de sus características.

6. ¿Qué períodos comprende la obra artística de Picasso? ¿Qué características tiene cada uno de estos períodos?

7. ¿Qué significado tiene la obra *Guernica* de Picasso en el contexto de la guerra civil española?

8. Haz una investigación sobre alguno de los novelistas de la postguerra, como Camilo José Cela, Juan Goytisolo, Luis Goytisolo, etc. Explica cuáles son las características de su obra y habla sobre una de ellas en particular.

9. Busca información sobre el cineasta español Luis Buñuel. Haz una presentación oral o escrita sobre su vida y su obra.

Práctica

1. Estudia el uso del verbo **quedar** + **participio** en estas frases.
   • La Iglesia y el Estado *quedaban separados*.
   • Burgos *quedará convertida* en capital de la España Nacional.

- La destrucción de Guernica *quedó inmortalizada* en el lienzo de Picasso.

Recuerda: La construcción **quedar** + **participio** tiene un carácter terminativo y durativo y sirve para indicar el resultado de un proceso o acción anterior.

Forma oraciones con la construcción **quedar** + **participio.** Sigue el ejemplo:
- La destrucción de Guernica *se inmortalizó* en el lienzo de Picasso.
  La destrucción de Guernica *quedó inmortalizada* en el lienzo de Picasso.
(a) El conflicto entre los sindicatos y el gobierno *se solucionó.*
(b) El Concordato con la Iglesia *se estableció* en 1851.
(c) *Se prohibieron* los partidos políticos.
(d) El Estatuto de Cataluña *fue aprobado* en 1932.
(e) España *se dividió* en dos bandos irreconciliables.
(f) La ciudad vasca de Guernica *fue destruida.*
(g) En Madrid *se constituyó* el Comité Revolucionario.
(h) El Comité Revolucionario *se convirtió* en gobierno provisional.

2. Forma oraciones pasivas con *se.* Sigue el ejemplo.
   - Medidas adoptadas por la dictadura:
     La prohibición de los partidos políticos.
     Se prohibieron los partidos políticos.
   (a) *El restablecimiento* del orden público.
   (b) *La suspensión* de la Constitución.
   (c) *La creación* de un partido único.

   - Medidas adoptadas en relación con la reforma militar:
   (d) *La eliminación* del grado de Capitán General.
   (e) *La reducción* del número de divisiones.
   (f) *La clausura* de la Academia General de Zaragoza.
   (g) *La creación* de la Guardia de Asalto.

3. Completa los espacios en blanco con la preposición correcta, *por* o *para.*
   (a) Alfonso XIII encargó a otro militar la formación de un gobierno _____ restaurar el sistema parlamentario instaurado _____ la Constitución de 1876. Las fuerzas de izquierda firmaron el Pacto de San Sebastián _____ coordinar su acción política.
   (b) El ejército necesitaba ser modernizado comenzando _____ el exceso de oficiales, pues había 20 000 _____ 100 000 hombres.
   (c) El sistema autonómico será atacado _____ la derecha y _____ los militares _____ considerar que ponía en peligro la "unidad española".

(d) El gobierno organizó un ejército _____ recuperar Aragón y en noviembre Teruel fue ocupada _____ los republicanos, pero en marzo del año siguiente fue tomada _____ las tropas de Franco. Al mes siguiente éstas iniciaron la penetración del valle del Ebro _____ llegar al Mediterráneo.

4. Completa cada espacio en blanco con una palabra de la lista: *la jefatura, la ruptura, el entierro, la huelga, el temor, la bolsa, el mando, el ataque.*
   (a) _____ de las dos víctimas dio lugar a manifestaciones.
   (b) El general Franco tomó _____ de las tropas.
   (c) Los generales coincidían en _____ a una revolución social.
   (d) El general Franco asumió _____ del Estado.
   (e) En noviembre se lanzó _____ sobre Teruel.
   (f) Cuatro mil muertos marcaron _____ definitiva entre la derecha y la izquierda.
   (g) La caída de _____ de Nueva York provocó una crisis económica.
   (h) Gracias a _____ general los trabajadores obtuvieron lo que exigían.

5. Explica el significado de estas frases:
   (a) indemnizar a una persona
   (b) herir de muerte a alguien
   (c) la semilla está sembrada (figurativo)
   (d) estado federal
   (e) estado unitario
   (f) lucha sindical
   (g) jornada laboral
   (h) sufragio universal
   (i) jurar fidelidad
   (j) dimitir de un cargo

Su Majestad, Don Juan Carlos de Borbón, Rey de los españoles.

CAPÍTULO NUEVE

La España democrática

CRONOLOGÍA DE LA TRANSICIÓN

1976   Adolfo Suárez es designado presidente del gobierno por el rey Juan Carlos I (1º de julio). El rey concede una amnistía a cientos de presos políticos (30 de julio). La reforma política es aprobada en un referéndum por el 94 por ciento de los votantes (15 de diciembre).

1977   Reconocimiento de los partidos políticos, incluido el Partido Comunista Español (PCE). Se promulga una segunda amnistía, se legalizan las organizaciones sindicales y se reconoce el derecho de huelga. Se celebran las primeras elecciones democráticas desde febrero de 1936 y en ellas triunfa la Unión de Centro Democrático (15 de junio).

1978   Se firman los pactos de la Moncloa por parte de las principales fuerzas políticas y sociales para dar estabilidad al régimen democrático (9 de octubre). Se descubre un intento de golpe de Estado (17 de noviembre). La nueva Constitución es aprobada en un referéndum por el 87,8 por ciento de los votantes.

1979   La Unión de Centro Democrático vuelve a triunfar en las elecciones parlamentarias (2 de marzo). El Partido Socialista Obrero Español se convierte en la principal fuerza de oposición.

1981   Adolfo Suárez presenta su dimisión y lo sucede como presidente del gobierno Leopoldo Calvo Sotelo. Intento de golpe de Estado por unos 200 guardias civiles al mando del teniente coronel Antonio Tejero (23 de febrero). El rey interviene en favor de la democracia.

1982   Tras la aprobación del Congreso, España ingresa en la Organización del Tratado del Atlántico Norte (OTAN). El Partido Socialista Obrero Español gana por mayoría absoluta las terceras elecciones parlamentarias (28 de octubre). Felipe González se convierte en jefe del gobierno. Con la elección del primer gobierno socialista termina—en opinión de muchos observadores políticos—la etapa de transición hacia la democracia.

La transición

LA NUEVA ESPAÑA

El período que va entre los años 1976 y 1982 es posiblemente uno de los más agitados, controvertidos e innovadores de la historia de España. Las transformaciones políticas, administrativas y sociales que vive el país tras la muerte del general Franco convierten a España en una nación moderna y pujante. En los seis años que van desde la designación de Adolfo Suárez como jefe de gobierno en 1976 hasta la elección del primer gobierno socialista en 1982—fecha esta última que muchos consideran como el final de la transición—España se incorpora plenamente al mundo democrático y refuerza su presencia en el concierto mundial. La vieja España ha quedado atrás.

LA REFORMA POLÍTICA

Tras la muerte del general Franco (20 de noviembre de 1975) y la proclamación de Don Juan Carlos de Borbón como rey de España (22 de noviembre), Carlos Arias Navarro fue confirmado como presidente del gobierno (ver pág. 216). El gobierno de Arias fracasó en hacer unos cambios que la oposición—unida ahora en un solo organismo, Coordinación Democrática—veía como "cosméticos" y en julio de 1976 el rey designa jefe de gobierno a Adolfo Suárez. Continúan las movilizaciones populares de quienes querían una ruptura inmediata y total con el anti-

Marcha por la amnistía de los presos políticos, realizada en los comienzos de la transición.

Adolfo Suárez, Jefe del Gobierno de 1976 a 1981.

guo régimen. El rey concede una amnistía parcial que favorece a varios centenares de presos políticos.

El gobierno prepara el proyecto de Ley de Reforma Política que acepta la convocatoria de Cortes Constituyentes. Este fue votado por las Cortes franquistas y un referéndum popular lo aprobó en diciembre de 1976. El 94 por ciento de los votantes estaba a favor del cambio. Es así como se legalizan los partidos políticos, incluido el Partido Comunista, se promulga una segunda amnistía, se legalizan las organizaciones sindicales y se reconoce el derecho de huelga.

PRIMERAS ELECCIONES DEMOCRÁTICAS

El 15 de junio de 1977 España celebra sus primeras elecciones democráticas desde febrero de 1936 y en ellas triunfa la Unión de Centro Democrático (UCD) cuyo líder era Adolfo Suárez, el presidente del gobierno. Este partido consigue 186 diputados, el Partido Socialista Obrero Español 118, el Partido Comunista 20, Alianza Popular 16, el Partido Nacionalista Vasco 8 y otras fuerzas políticas, entre ellas los nacionalistas catalanes, 22 diputados. UCD estaba integrado por una serie de pequeños partidos que iban desde la oposición moderada al franquismo hasta fracciones partidarias del antiguo régimen (ver Principales partidos políticos, págs. 248–50).

CORTES CONSTITUYENTES

Las Cortes encargaron la redacción del proyecto de Constitución a una comisión que trabajó alrededor de un año. Mientras tanto se restauran los gobiernos autónomos provisionales de Cataluña, el País Vasco y Galicia y después el de las restantes comunidades. El 9 de octubre de 1978 se firman los pactos de la **Moncloa** por parte de las principales fuerzas políticas y sociales destinados a dar estabilidad al naciente régimen democrático. Y a finales del mismo mes las Cortes aprueban la Constitución que semanas más tarde sería refrendada con el 87,87 por ciento de votos a favor. El 17 de noviembre se descubre un intento de golpe de Estado.

SEGUNDAS ELECCIONES LEGISLATIVAS

Una vez aprobado el texto de la Constitución se disuelven las Cortes y se convocan nuevas elecciones. Estas se llevan a cabo en marzo de 1979 y en ellas vuelve a triunfar la UCD, mientras que el PSOE

Carteles y pintadas como éstos eran comunes en los comienzos de la transición.

aparece como el partido más importante de la oposición. A pesar de esto se inicia la descomposición del partido en el gobierno, en parte debido a las desavenencias entre los diversos grupos que lo integraban: social-demócratas, liberales, democratacristianos, independientes, entre otros. Adolfo Suárez presenta su dimisión en enero de 1981 y lo sucede como presidente del gobierno Leopoldo Calvo Sotelo.

LA DEMOCRACIA EN PELIGRO

El proceso de transición hacia la democracia no estuvo exento de desórdenes y violencia. Aunque en general el cambio se realizaba en una atmósfera de concordia y consenso y la gran mayoría de los españoles rechazaba toda forma de violencia, la naciente democracia española se vio amenazada en más de una oportunidad. Por un lado estaba el terrorismo, que se extendía más allá del País Vasco y que causó un gran número de víctimas. El grupo separatista vasco ETA (ver pág. 215) no cesaba en sus actividades terroristas. GRAPO (Grupo de Resistencia Antifascista Primero de Octubre), banda terrorista, de difícil identificación, que se presentaba como de izquierda revolucionaria, llevó a cabo acciones similares. También la extrema derecha realizó atentados contra elementos de izquierda. Por otro lado, la fuerte oposición al cambio por parte de ciertos sectores constituyó un serio obstáculo y puso en peligro el proceso de democratización.

El 23 de febrero de 1981 se produce un intento de golpe de Estado apoyado por los generales Miláns del Bosch y Armada y que tiene como figura protagonista al teniente coronel Antonio Tejero quien, pistola en

Felipe González, del Partido Socialista Obrero Español, fue elegido Jefe del Gobierno por primera vez en 1982.

mano, entra en el Congreso de los diputados. El rey juega un papel fundamental en defensa del régimen democrático. Los partidos políticos y la opinión pública repudian la asonada.

CONVOCATORIA A NUEVAS ELECCIONES

El acto político de mayor importancia del gobierno de Calvo Sotelo es el ingreso de España en la Organización del Tratado del Atlántico Norte (OTAN), el 30 de mayo de 1982. Este mismo año las Cortes deciden la desnuclearización de España, que cuatro años más tarde sería reiterada en un referéndum.

La debilidad del gobierno obliga a convocar nuevas elecciones, que se celebran el 28 de octubre de 1982.

EL PRIMER GOBIERNO SOCIALISTA

Diez millones de votos conceden al PSOE mayoría absoluta en el Congreso de los diputados y en el Senado. Felipe González se convierte en jefe del gobierno con una pesada tarea por delante. Desde la crisis del petróleo de 1973 ningún gobierno había intentado seriamente ordenar la economía española en razón de la situación política que se vivía.

Reducir la inflación, combatir el paro, llevar a cabo la reconversión industrial, la reforma fiscal y el ajuste de la balanza de pagos eran algunos de los desafíos que se presentaban, junto a la necesidad de modernizar la estructura administrativa, reformar la educación e instituir otros cambios.

En este período se completa la negociación para la adhesión de España a la Comunidad Económica Europea (CEE) a partir del 1o de enero de 1986. En 1962 el gobierno de Franco había solicitado la adhesión a la CEE, sin ningún resultado dado su carácter autoritario y antidemocrático. También a nivel de relaciones internacionales, el nuevo gobierno proponía la realización de un referéndum para redefinir las relaciones de España con la OTAN. En ese momento el PSOE apoyaba la salida de España de la organización.

EL FIN DE LA TRANSICIÓN

Con el triunfo del Partido Socialista Obrero Español en las elecciones legislativas de 1982 culmina el proceso de transición democrática que, en líneas generales, se caracterizó por la moderación. Al terminar este período, la derecha inmovilista, fiel a los principios fundamentales del franquismo, había desaparecido prácticamente. Por su parte, la izquierda radical emergía del proceso enormemente debilitada. A nivel de partidos, Alianza Popular, partido de derecha que dirigía Manuel Fraga, se veía obligada a moderar su programa. El Partido Comunista—legalizado en 1977—adoptaba posturas menos izquierdistas y pactaba con el centrismo del PSOE, lo que produjo una grave crisis y división dentro de las filas de esta agrupación política. El viejo líder comunista, Santiago Carrillo, renunció a la dirección del partido en 1982. La Unión de Centro Democrático, el partido gobernante durante la transición (1977–1982), desaparecía debilitado por sus divisiones internas. El panorama político español se iba configurando de manera diferente, con una tendencia hacia la aglutinación de diversas agrupaciones y un claro predominio de las fuerzas más moderadas.

El régimen político español
LA CONSTITUCIÓN DE 1978

El 29 de diciembre de 1978 España iniciaba formalmente su andadura democrática al ser promulgada su nueva Constitución. La Constitución—la segunda en el siglo XX—surgía de la voluntad popular y

Sesión en las Cortes Constituyentes.

reflejaba el deseo de compromiso entre los parlamentarios de los diversos grupos ideológicos representados en las Cortes Constituyentes. Este hecho hace que, muchas veces, su texto no se ajuste estrictamente a la lógica de la teoría constitucional. Por ello, los especialistas han señalado ciertas incoherencias derivadas también de las limitaciones impuestas por la realidad y de cierto pragmatismo más que de otra cosa. Esta Constitución recoge los principios fundamentales de los sistemas democráticos, entre ellos el de la soberanía popular y el de la separación de poderes.

PRINCIPIOS GENERALES

El Preámbulo y el Título preliminar.   La Constitución de 1978 se abre con un breve Preámbulo y a continuación viene el Título preliminar de nueve artículos que es expresión de principios ideológicos y de realidades históricas.

PREÁMBULO

La nación española, deseando establecer la justicia, la libertad y la seguridad y promover el bien de cuantos la integran, en uso de su soberanía, proclama su voluntad de:

Garantizar la convivencia democrática dentro de la Constitución y de las leyes conforme a un orden económico y social justo.

Consolidar un Estado de Derecho que asegure el imperio de la ley como expresión de la voluntad popular.

Proteger a todos los españoles y pueblos de España en el ejercicio de los derechos humanos, sus culturas y tradiciones, lenguas e instituciones.

Promover el progreso de la cultura y de la economía para asegurar a todos una digna calidad de vida.

Establecer una sociedad democrática avanzada, y

Colaborar en el fortalecimiento de unas relaciones pacíficas y de eficaz cooperación entre todos los pueblos de la Tierra.

El Estado y sus valores fundamentales. En el artículo primero del Título preliminar se afirma que España es un "Estado social y democrático de Derecho", que propugna como valores superiores de su ordenamiento jurídico la libertad, la justicia, la igualdad y el pluralismo político.

Organización del Estado. En el mismo artículo se establece el principio de que la soberanía reside en el pueblo y que la forma que asume el Estado es la "monarquía democrática".

Unidad y diversidad de España. En su artículo segundo se declara la indisoluble "unidad de la Nación española" que es compatible con la autonomía de nacionalidades y regiones, y en el siguiente se hace referencia a la lengua oficial del Estado (el castellano) y a las lenguas que tendrán carácter similar en las comunidades autónomas que tengan un idioma propio (el catalán, el gallego, el vascuence).

La cuestión lingüística se expresa así:

Castellano
Artículo 3.

1. El castellano es la lengua española oficial del Estado. Todos los españoles tienen el deber de conocerla y el derecho a usarla.

2. Las demás lenguas españolas serán también oficiales en las respectivas Comunidades Autónomas de acuerdo con sus Estatutos.

3. La riqueza de las distintas modalidades lingüísticas de España es un patrimonio cultural que será objeto de especial respeto y protección.

Vascuence
3. artikulua

1. Gaztelania da Espainiako Estatuaren hizkuntza ofiziala. Espainol guztiek jakin behar dute eta erabiltzeko eskubidea dute.

Pintada independentista gallega: "Galicia soberana, ni española ni americana".

2. Espainiako beste hizkuntzak ere ofizialak izango dira haiei dagozkien Erkidego Autonomoetan berauen Estatutoei dagozkien eran.

3. Espainiako hizkuntza moeta ezberdinen aberastasuna kultur ondare bat da eta hura babes eta begirunegarri izango da.

Catalán
Art. 3.

1. El castellà és la llengua espanyola oficial de l'Estat. Tots els espanyols tenen el deure de conèixer-la i el dret d'usar-la.

2. Les altres llengües espanyoles seran també oficials en les respectives Comunitats Autònomes d'acord amb els seus Estatuts.

3. La riquesa de les diferents modalitats lingüistiques d'Espanya és un patrimoni cultural que serà objecte d'especial respecte i protecció.

Gallego
Artigo 3.

1. O castelán é a lingua española oficial do Estado. Todos os españoles teñen o deber de coñecela e o dereito a usala.

2. As demais linguas españolas serán tamén oficiais nas respectivas Comunidades Autónomas dacordo cos seus Estatutos.

3. A riqueza das distintas modalidades lingüísticas de España é un patrimonio cultural que será obxeto de especial respeto e protección.

El artículo cuarto habla de la bandera de España y las banderas de las nacionalidades y regiones (por ejemplo, la bandera de Cataluña, de Galicia, del País Vasco), y el quinto se refiere a la capital del Estado (Madrid).

Todos estos artículos reflejan, de una manera u otra, la realidad histórica pasada y presente y a veces resultan confusos como consecuencia de querer armonizar dos concepciones diferentes de lo que es España: una nación o una suma de naciones (Cataluña, Galicia, País Vasco . . .).

Partidos políticos, sindicatos y fuerzas armadas. Los artículos sexto, séptimo y octavo se refieren sucesivamente a las funciones y organización de los partidos políticos, los **sindicatos de trabajadores** y **asociaciones empresariales** y al papel que tienen las fuerzas armadas. Su inclusión en el texto constitucional debe entenderse, en parte, en función del régimen franquista del que emergía España: con partido único, sindicatos organizados por el Estado y con el Ejército como uno de los pilares sobre los que descansaba. Por lo tanto, la nueva Constitución reafirma el carácter pluralista de la vida democrática.

Ordenamiento jurídico. El último artículo del Título preliminar se refiere, entre otras cosas, a la jerarquía de las normas jurídicas, la prohibición de que los poderes públicos actúen arbitrariamente, la libertad e igualdad de las personas y grupos sociales y a su derecho a participar en la vida pública.

Aconfesionalidad del Estado. La Constitución salva el viejo enfrentamiento en España entre laicismo y clericalismo declarando un **Estado aconfesional,** es decir, que no existe una religión oficial. La Iglesia y el Estado están separados y existe una amplia libertad de creencias.

ORGANIZACIÓN TERRITORIAL DEL ESTADO

El Estado de las autonomías. En el Título preliminar de la Constitución se afirma la unidad e indisolubilidad de la Nación española. También se establece allí el principio de la autonomía para las nacionalidades y regiones. Esto quiere decir que junto al gobierno central existen gobiernos en las diferentes comunidades que se han constituido. En términos generales, éstas coinciden con las viejas divisiones territoriales nacidas en la edad media.

Nacionalidades y regiones. La Constitución no dice en su Título preliminar qué se debe entender por una nacionalidad y una región. Pero, algunos interpretan otras disposiciones del texto constitucional en el sentido de que Cataluña, el País Vasco y Galicia son nacionalidades y el resto de las comunidades constituyen regiones. Otros consideran que Andalucía constituye también una nacionalidad en razón de su propio proceso de acceso a la autonomía, distinto del seguido en las restantes comunidades.

Cambios en el modelo de Estado. El establecimiento del principio de **autogobierno** supone, en términos históricos, un cambio cualitativo en la forma en que está estructurado el Estado español. Este, salvo durante las breves experiencias republicanas, ha estado organizado de acuerdo con un modelo unitario altamente centralizado importado de Francia por la **dinastía borbónica.** La nueva modalidad no significa que se haya pasado a un régimen federal como el que existe en los Estados Unidos, el Canadá o en Alemania occidental, para dar algunos ejemplos. España continúa siendo un Estado unitario y el origen del poder reside en el pueblo español en su conjunto.

Particularidad española.   Los poderes que tienen las comunidades autónomas les han sido transferidos por el gobierno central, y no a la inversa como sucede en los Estados federales. Por otra parte, el nivel de autogobierno que tienen las distintas comunidades no es igual, cosa que no sucede en un Estado federal. Este traspaso de **competencias** no es solamente administrativo y esto diferencia a España de Estados como Francia e Italia, que han realizado un proceso de descentralización en el cual el poder político sigue en manos del gobierno central. En este sentido la organización de España como Estado unitario es muy peculiar.

División territorial del Estado.   En el Título VIII de la Constitución se delimita la estructura territorial del Estado en tres niveles diferentes: municipios, provincias y comunidades. Las dos primeras ya existían y no han sufrido ningún cambio en su número o en sus funciones.

Las comunidades autónomas de España.

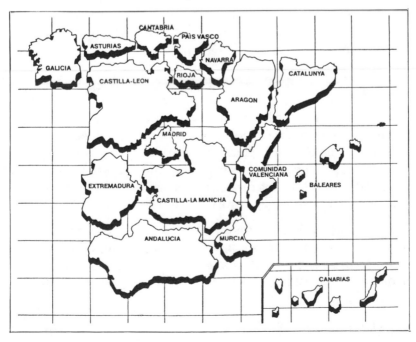

Las comunidades autónomas.   La Constitución no señala cuáles son las **comunidades autónomas,** sino que establece las condiciones para constituir una comunidad y acceder a su autogobierno. En principio, la comunidad estaría formada por las **provincias limítrofes** con características históricas, culturales y económicas comunes, los territorios insulares y las provincias con entidad regional histórica.

De acuerdo con los procedimientos establecidos por la Constitución han quedado formadas las siguientes comunidades autónomas: Aragón, Andalucía, Asturias, Baleares, Cantabria, Canarias, Cataluña, Castilla–La Mancha, Castilla y León, Euskadi (País Vasco), Extremadura, Galicia, La Rioja, Madrid (que incluye la provincia y la capital de España), Murcia, Navarra y Valencia.

Estatutos de autonomía.   Cada comunidad ha elaborado un estatuto de autonomía que sería equivalente a la Constitución a nivel de la comunidad. Este estatuto debe respetar los principios básicos del ordenamiento general del Estado.

Competencias.   Básicamente hay unas competencias exclusivas que se reserva el poder central, por ejemplo, defensa, seguridad, política exterior. Otras pueden ser delegadas en las comunidades. Hay también asuntos que competen en forma particular a las comunidades autónomas dentro de su territorio, entre ellos cuestiones agrícolas, acción cultural, protección del medio ambiente, deportes y sanidad pública.

Órganos de poder.   Las comunidades cuentan con una **Asamblea Legislativa** y con un **Consejo** de gobierno. Sin embargo, no existen en ellas tribunales de justicia propios. La justicia está organizada siguiendo la estructura unitaria del Estado.

LA CORONA

El rey.   El Título II de la Constitución dedica los artículos 56 al 65 a determinar y regular las funciones que cumple el rey, que es el jefe del Estado. Es el símbolo de la unidad y permanencia del Estado español y su más alta representación en las relaciones internacionales. En cuanto a su papel dentro del sistema constitucional, aparece como árbitro y moderador del funcionamiento regular de las instituciones.

Competencias reales.   Entre otras competencias concretas están las siguientes: sancionar y **promulgar las leyes,** convocar y disolver las Cortes Generales, **convocar elecciones** y a referéndum, proponer el candidato a presidente del gobierno, normar y separar a los miembros

La familia real española. De izquierda a derecha: Su Alteza Real doña Elena, S.A.R. el Príncipe de Asturias (don Felipe, heredero de la corona), SS. MM. los Reyes y S.A.R. doña Cristina.

del gobierno a propuesta de su presidente, etc. Además, el rey **ostenta el mando supremo** de las fuerzas armadas.

El rey, a pesar de esas funciones concretas, no forma parte de ninguno de los poderes que establece la Constitución. Su persona es inviolable y libre de responsabilidades por el mismo hecho de no estar **involucrado** en la ejecución de políticas concretas, lo que es competencia del gobierno.

La corona.   La corona de España es hereditaria en los sucesores de Don Juan Carlos I de Borbón, que es el legítimo heredero de la dinastía histórica (la casa de Borbón). Con ello se reconoce a Don Juan Carlos como el jefe de la dinastía y se lo **entronca** con la tradición monárquica española.

El heredero de la corona.   Para la sucesión del rey se seguirá el orden regular del primogénito. El príncipe heredero desde su nacimiento **ostentará el título** de Príncipe de Asturias, que es el que ha tenido en la antigua corona de Castilla. Además ostentará todos los otros títulos vinculados a su calidad de sucesor de la corona, que corresponden a varios de los otros antiguos reinos surgidos en la edad media.

El Congreso de los diputados (Madrid).

LOS PODERES DEL ESTADO

El poder legislativo. El poder legislativo corresponde a las Cortes Generales, nombre que se remonta a los primeros parlamentos que se fueron estableciendo en los distintos reinos cristianos de la Península a partir del siglo XII.

1. Predominio parlamentario. El Parlamento, como titular real de la soberanía, prevalece sobre los demás poderes del Estado. Esto es un hecho característico de todos los regímenes parlamentarios por contraposición al mayor equilibrio que buscan los regímenes presidencialistas al estilo del que existe en los Estados Unidos. Sin embargo, no se trata de un **cuerpo soberano,** por el mismo hecho de estar sometido a la propia Constitución.

2. **Sistema bicameral.** El texto constitucional español establece la existencia de una **cámara baja** (el Congreso de los diputados) y de una **cámara alta** (el Senado). Este sistema obedece a la necesidad de confiar a dos cuerpos la labor de legislación y de evitar los peligros de una única cámara, y no al hecho de que España sea un Estado federal.

3. El Congreso de los diputados. Se compone de un mínimo de 300 y de un máximo de 400 diputados elegidos por sufragio universal, directo, igualitario y secreto, con un mandato de cuatro años. La Constitución establece que la elección de los diputados se hará según el sistema de **representación proporcional.** Cada provincia tiene un cierto número de representantes, de acuerdo más o menos con el número de habitantes, aunque la relación no es exacta y los distritos menos

poblados tienen proporcionalmente mayor número de diputados que los más habitados.

4. El Senado. La Constitución lo califica como la cámara de "representación territorial". Cada provincia tiene, con algunas excepciones, cuatro senadores, independientemente de su importancia demográfica. En el caso de las grandes islas (Gran Canaria, Tenerife y Mallorca), los senadores que les corresponden son tres a cada una de ellas. Cada una de las ciudades españolas del norte de Africa (Ceuta y Melilla) tiene dos senadores, mientras que las islas pequeñas (Ibiza-Formentera, Menorca, Fuenteventura, etc.) tienen un solo senador en cada caso.

5. Funcionamiento de las Cortes. Las Cámaras del Parlamento se reúnen en dos períodos ordinarios de sesiones durante el año: de septiembre a diciembre y de febrero a junio.

Tanto el Congreso de los diputados como el Senado celebran sus sesiones por separado, pero se prevén **reuniones conjuntas** en diversas circunstancias, entre ellas, cuando se proclama al nuevo monarca.

6. Proyectos de ley. La presentación de **proyectos de ley** corresponde al gobierno y a las dos Cámaras. Además, la Constitución reconoce, con ciertas limitaciones en cuanto a los asuntos, la iniciativa popular. Asimismo, las comunidades autónomas, por medio de sus respectivos parlamentos, pueden solicitar al gobierno la adopción de un proyecto de ley.

7. Convocatoria a referéndum. La Constitución prevé que se consulte a todos los ciudadanos decisiones políticas de especial trascendencia, tal y como sucedió con la permanencia de España en la Organización del Tratado del Atlántico Norte (OTAN) en 1986.

8. Control parlamentario. Además de la función de legislar, el Parlamento cumple con la tarea de controlar al gobierno y a la administración. El gobierno es responsable concretamente ante el Congreso de los diputados y debe contar con su confianza.

9. El **Defensor del pueblo** es el "**alto comisionado** de las Cortes" para defender los derechos y libertades de los ciudadanos frente a la administración. Es decir que a él pueden recurrir quienes consideren que han sido arbitrariamente tratados por la Administración. Este funcionario es elegido por el Parlamento y tiene poderes para actuar ante el **Tribunal Constitucional.**

El *poder ejecutivo*. El gobierno dirige la política interior y exterior, la administración civil y militar y la defensa del Estado; ejerce el **derecho**

de iniciativa legislativa a través de la presentación a las Cortes de proyectos de ley; el gobierno puede pedir al rey que disuelva las Cortes y que convoque elecciones anticipadamente.

1. Composición del gobierno. El gobierno está formado por el presidente, que es como se denomina en España al primer ministro, los vicepresidentes en su caso, los ministros y los otros miembros que establezca la ley.

2. El presidente del gobierno. El candidato a ocupar ese cargo es propuesto por el rey, tras consultar con los representantes designados por los grupos políticos con representación parlamentaria y a través del Congreso de los diputados. El candidato propuesto expone el programa político del gobierno que pretende formar y solicita la confianza de la Cámara.

El presidente representa a todo el ejecutivo y dirige la acción del gobierno y coordina las funciones del resto de sus integrantes. Asimismo, es responsable ante el Congreso de los diputados por su gestión política.

3. El mandato del gobierno. Al igual que en cualquier otro régimen parlamentario, dura el tiempo de una legislatura, que es de cuatro años, salvo que se disuelvan las Cortes anticipadamente.

El *poder judicial*. La justicia está organizada tomando en cuenta el carácter unitario del Estado español. Esta emana del pueblo y se administra en nombre del rey por **jueces** (los de **instancias inferiores**) y magistrados (los pertenecientes a tribunales superiores).

La Constitución española consagra la independencia del poder judicial y asegura, además, la independencia funcional de jueces y magistrados, quienes, por otra parte, no pueden pertenecer a partidos políticos ni sindicatos.

1. La organización y funcionamiento de los tribunales. Para la organización y funcionamiento de los tribunales existen distintas unidades de **jurisdicción:** civiles, penales, administrativas, laborales, etcétera. Pero todos los jueces y magistrados pertenecen a un mismo cuerpo y están sometidos al Consejo General del Poder Judicial, su máximo órgano, cuyo presidente es nombrado por el rey.

2. **Publicidad** de un proceso. Es una de las garantías fundamentales tanto en los procedimientos penales como en los civiles. En las cuestiones criminales se impone el principio de que se traten oralmente.

3. **Jurados.** La Constitución prevé que los ciudadanos puedan participar en la administración de la justicia a través de la institución del **jurado,** principio que se está desarrollando.

4. Tribunal Supremo. Es el órgano máximo del poder judicial. Sus sentencias constituyen la última instancia a que se puede llegar.

5. Tribunal Constitucional. Al contrario de lo que sucede en la mayoría de los países del continente americano, entre ellos los Estados Unidos, donde el control de la constitucionalidad de las leyes y la interpretación del propio texto fundamental es función del Tribunal Supremo de justicia, en España, lo mismo que en otros estados de Europa occidental, corresponde a un órgano especial: el Tribunal Constitucional.

El Tribunal Constitucional es el "intérprete supremo de la Constitución" y tiene absoluta independencia con respecto a los demás órganos de poder.

LOS PARTIDOS POLÍTICOS

Multiplicidad de partidos. En España existen, de acuerdo con la libertad que concede la Constitución y dentro de las normas que fija la ley, un gran número de partidos políticos. Los hay de ámbito estatal y otros cuya actuación se reduce a una comunidad autonómica o una provincia. En la realidad, su número gira en torno a la veintena integrada por aquellas fuerzas que están representadas en las instituciones democráticas, sean las Cortes Generales, las asambleas de las autonomías o los **ayuntamientos.**

Tendencia a la *bipolaridad*. A nivel del Estado, y desde las primeras elecciones democráticas de 1977, ha habido una tendencia al estableci-

El Partido Socialista de Cataluña, rama catalana del PSOE.

miento de dos fuerzas preponderantes, una de derecha y otra de izquierda. Sucede lo mismo en las diferentes comunidades autónomas, aunque en ellas se dan también los partidos nacionalistas. En razón de ese predominio de un par de fuerzas políticas se ha dicho que en España se ha configurado un sistema de múltiples partidos con tendencia a la bipolarización.

Estatuto constitucional de los partidos. El artículo sexto de la Constitución dice:

Los partidos políticos expresan el pluralismo político, concurren a la formación y manifestación de la voluntad popular y son instrumento fundamental para la participación política. Su creación y el ejercicio de su actividad son libres dentro del respeto a la Constitución y a la ley. Su estructura interna y funcionamiento deberán ser democráticos.

Principales partidos políticos. Las fuerzas políticas más importantes a nivel estatal son:

1. Alianza Popular (AP). Conservador. Fundado el 9 de octubre de 1976 sobre la base de siete agrupaciones políticas—varias de ellas dirigidas por ex-ministros del régimen franquista, entre ellos Manuel Fraga Iribarne y Laureano López Rodó—bajo el nombre de Federación de Partidos de Alianza Popular. En 1989, cambió su nombre a Partido Popular (PP).

2. Centro Democrático y Social (CDS). Centrista. Creado el 29 de julio de 1982 por Adolfo Suárez el ex-presidente del gobierno y líder de la Unión de Centro Democrático, partido éste que se disolvió al separarse los distintos grupos que lo formaban.

3. Partido Comunista de España (PCE). Eurocomunista. Fue fundado el 21 de julio de 1920 y se fusionó al año siguiente con el Partido Comunista Obrero Español. En la actualidad integra la coalición Izquierda Unida (IU) junto con otros dos grupos políticos.

4. Partido Demócrata Popular (PDP). Democratacristiano. Fundado el 21 de julio de 1982 como resultado de la crisis de la Unión de Centro Democrático y vinculado con Alianza Popular desde ese año hasta 1987 en que se separa. En 1988, cambió su nombre a Partido Demócrata Cristiano (PDC).

5. Partido Socialista Obrero Español (PSOE). Izquierda moderada. Creado el 2 de mayo de 1879 por Pablo Iglesias. Su Congreso de Suresnes, celebrado en esa localidad francesa en 1974, marca el comienzo de su renovación al ser elegido como primer secretario un joven conocido entonces en la clandestinidad como "Isidoro", Felipe Gonzá-

lez. En 1978 se integran en el PSOE otros partidos de tendencia socialista. Es la fuerza política más vieja que existe en España.

En las diversas comunidades autónomas son importantes los siguientes partidos:

Catalunya (Cataluña)

- Convergencia i Unió (CiU). Nacionalista de centro-derecha
- Esquerra Republicana de Catalunya (ERC). Nacionalista de izquierda
- Partit Socialista Unificat de Catalunya (PSUC). Eurocomunista.

Partit Socialista Unificat de Catalunya (Partido Socialista Unificado de Cataluña).

Partido de los Trabajadores Andaluces, una de las tantas agrupaciones políticas de las comunidades autónomas.

Izquierda: Centro Democrático y Social, partido del centro creado por Adolfo Suárez en 1982.
Derecha: Esquerda Unida, rama gallega de Izquierda Unida, coalición a la que pertenece el Partido Comunista Obrero Español.

Euskadi (País Vasco)

- Euskadiko Ezquerra (EE). Nacionalista de izquierda
- Eusko Alkartasuna (EA). Nacionalista de derecha
- Herri Batasuna (HB). Nacionalista marxista-leninista
- Partido Nacionalista Vasco (PNV). Nacionalista de derecha.

Galicia

- Bloque Nacionalista Galego (BNG). Nacionalista de izquierda, dominado por la tendencia marxista-leninista
- Partido Socialista Galego–Esquerda Galega (PSG-EG). Nacionalista de izquierda
- Coalición Galega (CG). Nacionalista de centro.

En las restantes comunidades autónomas existen otras fuerzas políticas como la Unión del Pueblo Navarro (de derecha y anti-vasquista), Partido Socialista Andaluz (nacionalista de izquierda), Partido Aragonés Nacionalista (de derecha), etcétera.

La cultura bajo la democracia

EL CAMBIO POLÍTICO Y LA CULTURA

El efecto más notable e inmediato de la desaparición del franquismo y, en consecuencia, de la censura indirecta que existía, fue la aparición de obras que habían estado prohibidas, películas prohibidas, que a fuerza de hablarse de ellas se habían convertido en algo casi mítico. España se ponía aceleradamente al día y un aire de fresca vitalidad la recorría, tal vez sólo comparable en su curiosidad al que se había vivido en el período republicano. Los exiliados que aún vivían fuera comenzaron a llegar, aunque su presencia no fuese más que simbólica: la España peregrina se reencontraba con la que se había quedado en casa.

EL DESENCANTO Y EL VIEJO AUTORITARISMO

Las expectativas de renovación cultural, sin embargo, eran demasiado grandes y no surgían figuras importantes. En la literatura los nombres seguían siendo los mismos y la abundancia de acontecimientos artísticos no marchaba a la par con la calidad. Difícilmente podía ser de otra manera, particularmente en el campo de la literatura. La verdadera creación literaria es de un lento gestar y no puede abstraerse de la propia experiencia del autor, que en este caso era la larga experiencia del franquismo bajo el cual había vivido una buena parte de los escritores de aquel momento. Esta lentitud en el acontecer cultural y la desilusión que algunos experimentaron frente a la moderación en el cambio político, dio lugar al desencanto, tema que se refleja en algunas obras cinematográficas de este período. Por otra parte, y si bien las estructuras del régimen anterior iban desapareciendo, el autoritarismo que lo caracterizaba lo hacía mucho más lentamente. En la primera etapa de la transición, jueces civiles o tribunales militares actuaron en más de una ocasión para prohibir publicaciones y actos culturales—revistas, películas, obras teatrales—y condenar a personas que, a su parecer, denigraban o constituían una amenaza para las viejas instituciones de las que se consideraban guardianes o protectores.

A pesar de todo ello España vivió y sigue viviendo un verdadero renacimiento cultural. Las esperanzas recaen ahora en las nuevas generaciones formadas en un ambiente de libertad y de mayores oportunidades.

LA NUEVA OBRA

En el cine surgen nombres como Almodóvar, Trueba, Miró y se consolidan cineastas como Erice y Aragón, a la vez que reaparecen otros con obras de gran éxito, entre ellos Berlanga, Patino, Camus, Saura y Garci. Algunas de sus películas y las de otros realizadores anteriores giraron en torno a diversos aspectos de la guerra civil o a cuestiones estrictamente contemporáneas. De la calidad de las producciones hablan sus éxitos en otros países, más allá de los de habla castellana en

Centro de Arte Reina Sofía (Madrid).

Iberoamérica, y los premios otorgados por jurados de festivales internacionales o la propia Academia de Cine de Hollywood, que en 1983 concedió el Oscar a la mejor película extranjera a *Volver a empezar* de Luis Garci.

España trata de competir con la producción de cine europeo. Una legislación impulsada por la ex directora del Instituto de la Cinematografía, la realizadora Pilar Miró, permitirá garantizar una producción cinematográfica mínima que pueda competir en el mercado europeo. Pero la tarea no es fácil, dado el creciente poder de las multinacionales de distribución de Hollywood, que dominan el mercado en España y Europa en general. Aun así, y a pesar de la caída de la producción cinematográfica nacional que se observa al comenzar la década de los noventa, el cine español consigue un espacio a nivel internacional. Prueba de ello es la audiencia extraordinaria que tuvieron películas tales como *Amantes,* de Vicente Aranda, *Tacones lejanos,* de Pedro Almodóvar, y *Jamón, jamón,* de Bigas Luna. A estos éxitos se agrega el de la película *Belle Époque,* de Fernando Trueba, que obtuviera el Oscar a la mejor película extranjera en 1994.

En 1977 se creó el Ministerio de la Cultura, entre cuyas actividades está la organización de ciclos de cine español en el extranjero. La creación del Ministerio ha dado también nuevo impulso a la música, la danza, el teatro y las artes plásticas. Bajo su auspicio han surgido la Joven Orquesta, el Centro Dramático Nacional, el Centro Nacional de Nuevas Tendencias Escénicas, el Ballet Nacional y la Compañía de Teatro Clásico, entre otros.

El arte contemporáneo atrae nuevo público con la creación del Centro de Arte Reina Sofía. Tampoco se ha descuidado la música contemporánea y en Madrid se estrena la ópera *Kiu* de Luis de Pablo. Todo ello, sin olvidar la eclosión de grupos de *rock* en toda su variedad, incluido el "duro". La música popular tradicional pasa por un período de renovación e interés, que no incluye solamente al flamenco.

El *comic* para adultos se transforma y alcanza gran originalidad, especialmente en Madrid, que se ha convertido—gracias a lo que se ha denominado "la movida"—en un centro dinámico de cultura, tanto en sus manifestaciones tradicionales como en las más recientes.

Glosario

alto comisionado. high commissioner
Asamblea Legislativa. legislative assembly
asociaciones empresariales. employers' associations
autogobierno. self-government
ayuntamiento. city hall
bipolaridad. two-party system
cámara alta. upper house
cámara baja. lower house
competencia. competence, responsibility
comunidades autónomas. self-governing communities
consejo. council
convocar elecciones. to call elections
cuerpo soberano. sovereign body
Defensor del pueblo. ombudsman
derecho de iniciativa legislativa. the right to present a bill before Parliament
dinastía borbónica. the Bourbon dynasty
entronca. linked to
Estado de autonomías. state having autonomous communities
Estado aconfesional. nation without a state religion
instancias inferiores (juez). judge of a lower court
involucrado. involved in
jurado. jury
jurisdicción. jurisdiction

Moncloa. official residence of the Spanish Government
organizaciones patronales. employers' associations
ostenta el mando supremo. is the supreme commander
ostentará el título. will bear the title
poder judicial. the judiciary
poder ejecutivo. the executive
promulgar una ley. to enact a law
provincias limítrofes. bordering provinces
proyecto de ley. proposed law, bill
publicidad (de un proceso). open court proceedings
representación proporcional. proportional representation
reuniones conjuntas. joint meetings
sindicato de trabajadores. labor union
sistema bicameral. bicameral system (*Parliament*)
Tribunal Constitucional. constitutional court
Tribunal Supremo. Supreme Court, high court

Cuestionario

LA TRANSICIÓN

1. ¿Cuáles fueron los principales hechos ocurridos entre la muerte de Franco y las primeras elecciones democráticas?
2. ¿Qué partido político triunfó en las primeras elecciones? ¿Quiénes lo integraban?
3. ¿Qué ocurrió con el partido gobernante después de las segundas elecciones?
4. ¿Cuáles eran los principales obstáculos para la democratización?
5. ¿Cuándo llegaron los socialistas al poder? ¿Cuáles eran algunos de los objetivos de su programa?
6. ¿Qué caracterizó el período de transición?

EL RÉGIMEN POLÍTICO ESPAÑOL

1. ¿Qué forma asume el Estado de acuerdo con la Constitución de 1978?
2. ¿Qué expresa la Constitución con respecto al castellano y a las demás lenguas españolas?
3. ¿Qué significa que el Estado español sea aconfesional?
4. ¿Qué otros gobiernos existen en España aparte del gobierno central?
5. ¿Qué tipo de Estado es España, unitario o federal?
6. ¿Cómo está dividido el territorio español?
7. ¿Cuáles son algunas de las funciones del rey?
8. ¿Qué establece la Constitución con respecto a la sucesión del rey?
9. ¿Cuáles son las dos cámaras que se establecen para ejercer el poder legislativo?
10. ¿Cuáles son algunas de las funciones de las Cortes?

11. ¿Cuáles son algunas de las funciones del gobierno?
12. ¿Cuánto tiempo dura el mandato del presidente del gobierno?
13. ¿Cómo está organizada la Justicia española y quienes la administran?
14. ¿Qué es el Tribunal Supremo?
15. ¿Qué es el Tribunal Constitucional?
16. ¿Cuál es la tendencia actual en lo que se refiere al número de partidos políticos?

LA CULTURA BAJO LA DEMOCRACIA
1. ¿Qué ocurrió con la cultura tras la desaparición del franquismo?
2. ¿Por qué se dice que las expectativas de renovación cultural eran demasiado grandes?
3. ¿Cómo se manifestó el autoritarismo franquista en el sector cultural durante la transición?
4. ¿Qué tipo de cine se hizo durante este período?
5. ¿Cómo se intenta competir con el cine europeo?
6. ¿Qué instituciones culturales han nacido bajo la democracia?
7. ¿Qué ha ocurrido en el campo de la música en general?

Temas de redacción o presentación oral

1. Explica el significado de esta oración del texto con respecto a los principales acontecimientos de la transición democrática: "El período que va entre los años 1976 y 1982 es posiblemente uno de los más agitados, controvertidos e innovadores de la historia de España".

2. ¿Qué es España, una nación o una suma de naciones?

3. Explica de qué manera la unidad de la nación española es compatible con la autonomía de nacionalidades y regiones.

4. ¿Crees que fue importante que la Constitución estableciera la aconfesionalidad del Estado español? ¿Por qué?

5. Haz un breve comentario sobre el papel que juega la corona en la nueva España.

6. Compara la forma del Estado español—unitario y con una monarquía parlamentaria, con todas sus peculiaridades—con la de los Estados Unidos, Gran Bretaña u otro país.

7. Compara el número de partidos principales que existe en España y sus distintas tendencias con igual situación en tu propio país.

8. En tu opinión, ¿crees que es necesario que haya libertad política para que florezca la actividad cultural? Explica y da ejemplos.

9. Haz un breve comentario sobre el cine como expresión cultural.

10. El *rock* se ha desarrollado en España como en muchos otros países, entre ellos los de América Latina. En tu opinión, ¿cómo se puede explicar la internacionalización del *rock*? ¿Qué factores intervienen? ¿Qué motivaciones? ¿Te agrada este tipo de expresión musical? ¿Qué encuentras en ella?

Práctica

1. Indica a qué palabra o frase del texto se refieren las palabras en cursiva.

   Una vez aprobado el texto de la Constitución se disuelven las Cortes y se convocan nuevas elecciones. *Estas* se llevan a cabo en marzo de 1979 y en *ellas* vuelve a triunfar la Unión de Centro Democrático. A pesar de *esto* se inicia la descomposición del *partido* debido a las desavenencias entre los grupos que *lo* integraban. *Su* presidente, Adolfo Suárez, presenta la dimisión y *lo* sucede Leopoldo Calvo Sotelo. El acto político más importante de *éste* fue el ingreso de España en la OTAN. *Ello* se produjo el 30 de mayo de 1982. *Ese año* las Cortes decidieron la desnuclearización de España, *la* cual sería reiterada cuatro años más tarde. La debilidad del *partido gobernante* obliga a convocar nuevas elecciones. *Ellas* se realizan el 28 de octubre del *mismo año*.

2. Vuelve a escribir el texto que sigue de manera que no se repita ninguna de las palabras o frases en cursiva: utiliza sinónimos, pronombres relativos, pronombres o adjetivos demostrativos, posesivos, etcétera.

   En 1977 se creó el Ministerio de la Cultura. Entre las actividades del *Ministerio de la Cultura* está la organización de ciclos de cine español. Los *ciclos de cine español* se han llevado a cabo en Europa y en los Estados Unidos. La creación del *Ministerio* ha dado también un nuevo impulso a la música, tanto a la *música* clásica como a la *música* contemporánea, lo que ha sido muy bien recibido por los amantes de la *música*. En los últimos seis meses *se ha llevado a cabo* en Madrid un gran número de conciertos. A los *conciertos* ha asistido numeroso público. *En los últimos seis meses se han llevado a cabo* también varias presentaciones del Ballet Nacional. Las *presentaciones* han tenido gran éxito.

3. Compara las siguientes oraciones y explica las diferencias de significado que existen entre ellas.
   (a) Los exiliados volvieron, aunque su presencia no fuese más que simbólica.
   (b) Los exiliados volvieron, aunque su presencia no fue más que simbólica.
   (c) Aunque hayan vuelto los exiliados, su presencia no será más que simbólica.

(d) Los exiliados volverían, aunque su presencia no fuera más que simbólica.

(e) Aunque vuelvan los exiliados, su presencia no será más que simbólica.

(f) Los exiliados volverán, aunque su presencia no sea más que simbólica.

(g) Aunque vuelven los exiliados, su presencia no será más que simbólica.

(h) Los exiliados hubieran vuelto, aunque su presencia no hubiese sido más que simbólica.

4. Completa las oraciones siguientes con las palabras de la lista: *refrendar, ostentar, dimitir, redactar, contar, convocar, recurrir, combatir.*

(a) Frente a las divisiones internas el presidente prefirió _____.

(b) El gobierno ha decidido _____ nuevas elecciones.

(c) La comisión deberá _____ un nuevo proyecto de Constitución en el plazo de un año.

(d) Se dice que la mayoría de los españoles va a _____ la nueva Constitución.

(e) Para _____ el paro se invertirá más dinero en la industria.

(f) Todas las comunidades autónomas podrán _____ con una asamblea legislativa.

(g) El rey deberá _____ el mando supremo de las fuerzas armadas.

(h) Quienes necesiten ayuda podrán _____ a mí.

5. Explica el significado de las siguientes palabras y expresiones:

(a) sindicato de trabajadores
(b) sistema bicameral de gobierno
(c) defensor del pueblo
(d) mayoría absoluta
(e) autogobierno
(f) jurado
(g) ayuntamiento
(h) referéndum

6. Explica las diferencias que existen entre estas formas de Estado o de gobierno:

(a) un régimen parlamentario—un régimen presidencialista
(b) un estado unitario—un estado federal
(c) un estado confesional—un estado aconfesional
(d) una monarquía democrática—una monarquía absoluta
(e) una democracia—una dictadura

CAPÍTULO DIEZ

Desarrollo económico y social de España

La economía

EL INGRESO DE ESPAÑA EN LA COMUNIDAD ECONÓMICA EUROPEA

El 12 de junio de 1985 España firmó el tratado que la convirtió a partir del 1º de enero de 1986 en miembro de la Comunidad Económica Europea (CEE). Con ello terminaron años de aislamiento y se abrieron nuevos horizontes para el desarrollo económico y social del país.

La petición española de ingreso en la Comunidad fue presentada oficialmente en julio de 1977 durante el gobierno presidido por Adolfo Suárez. Con anterioridad, y aún bajo el gobierno del General Franco, España había logrado ventajosos **acuerdos comerciales** con la CEE (Acuerdo Preferencial, 1970). A partir de 1982, después del primer triunfo socialista, se intensificaron las negociaciones.

El ingreso de España en la Comunidad no estuvo exento de dificultades y las negociaciones duraron largo tiempo. Los capítulos referentes a la industria, la agricultura, la pesca y los temas sociales eran los más conflictivos. Por otra parte Europa se enfrentaba a una aguda crisis económica y ello obstaculizaba aún más la decisión. La presencia de otros dos miembros—España y Portugal—iba a agravar los problemas de **presupuesto** del **grupo de los diez**. Francia representaba un obstáculo más por la competencia de España en el **mercado de vinos y hortalizas.** Finalmente hubo acuerdo y se aceptó el ingreso de España. Previamente se habían determinado los plazos de adaptación y se había establecido una serie de compromisos, muchos de ellos de índole económica y comercial.

Torre Picasso (Madrid).

La entrada de España en la Comunidad Económica Europea obligó al país a realizar una serie de adaptaciones a fin de poder hacer frente a la competencia europea sin el proteccionismo que hasta entonces había caracterizado su economía. La industria española tuvo que **asumir su nuevo papel** mediante la reconversión y la incorporación de tecnologías más avanzadas. Frente al **reto** económico que ahora se planteaba, la adhesión de España reforzó su presencia política en el contexto europeo y fortaleció sus propias instituciones democráticas. En 1992, la línea europeísta de España se fortalecía aun más al ratificarse en las Cortes el *Tratado de Maastricht* (firmado en Maastricht, Holanda, el 17 de febrero de 1992), por el que se constituyó la Unión Política Europea, entre los doce países miembros de la Comunidad, entre ellos España, y cuyo propósito es transformar la Comunidad en una *Unión Económica y Monetaria (UEM)*.

LA AGRICULTURA

La agricultura española continúa estando por debajo de la europea en cuanto a promedios de productividad. Esta deficiencia responde, por una parte, a factores ecológicos, como son el **desgaste** de los suelos, la irregularidad de las precipitaciones y el relieve mismo de la Península que corresponde en gran parte a tierras de difícil explotación. Por otra parte, la **descapitalización** impide la modernización del sector agrícola y en consecuencia no permite que mejore la productividad. A esto hay que agregar la desigual distribución de las tierras cultivables, lo cual tiene raíces históricas difíciles de modificar. Con ello nos referimos a la existencia del latifundio, es decir, a la excesiva concentración de la pro-

La construcción de embalses ha remediado en parte el problema de la escasez de lluvias.

piedad agrícola en el centro y sur del país, y al minifundio o fragmentación excesiva en el norte.

La construcción de numerosos **embalses** y canales en los últimos años ha remediado en parte el problema de la escasez de lluvias. Una gran parte de las tierras fértiles cuentan ahora con modernos sistemas de riego. No obstante, todavía quedan grandes problemas por resolver. A los ya mencionados hay que añadir la insuficiente diversidad de la producción agrícola. Ha habido una excesiva concentración en productos tales como el vino, el aceite de oliva y los cítricos, de gran demanda exterior, desatendiéndose otros que ofrecen menores posibilidades en el mercado externo.

El ingreso de España en la Comunidad Económica Europea plantea una nueva situación. El sector agrícola tendrá que modernizarse para enfrentarse a Europa en condiciones de igualdad. El tratado de adhesión estipula que junto a la gradual desaparición de las barreras proteccionistas españolas, los precios agrícolas debían acercarse a los de la Comunidad. Este proceso debía completarse en un plazo de siete años (1992). Frutos, hortalizas, vinos y aceites quedaban sujetos a un régimen de transición específica.

Cultivos principales y producción (miles de toneladas) (1991)

Algodón	267	Maíz	3.151	Remolacha	6.867
Arroz	582	Mandarina	1.333	Sandía	639
Avena	410	Melón	875	Tomate	2.665
Cebada	9.141	Naranja	2.504	Trigo	5.392
Cebolla	1.005	Patata	5.333	Uva de transformación	4.629
Girasol	986	Pimiento	709	Vino (miles Hl.)	32.570
Limón	516				

Fuente: *Ministerio de Agricultura, Pesca y Alimentación*

Recogida de aceitunas.

Bosque en la provincia de Santander.

LA GANADERÍA

La actividad ganadera, la más tradicional en el campo español, no ha conseguido modernizarse plenamente ni ha alcanzado los niveles de expansión de otros sectores de la economía española.

1. La ganadería ovina sigue siendo la más importante dentro del sector, aunque muestra una leve tendencia a la disminución. A pesar de ello la producción de lana ha experimentado cierto aumento.

2. La ganadería porcina es la que ha tenido el mayor crecimiento, en parte debido a los costes más bajos de manutención, lo que permite una rentabilidad mayor. La carne de cerdo es la principal fuente de proteínas animales entre los españoles.

3. La ganadería bovina ha crecido muy lentamente, aunque la mejora de las razas ha permitido aumentar la producción de leche y carne.

4. La avicultura ha tenido una gran expansión gracias a la modernización de las granjas avícolas y a la creciente demanda de carne de pollo, que en España ha pasado a ser la segunda fuente de proteínas animales.

LA EXPLOTACIÓN FORESTAL

Se dice que en un tiempo España fue un país de grandes bosques. Hoy en día más de la mitad del territorio nacional podría dedicarse a la

España tiene una larga tradición pesquera.

explotación forestal. Sin embargo, la realidad es otra, ya que sólo el 60 por ciento de esa superficie es terreno forestal y su rendimiento es muy reducido. Esto obliga a España a importar madera y pasta para la fabricación de papel.

La necesidad de incrementar y restaurar las áreas de bosques llevó a la creación del Patrimonio Forestal del Estado. Entre 1940 y 1970 este organismo llevó a cabo un plan de repoblación que aumentó considerablemente la superficie forestal. Desde 1970 esta actividad está en manos del Instituto de Conservación de la Naturaleza (ICONA), que además coordina otras materias relativas al medio ambiente. La caza, la pesca y los parques nacionales son también controlados por ICONA.

LA PESCA

Acorde con su larga tradición pesquera, España cuenta con la flota más numerosa de Europa y la cuarta del mundo, detrás de la extinta Unión Soviética, Japón y los Estados Unidos. Sin embargo, a raíz de la extensión a 200 millas del límite de las **aguas jurisdiccionales,** la actividad pesquera se ha visto muy afectada. Las restricciones en cuanto al volumen de captura y al número de embarcaciones españolas que pueden **faenar** en aguas extranjeras son causa de frecuentes conflictos con Marruecos, Portugal y Francia. A pesar del gran volumen de capturas España ya no es un país exportador de pescado, debiendo importar para satisfacer la demanda interna.

España tiene una importante industria de extracción de minerales.

Los acuerdos con la Comunidad Económica Europea, de la que España es miembro, limitan a 300 el número de licencias para faenar en aguas jurisdiccionales de países de la Comunidad, aunque sólo pueden hacerlo 150 barcos simultáneamente. Además se limita el volumen de captura de **merluza** y se excluye a los barcos españoles de ciertas zonas de las costas de Irlanda. Aparte de otras obligaciones y derechos, los acuerdos comprometen a España a reducir gradualmente su flota.

LA MINERÍA

España es rica en minerales metálicos, lo que ha dado origen a una importante industria extractiva y a un **no desdeñable** comercio de exportación. No obstante, el agotamiento de los **yacimientos,** la poca rentabilidad o las dificultades mismas de la explotación han llevado en años recientes a un incremento de las importaciones, las que actualmente sobrepasan los niveles de exportación. España tiene importantes yacimientos de hierro, cinc, plomo, mercurio, cobre y otros minerales que se explotan en menor proporción.

LA ENERGÍA

La crisis del petróleo. Uno de los factores predominantes en el retraso de la industrialización en España ha sido la escasez de recursos energéticos propios y la consiguiente dependencia del exterior. La situación se agravó con la subida de los precios del crudo en la década del setenta. Esto llevó al gobierno de aquel entonces (1979) a adoptar un Plan Energético Nacional (PEN) para reducir el consumo y racionalizar la utilización de energía primaria, además de buscar nuevas fuentes de energía y aprovechar las ya existentes. Concretamente, se proponía reducir el consumo de petróleo y potenciar el uso de carbón, de gas natural, de energía de origen hidroeléctrico y de energía nuclear.

La producción de energía. Alrededor del 44 por ciento de la energía eléctrica que se produce en España procede de **centrales térmicas** convencionales, el 49 por ciento es de origen nuclear y alrededor del cinco por ciento procede de **centrales hidroeléctricas.** La tendencia en los últimos años apunta hacia un aumento de la energía nuclear frente a una clara reducción de la producción hidroeléctrica.

En España el petróleo sigue representando un nivel muy bajo del total de la producción de energía, frente a un consumo inmensamente superior, como lo demuestra el cuadro siguiente.

Producción y consumo de energía (1992)

Producción	(%)	Consumo	(%)
Petróleo	3,67	Petróleo	55,37
Carbón	36,48	Carbón	21,22
Gas natural	3,86	Gas natural	6,47
Hidráulica	5,42	Hidráulica	1,77
Nuclear	49,17	Nuclear	16,07

Fuente: Ministerio de Industria, Comercio y Turismo

LA INDUSTRIA

El intervencionismo y control estatales fueron la característica dominante del desarrollo industrial español hasta fines de la década de los setenta. El Instituto Nacional de Industria (INI), creado en 1941 para centralizar el financiamiento de nuevas empresas, pasó a convertirse en un poderoso conglomerado industrial. Llegó a controlar en sólo veinte años más de ochenta compañías, dando empleo al seis por ciento de los trabajadores industriales. El once por ciento del total de las exportaciones correspondían al INI. Esta excesiva intervención por parte del Estado no permitió que la industria se desarrollase libremente y más tarde tendría consecuencias muy negativas.

En 1973 se produjo el primer gran aumento de los precios del crudo por parte de la Organización de Países Exportadores de Petróleo

Refinería (Escombreras, Murcia).

La industria de material de transporte es una de las más importantes del país.

(OPEP). Ello afectó de manera especial al sector industrial español que no supo ni pudo reaccionar ante esta nueva situación. La falta de competitividad de la industria española frente a la europea y las restricciones legales no hicieron sino agravar el estado de cosas. Era inevitable que se hiciera una reestructuración del sector industrial. Este proceso se inició en el área de la siderurgia y de la construcción naval (1978), pero en 1983 se promulgó un real decreto-ley que establecía un plan general para todo el sector.

La reconversión industrial llevó al cierre o reducción de personal en numerosas empresas y al consiguiente aumento del paro. Esto dio lugar a una serie de conflictos laborales, algunos de ellos de extrema violencia.

Con la adhesión de España a la CEE, el país se ha integrado a la política industrial comunitaria, lo que **a medio y largo plazo** puede contribuir a una mayor competitividad de las empresas españolas.

Desequilibrio regional. El desarrollo económico español se ha caracterizado por un marcado desequilibrio regional, con una tendencia hacia la concentración de la industria en las regiones periféricas. Esto ha favorecido principalmente a Cataluña y también al País Vasco y Asturias, dos núcleos tradicionales de la industria española. En la España interior, Madrid ha logrado el mayor grado de industrialización. Provincias como Sevilla, Valencia, Cádiz, Zaragoza y Valladolid han alcanzado también un cierto grado de desarrollo industrial.

La situación de los principales sectores industriales. La siderurgia y la metalurgia—que datan de la primera mitad del siglo XIX—se desarrollaron principalmente en el País Vasco y en Asturias. Desde fines de la década del setenta, la disminución del mercado interior y el proteccionismo extranjero han afectado de manera especial a la industria siderúrgica, que ha debido reducir su producción. Esta tendencia negativa se ha dado también en la industria metalúrgica no férrea y en la de transformados metálicos. Por el contrario, la industria de bienes de equipo ha experimentado un fuerte aumento en su producción. Otros sectores afectados por la crisis económica de los años setenta han sido la construcción naval y la industria de la construcción. Por su parte, la industria de material de transporte, en especial la de automóviles de turismo, también sufrió los efectos de la recesión, pero logró recuperarse al iniciarse la década de los ochenta.

Entre los sectores de mayor expansión encontramos el de la química, el de la electrónica e informática y el de la alimentación, bebidas y tabaco. La tradicional industria del calzado y la textil y de confección han logrado mantener sus cuotas de producción.

EL COMERCIO

El comercio interior. El comercio interior da empleo a más del 10 por ciento de la población activa del país. Una buena parte del personal que ocupa el comercio al por menor es mano de obra femenina que recibe normalmente salarios inferiores al promedio general.

1. El comercio de alimentos. En España, la cadena de comercialización de los productos alimenticios es principalmente la siguiente: productor → mercado central → **comerciante minorista** → consumidor. La intervención de más de un intermediario encarece mucho los productos y el consumidor termina pagando generalmente entre tres y cinco veces más sobre el precio del productor.

El comercio de alimentos se realiza a menudo en pequeñas tiendas como ésta.

A diferencia de lo que ocurre en los Estados Unidos y en países como Alemania, Francia o Inglaterra, en España existe un excesivo comercio detallista. Por lo tanto, el bajo volumen de ventas de cada comercio se traduce en más altos precios. Los grandes supermercados de alimentos al estilo norteamericano son todavía una novedad en este país. En general, el español prefiere el trato directo con el comerciante en lugar del ambiente impersonal de un gran centro comercial.

2. El comercio de bienes de consumo duraderos. Por **bienes de consumo duraderos** entendemos artículos tales como ropa, electrodomésticos, muebles, automóviles, etcétera. Este tipo de comercio se realiza normalmente a través de comerciantes minoristas que compran directamente del fabricante. Las ventas son generalmente **al contado,** excepto en el caso de artículos de más alto valor, como son los electrodomésticos o los automóviles, en que es habitual la venta con facilidades o los pagos con tarjetas de crédito.

En los últimos años, en España se aprecia cierto aumento de los **grandes almacenes** donde el consumidor puede adquirir todo lo necesario sin que tenga que desplazarse de un punto a otro de la ciudad. Pero su número es todavía escaso si lo comparamos con el que existe en Nueva York, Chicago, Londres o París.

3. El comercio de bienes de equipo. Al hablar de **bienes de equipo** nos referimos a maquinaria industrial, agrícola y eléctrica, medios de transporte, etcétera. Esta clase de comercio se realiza habitualmente sin intermediarios, es decir, el comprador va directamente al fabricante. Dado el alto coste de los bienes de equipo las compras se hacen muchas veces mediante créditos obtenidos por el mismo comprador o, lo que es ahora más común, a través de financiaciones realizadas por el vendedor.

Una de las formas de promoción de este tipo de comercio son las ferias de muestras que se realizan cada año. En España el principal centro de exposiciones es Barcelona, pero también las hay en Bilbao, Valencia, Zaragoza, Madrid y otras ciudades.[1]

El comercio exterior. España ha dejado de ser un país exportador de materias primas e importador de productos manufacturados como lo fue predominantemente hasta la década del sesenta. Ya no es un país agrario y se ha transformado en una nación industrial y urbana. En efecto, desde 1965 España viene importando más productos agrícolas que los que vende al exterior y el volumen de exportaciones de artículos elaborados ha crecido considerablemente. Pero la balanza comercial sigue siendo negativa para España, puesto que las importaciones sobrepasan las exportaciones.

Los principales **socios comerciales** de España son los países de la CEE, tanto en lo que se refiere a importaciones como a exportaciones: 60,73 por ciento y 71,17 por ciento, respectivamente (1992).[2] Les siguen los países de Asia y los Estados Unidos.

España importa principalmente vehículos automóviles, tractores (12,61%), reactores nucleares, calderas y artefactos mecánicos (10,09%), combustibles, aceites y ceras minerales (10,09%), máquinas y aparatos eléctricos (8,48%), y exporta fundamentalmente vehículos automóviles, tractores (23,32%), reactores nucleares, calderas y artefactos mecánicos (6,60%), máquinas y aparatos eléctricos (3,90%), frutos comestibles (2,87%), fundición, hierro y acero (2,23%).

---

[1]Ramón Tamames, *Introducción a la economía española,* págs. 313–23, Alianza Editorial, 16ª edición, Madrid, 1986.

[2]*Anuario El País 1993*, pág. 358, Ediciones El País, Madrid, 1993.

Distribución geográfica de las importaciones y exportaciones (1992)

País	Importaciones (%)	Exportaciones (%)
Europa	67,71	78,30
CEE	60,73	71,17
EFTA	4,93	4,28
Europa del Este	1,55	1,34
Otros	0,50	1,52
África	6,55	4,88
América	12,33	10,07
Estados Unidos	7,40	4,77
Latinoamérica	4,25	4,41
Asia	12,77	5,93
Oceanía	0,35	0,31
Otros	0,28	0,50

Fuente: *Anuario El País,* 1993, pág. 358, Ediciones El País, Madrid, 1993.

EL TRANSPORTE

Los ferrocarriles. La importancia del tráfico ferroviario en España, tanto de pasajeros como de mercancías ha ido disminuyendo notoriamente frente a la rápida expansión del transporte por carretera. Los sucesivos gobiernos no han invertido lo suficiente en el mejoramiento y extensión de las **vías férreas,** con la consiguiente pérdida de viajeros, que prefieren la mayor rapidez del tráfico por carretera. Ello ha obligado a RENFE (Red Nacional de los Ferrocarriles Españoles) a cerrar numerosas líneas de escaso tráfico y concentrar sus recursos económicos en la explotación de líneas de larga distancia y mayor rentabilidad.

El ancho de las vías españolas, diferente al de las vías europeas, constituye también un problema, puesto que dificulta el transporte directo de mercancías desde los centros de producción en España hasta su

La red ferroviaria española se amplía y moderniza.

270

destino en Europa. Cierto tipo de vagones pueden adaptarse a los dos anchos de vía y esto resuelve en parte esta situación.

Debido a la crisis del petróleo de 1973, RENFE ha procedido a retirar gradualmente sus máquinas diesel y ha ampliado las líneas electrificadas. Por su parte el gobierno, consciente de las deficiencias del transporte ferroviario, ha decidido invertir más de dos mil millones de pesetas en modernizar la actual red de ferrocarriles. El plan, que deberá completarse para el año 2000, incluye la construcción de nuevas variantes y accesos y permitirá relacionar las principales ciudades españolas con servicios ferroviarios de máxima calidad y alta rapidez. Como parte de este programa, en 1992 se inauguró el AVE, un ferrocarril de alta velocidad que une Madrid con Sevilla.

El transporte por carretera. La red de carreteras españolas, como la de ferrocarriles, tiene forma radial, con su centro en Madrid y sus extremos en La Coruña, Santander, Barcelona, Valencia, Cádiz y otros puntos importantes del país. A su vez, estas rutas están unidas por una red más compleja de carreteras transversales, insuficientes en cuanto a extensión, lo que constituye un obstáculo para el desarrollo económico de las zonas más aisladas.

Las nuevas autovías terminarán con el aislamiento de las ciudades españolas.

Embotellamiento de tráfico.

271

Puerto de Barcelona.

La mayor parte del transporte de viajeros y de mercancías dentro de España se hace por carreteras: 89,21 por ciento y 75,40 por ciento, respectivamente (1991).[1] A pesar de esto y del enorme aumento del número de vehículos, España está muy por debajo de la media europea en lo que respecta a la cantidad y extensión de sus carreteras y autopistas. En años recientes, sin embargo, se ha construido un gran número de nuevas carreteras, **autovías** y autopistas. A su vez, el Plan de Carreteras del año 2000 aumentará la red de autovías hasta llegar a los 10 000 kilómetros. La ampliación de la red de autovías principales terminará con el aislamiento de las grandes ciudades españolas, como Madrid, desconectada de las principales vías europeas.

El transporte marítimo. El transporte marítimo adquiere mayor importancia cuando se trata del tráfico interior de mercancías, que en un porcentaje de 16,61 por ciento se trasladan por mar (1991).[2] España no tiene un sistema de transporte fluvial puesto que no existen grandes ríos navegables.

El extenso litoral peninsular cuenta con grandes puertos, entre ellos Cartagena, Bilbao, Barcelona, Gijón. Más allá de las costas de la Península está el importante puerto de Santa Cruz de Tenerife en las islas Canarias. En años recientes, el Estado y los gobiernos autónomos han prestado especial atención a la modernización de los puertos bajo su administración, algunos de los cuales cuentan ahora con excelentes instalaciones.

---

[1]*Anuario El País 1992,* pág. 412, Ediciones El País, Madrid, 1992.
[2]Ibid.

Arriba: España es fundamentalmente un país receptor de turismo.
Derecha: Palma de Mallorca, catedral y puerto.

La **flota mercante** española, pese a su magnitud, es insuficiente y requiere urgentes transformaciones. La crisis del petróleo de 1973 limitó enormemente su capacidad de expansión.

El transporte aéreo. Los altos precios del transporte aéreo interior han impedido la expansión de este sector, que absorbe un porcentaje muy insignificante de pasajeros y de mercancías. Por el contrario, el mayor poder económico de los españoles y el creciente interés por salir más allá de las fronteras ha contribuido a la expansión del tráfico aéreo internacional. Iberia y Aviaco son las principales líneas aéreas españolas.

EL TURISMO

En lo que se refiere a turismo, España es fundamentalmente un país receptor. Su sol, sus playas, sus monumentos históricos y sus tradiciones atraen a miles de visitantes cada año. A ello hay que agregar los precios de los distintos servicios, todavía más bajos que en la mayoría de los países europeos, y la amplia y excelente red hotelera que existe a través del país.

Desde los años cincuenta el Estado ha dedicado especial atención al turismo. Para la economía española este sector es fundamental, ya que los turistas generan el 9 por ciento del **producto interior bruto** y dan ocupación al 11 por ciento de los trabajadores españoles. Los ingresos por turismo ayudan a equilibrar parcialmente la balanza del comercio exterior.

El número de turistas extranjeros que llega a España cada año se aproxima a los 50 millones (50 986 000 en 1992, ó 55 323 000, si se considera el ingreso de españoles residentes en el extranjero).[1] Sólo Italia aventaja a España como país receptor. La mayoría de los visitantes procede de países de la CEE. Francia, Portugal, Alemania y Gran Bretaña se sitúan en los primeros lugares. Pero año a año se producen variaciones según circunstancias especiales, por ejemplo la gradual disminución del turismo británico en años recientes, debido a la recesión económica sufrida por ese país.

Las mayores concentraciones de turistas se producen a lo largo de la costa mediterránea, incluyendo a Baleares, durante los meses de verano (julio y agosto). Gracias a su clima, las islas Canarias cuentan con un flujo regular de turistas tanto en invierno como en verano.

La coordinación de todos los aspectos relacionados con este sector está a cargo de la Secretaría de Estado para el Turismo que depende del Ministerio de Transportes, Turismo y Comunicaciones. Entre sus actividades están la fijación de precios para los hoteles, la publicidad y la planificación general de las áreas de turismo. Así, la publicidad está tratando de llevar a los turistas más allá de las rutas tradicionales, hacia zonas de gran atractivo alejadas del mar. El *slogan* publicitario ha dejado de insistir en que *España es diferente* y nos llama a disfrutar de *Todo bajo el sol*.

Número de turistas que han visitado España desde 1955

Años	Extranjeros (miles)
1955	1.383
1960	4.332
1965	11.079
1970	21.267
1975	27.360
1981	35.569
1983	38.468
1984	40.179
1986	44.626
1988	50.443
1990	47.900
1992	50.986

Fuente: *Anuario El País 1993*, pág. 366, Ediciones El País, Madrid, 1993.

Procedencia (10 primeros países)

Países	1992 (%)
1. Francia	21,31
2. Portugal	20,91
3. Alemania	14,03
4. Gran Bretaña	11,77
5. Holanda	3,82
6. Marruecos	3,68
7. Italia	3,35
8. Bélgica	2,46
9. Suiza	2,00
10. Estados Unidos	1,49

Fuente: *Anuario El País 1993*, pág. 366, Ediciones El País, Madrid, 1993.

[1]*Anuario El País 1993*, pág. 366, Ediciones El País, Madrid, 1993.

Paseo de las Ramblas
(Barcelona).

Plaza Mayor (Madrid).

La sociedad

LA DEMOGRAFÍA

La población de España es de 39 561 608 habitantes (1991), lo que da una densidad de 79,1 habitantes por kilómetro cuadrado, inferior a la de otros países de Europa occidental y tres veces superior a la de los Estados Unidos (24,7 habitantes por kilómetro cuadrado). Esta población se encuentra desigualmente distribuida. Andalucía, Cataluña, Madrid y la Comunidad Valenciana contienen más de la mitad de la población española. Otras regiones, en cambio—Baleares, Cantabria, Navarra, La Rioja—se encuentran escasamente pobladas. La mayor densidad se da a lo largo de la costa mediterránea, en perjuicio de las zonas interiores, de mayor superficie y mucho menor densidad.

Alrededor del 90 por ciento de la población de España vive en ciudades con más de 30 000 habitantes, aunque la mayor parte de ese porcentaje está concentrado en un número muy reducido de municipios. La tendencia apunta hacia un crecimiento aun mayor de los grandes núcleos urbanos.

EL DESARROLLO SOCIAL

Otras tendencias que caracterizan a la sociedad española en esta etapa de crecimiento económico son la reducción del número de personas por familia, la disminución de la población menor de quince años

La reducción del grupo
familiar es una realidad de la
España actual.

y el claro aumento del grupo mayor de sesenta y cinco años. En 1982, en España, el promedio de hijos por familia era de 2,0; en los Estados Unidos se situaba en 1,8; en México llegaba a 4,7. En el mismo año, la tasa de crecimiento natural era de 0,6 por ciento en España, 0,2 por ciento en los Estados Unidos y 2,6 en México. Hacia finales de la década de los 80, en España, el promedio de hijos por familia era de tan sólo 1,3, inferior a la tasa de 1,8 correspondiente a los Estados (1990), mientras que la esperanza de vida del español se situaba en 76,3 años, levemente superior a la del estadounidense medio, que era de 75,5 años (72,1 hombres y 79,0 mujeres en 1990), y muy superior a la del boliviano o del guatemalteco, de 53,1 y 62 años, respectivamente (1990).[1]

LA POBLACIÓN ACTIVA

En España la población activa (de 16 a 64 años) representa alrededor del 38 por ciento del total, cifra inferior a la que se da en la mayor parte de los países de la CEE. Ello obedece principalmente al bajo nivel de ocupación femenina, que se sitúa sobre el 34 por ciento, frente a un 65 por ciento en el caso de los varones (1992). En líneas generales, sin embargo, hoy es mucho mayor el número de mujeres que trabaja y muy superior el número de ellas que busca una ocupación.

Uno de los cambios más notorios en las últimas dos décadas ha sido la redistribución de los trabajadores en los distintos sectores de la eco-

---

[1]*Anuario Iberoamericano 1992,* págs. 184 (España), 204 (Estados Unidos), 49 (Bolivia), 225 (Guatemala), Agencia EFE, Fundación EFE, Madrid, 1992.

nomía. En 1965 la población activa se distribuía de manera muy similar en la agricultura, la industria y los servicios. A principios de la década de los noventa, más de la mitad de la población económicamente activa trabajaba en los servicios (57,2%), menos de la tercera parte trabajaba en la industria (30,8%) y un porcentaje muy reducido lo hacía en la agricultura (12%).[1] La menor actividad en el sector agrícola es un indicador del mayor desarrollo económico alcanzado por España en las dos últimas décadas, y del rápido proceso de urbanización. A ello hay que agregar la influencia de los movimientos migratorios, tanto exteriores como interiores, a los que nos referiremos más detalladamente a continuación.

LA EMIGRACIÓN

Los movimientos migratorios exteriores. En el siglo pasado y durante la primera mitad de nuestro siglo los españoles emigraron preferentemente a Latinoamérica. La búsqueda de nuevas posibilidades económicas hizo que miles de personas abandonaran sus hogares y emprendieran una nueva vida en el continente americano. Galicia, Andalucía, Extremadura, Murcia, fueron algunas de las regiones de origen de los emigrantes. La Argentina, Venezuela, Brasil, Uruguay, fueron los principales países de destino. En 1939 llegó a su fin la guerra civil, y la victoria de los nacionales obligó a muchos republicanos a buscar asilo en otras naciones. México, Argentina y otros países de Iberoamérica recibieron un gran número de exiliados españoles.

En los años sesenta la corriente migratoria se vuelve hacia Europa. Son los años de prosperidad del continente europeo. La demanda creciente de mano de obra en la industria y los servicios ofrece nuevas oportunidades a los emigrantes de la España no desarrollada. Francia fue el principal país de destino, seguido de Suiza, Alemania, Inglaterra y Bélgica. Pero la crisis económica de la década del setenta que afecta a todos los países de Europa Occidental detiene esta ola migratoria. De hecho muchos españoles vuelven a sus lugares de origen, aunque la recesión también afecta a España y las posibilidades de trabajo son cada vez más escasas.

Los movimientos migratorios interiores. Las migraciones interiores han sido el resultado del **estancamiento** de ciertas regiones de España frente al progreso más acelerado de otras. Madrid, Cataluña, el

---

[1] *Anuario Iberoamericano 1992*, Agencia EFE, Fundación EFE, Madrid, 1992.

Molinos de viento en la tierra llana, seca y despoblada de la Mancha.

País Vasco y Valencia, más industrializadas que el resto del país, absorbieron un número cada vez mayor de personas que abandonaban las áreas rurales. Andaluces, extremeños, murcianos, castellanos, fluyen hacia las ciudades principales. Ello llevó a una reducción general de la población activa en el sector agrícola e incrementó el sector industrial y de servicios en los grandes centros urbanos. La emigración andaluza a Barcelona ilustra esta situación. A mediados de los años cincuenta, de cada tres emigrantes que había en Barcelona uno era andaluz. Más de 800 000 andaluces llegaron a Cataluña entre 1960 y 1975. Ante la masiva demanda de vivienda fue necesario construir barrios enteros. Algunos pueblos de Andalucía quedaron prácticamente despoblados al emigrar casi todos sus habitantes. Pero la corriente migratoria interior también se estancó con la recesión. Algunos emigrantes han permanecido en las ciudades con la esperanza de encontrar un empleo. Otros regresan a los pueblos de donde salieron.

EL DESEMPLEO

La pérdida de empleos—un millón entre 1975 y 1985—y el aumento de la población multiplicaron por cinco el nivel de paro en esa década. De seiscientos mil desempleados que había en 1975 se pasó a tres millones diez años más tarde. La "economía negra" ayudó en parte a suavizar las tensiones sociales a que condujo esa grave situación.

Las causas. La crisis energética y el crecimiento de la población no fueron las únicas causas del alarmante incremento del desempleo. Hay otras razones, quizá no tan importantes, que contribuyeron a acentuar esta tendencia negativa. Es así como el advenimiento de la democracia trajo consigo una liberalización del sistema productivo, lo que provocó una repentina disminución del proteccionismo estatal y el fin de muchas empresas. Por otra parte, la reconversión industrial que se inició tras la crisis energética de 1973 fue mucho más tardía en España que en el resto de Europa. Sólo en 1981 comenzó de hecho la reconversión industrial y sus efectos fueron devastadores desde el punto de vista social, puesto que significó la pérdida de muchos empleos.

Los niveles de desempleo. En 1992 el paro afectaba al 18,4 por ciento de la población activa, un nivel casi tres veces superior al registrado en los Estados Unidos y muy por encima de los niveles europeos. Los principales perjudicados han sido: los jóvenes que buscan por primera vez una ocupación; las mujeres, cuyo nivel de desempleo (25,6 por ciento) es superior al de los hombres en términos relativos (14,3 por

El desempleo, uno de los problemas que más preocupa a la sociedad española actual.

ciento); y por último las personas mayores que, frente a las dificultades económicas, tratan de incrementar sus escasos ingresos a través de alguna actividad remunerada. Hacia 1993–1994, la desocupación afecta a más del 20 por ciento de la población activa española, con un total de más de tres millones de parados.

Desempleo y crecimiento económico. Paradójicamente, mientras los niveles de desempleo en España se mantenían por sobre la media europea, el producto interior bruto se elevaba más allá de la media comunitaria, alcanzando cifras superiores al cinco por ciento en los últimos años de la década de los 80 (PIB de 5,6 por ciento en 1987 y de 5,2 en 1988, frente a una tasa de desempleo de 20,5 y 19,5 por ciento, respectivamente, para el mismo período). Ya comenzada la década de los 90, la alta tasa de desempleo se mantenía en cifras cercanas al 16 por ciento (1990–1991), mientras que el crecimiento económico, afectado por la recesión económica de los países más industrializados, tendía a disminuir (PIB de 3,7 por ciento en 1990 y de 2,4 en 1991). Aun así, en el último año señalado, el crecimiento económico de España fue el doble del registrado en la CEE en general (1,2 en 1991), aunque hacia 1992 esta ventaja se va perdiendo al entrar España en un proceso de clara recesión económica.

Glosario

acuerdo comercial. commercial agreement
aguas jurisdiccionales. territorial waters
al contado. cash

asumir un nuevo papel. take on a new role

autovías. two-lane highways

bienes de consumo duraderos. durable consumer goods

bienes de equipo. capital goods

central hidroeléctrica. hydroelectric power station

central térmica. thermal power station

comerciante minorista o **detallista.** retail merchant

descapitalización. decapitalization

desgaste. erosion

embalse. dam

estancamiento. stagnation

faenar. to fish (*term used in Spain only*)

flota mercante. commercial shipping industry

grupo de los diez. the ten countries that made up the European Economic Community prior to the entry of Portugal and Spain

media europea, la. the European average

medio y largo plazo. mid- and long-term installment payments

mercado de vino y hortalizas. wine and vegetable market

merluza. hake, a variety of cod

no desdeñable. far from negligible

presupuesto. budget

producto interior bruto. gross national product

reto. challenge

socios comerciales. trading partners

vía férrea. railroad

yacimiento. mineral deposit

Cuestionario

LA ECONOMÍA

1. ¿Cuándo fue presentada la solicitud de ingreso de España en la Comunidad Económica Europea? ¿Cuándo ingresó?
2. ¿Cuáles fueron los asuntos más conflictivos en las negociaciones con los países de la Comunidad?
3. ¿Qué transformaciones fue necesario realizar en el sector industrial a causa del ingreso en la Comunidad?
4. ¿Cuáles son algunas de las causas del atraso de la agricultura española con respecto a la europea?
5. ¿Cuál es la situación general de la industria forestal en España?
6. ¿Cómo afectó a la industria pesquera española la extensión del límite de las aguas jurisdiccionales a 200 millas?
7. ¿A qué acuerdos ha llegado España con la CEE en lo que a pesca se refiere?

8. ¿A qué se debe el incremento de las importaciones de minerales por parte de España en los últimos años?
9. ¿De qué manera afectó a España la crisis energética de los años setenta?
10. ¿Para qué se creó el Plan Energético Nacional?
11. ¿Qué factor obstaculizó el desarrollo de la industria española?
12. ¿Por qué se habla de desequilibrio regional en la industria?
13. ¿Por qué se dice que el turismo es fundamental para la economía española?

LA SOCIEDAD

1. ¿De qué manera afectó el desempleo a España en los años 1975–1985?
2. ¿Cuáles han sido las principales causas del aumento del desempleo?
3. ¿Qué comparaciones se hacen en el texto entre los niveles de paro en España y los del resto de Europa y los Estados Unidos?
4. ¿Quiénes han sido los principales afectados por esta situación?
5. ¿Qué paralelo se puede establecer entre el desempleo y el crecimiento económico (PIB, producto interior bruto) en España y en la CEE a finales de la década de los 80? ¿Y en los dos primeros años de la década de los 90?

Temas de redacción o presentación oral

1. Haz una breve comparación entre la modalidad de comercialización de productos, a nivel nacional, en España, con lo que ocurre en tu propio país. Refiérete específicamente a:
   (a) El comercio de alimentos
       Los intermediarios
       El comercio detallista
       Los grandes supermercados
   (b) Ventajas y desventajas de uno y otro sistema, y tus propias preferencias
   (c) El comercio de bienes de consumo duraderos, por ejemplo ropa, electrodomésticos, muebles, automóviles
   (d) Ventajas y desventajas de comprar al contado/con facilidades/con tarjetas de crédito/en grandes almacenes/en pequeñas tiendas

2. (a) Compara la situación general de los ferrocarriles en España con lo que ocurre en tu propio país.
   (b) ¿Crees que los gobiernos deberían dar mayor o menor prioridad a la construcción de ferrocarriles? ¿De carreteras? ¿Por qué razón?

3. "El número de turistas extranjeros que llega a España cada año supera los cincuenta millones". En tu opinión, ¿qué consecuencias puede tener esta entrada masiva de turistas extranjeros en un país? ¿Desde el punto de vista económico? ¿Desde el punto de vista social?

4. "Las mayores concentraciones de turistas se producen a lo largo de la costa mediterránea". Desde el punto de vista ecológico, ¿cómo afecta a España y al resto de los países del área mediterránea esta situación? ¿Qué medidas deberían tomar los organismos responsables?

5. Haz un resumen de las principales características y tendencias de la población en España. Menciona concretamente los siguientes puntos:
   (a) Número de habitantes y densidad
   (b) Distribución geográfica
   (c) Tamaño del grupo familiar
   (d) Menores de quince años/mayores de sesenta y cinco años/esperanza de vida
   (e) Población activa y niveles de ocupación masculina y femenina
   (f) Distribución de los trabajadores en los distintos sectores de la economía
   (g) Movimientos migratorios exteriores
       Causas
       Procedencia y destino de los emigrantes
   (h) Movimientos migratorios interiores
       Causas
       Lugares de procedencia y destino

6. Haz una breve comparación entre las características del desempleo en España y la situación en tu propio país. Refiérete específicamente a lo siguiente:
   (a) Causas del desempleo o paro
   (b) Los niveles de paro
   (c) Los principales afectados

7. "Uno de los problemas que más preocupa a la juventud de hoy es la búsqueda de un empleo". Comenta esta afirmación en líneas generales o con respecto a España o tu propio país.

Práctica

1. Observa el uso del **futuro** en estas oraciones:
   • El sector agrícola *tendrá* que modernizarse.
   • Los precios agrícolas *deberán* acercarse a los de la Comunidad.

   Pon los **infinitivos** en la forma correcta del **futuro.**
   (a) La industria española (*tener*) que asumir un nuevo papel.
   (b) El gobierno (*invertir*) en la modernización de los ferrocarriles.
   (c) El plan (*deber*) completarse para el año 2000.
   (d) (*Haber*) que hacer frente a la competencia europea.
   (e) Las barreras proteccionistas (*desaparecer*).

(f) Los barcos españoles no (*poder*) faenar en ciertas zonas de la costa irlandesa.

(g) Este año nosotros (*hacer*) un viaje por Andalucía.

(h) ¿(*Venir*) tú con nosotros?

2. Observa el uso de **subjuntivo** en estas dos oraciones del texto:
   - La descapitalización no permite que *mejore* la productividad.
   - La intervención por parte del Estado no permitió que la industria se *desarrollase*.

   Recuerda: Después de un verbo que indica permiso (ej. *permitir*), deseo (ej. *querer*), petición (ej. *pedir*), exigencia (ej. *exigir*), sugerencia (ej. *sugerir*), consejo (ej. *aconsejar*), esperanza (ej. *esperar*), deberá usarse el subjuntivo si el sujeto de la frase subordinada es diferente del sujeto de la frase principal. Si el verbo principal está en presente, perfecto o futuro, el de la frase subordinada deberá ir en presente de subjuntivo. Cuando el verbo principal está en un tiempo del pasado o en condicional, el de la frase subordinada deberá ir en imperfecto de subjuntivo.

   Pon los infinitivos en la forma correcta del **presente** o **imperfecto de subjuntivo,** según el caso. Recuerda que para el imperfecto hay dos terminaciones intercambiables: *-ara* o *-ase* para los verbos en *-ar; -iera* o *-iese* para los verbos en *-er, -ir.* En Hispanoamérica, la terminación *-ara* es la más común.

   (a) Los agricultores *pidieron* que se (*construir*) más embalses.

   (b) Les *recomendaron* que (*resolver*) los problemas agrícolas.

   (c) Nos *aconsejan* que (*diversificar*) la producción.

   (d) Se les *prohibió* que (*pescar*) en estas costas.

   (e) Se *exige* que España (*reducir*) su flota pesquera.

   (f) Se *recomendó* que los españoles (*controlar*) la utilización de energía.

   (g) La crisis económica no *permite* que las empresas (*aumentar*) el personal.

   (h) Les *recomendé* que (*hacer*) más promoción turística.

   (i) Te *sugiero* que tú no (*decir*) nada.

   (j) Me *aconsejan* que no (*pagar*) con tarjeta de crédito.

3. Estudia el uso del **imperfecto** de subjuntivo en esta oración impersonal.
   - *Era inevitable que se hiciera* una reestructuración del sector industrial.

   Recuerda: Frases impersonales del tipo *es inevitable que . . . , es posible que . . . , es mejor que . . . ,* deberán ir seguidas de subjuntivo. Si el verbo de la frase principal está en pasado (*fue* o *era*) o en condicional (*sería*), el verbo de la frase subordinada deberá estar en imperfecto de subjuntivo (por ej. *que se hiciera*).

   Transforma estas oraciones según el ejemplo.
   - *Es* inevitable que *se haga* una reestructuración. (Era)
     Era inevitable que *se hiciera* una reestructuración.

(a) *Es* mejor que *vayas*. (Sería)

(b) *Es* inevitable que *bajen* los precios. (Fue)

(c) *Es* poco probable que *estén* en la reunión. (Era)

(d) *Es* imposible que *vengan* más turistas. (Fue)

(e) *Será* mejor que *hagan* más publicidad. (Sería)

(f) *Es* necesario que *desaparezca* el proteccionismo. (Era)

(g) *Es* difícil que *obtengan* empleo. (Era)

(h) *Será* necesario que se *produzcan* algunos cambios. (Sería)

4. Forma oraciones con estas palabras y expresiones: *comprar al contado, comprar o pagar con facilidades, pagar con tarjeta de crédito, el consumidor, el productor, el fabricante, el intermediario, el comerciante minorista o detallista, el crédito, los grandes almacenes.*

5. Explica oralmente o por escrito el significado de estas afirmaciones en el contexto español.

   (a) "La crisis energética y el crecimiento de la población no han sido las únicas causas del alarmante incremento del desempleo".

   (b) "España es fundamentalmente un país receptor de turismo".

La solución
de los problemas
de tu calle, de tu barrio,
de tu Municipio,
depende de tí.

3 de Abril
Elecciones
Municipales.
Toma parte y vota.

CAPÍTULO ONCE

Panorama político, social y cultural de la nueva España

CRONOLOGÍA

1981   Se aprueba la Ley del Divorcio.

1982   El papa Juan Pablo II visita por primera vez España. El papa condena abiertamente el divorcio y el aborto ante más de un millón de personas en Madrid.
Se abre al tráfico peatonal la frontera con Gibraltar, cerrada desde 1969.

1983   Victoria del Partido Socialista Obrero Español en las elecciones municipales.
Se crea el Instituto de la Mujer.

1984   El papa realiza una segunda gira por España.
Se inicia un proceso de "reinserción social" de miembros de la organización terrorista vasca ETA.

1985   Tras un acuerdo entre España y Gran Bretaña se abre la frontera de Gibraltar al tránsito de turistas, vehículos y mercancías.
Se aprueba un Plan General de Defensa y el segundo Plan Estratégico Conjunto para la coordinación y racionalización de las estrategias defensivas.
Se aprueba la Ley de Despenalización del Aborto para casos concretos.

1986   Los españoles aprueban en un referéndum la permanencia de España en la Organización del Tratado del Atlántico Norte (OTAN).
El Partido Socialista Obrero Español vuelve a obtener mayoría absoluta en las elecciones legislativas. Crisis dentro de la derecha debido al frasco electoral.

1987   Se realizan las primeras elecciones al Parlamento Europeo, conjuntamente con elecciones autonómicas y municipales. El Partido Socialista Obrero Español se mantiene como la principal fuerza política del país, pero pierde la mayoría absoluta en varios municipios y comunidades autónomas.

1989   En elecciones generales, el PSOE sólo consigue la mitad de los escaños.

1992   Se cumplen 500 años del Descubrimiento de América. Para celebrar esta ocasión, Madrid se constituye durante ese año en capital

Hay una nueva conciencia cívica en la España democrática.

cultural de Europa; en Sevilla se celebra la Exposición Universal y en Barcelona tienen lugar los Juegos Olímpicos.

1993   En nuevas elecciones generales, el PSOE vence por estrecho margen al derechista Partido Popular.

Panorama político

DEL POSFRANQUISMO AL SOCIALISMO

En mayo de 1983, es decir siete meses después de la victoria socialista en las elecciones legislativas (ver pág. 236), se celebraban las segundas elecciones municipales y el partido gobernante obtenía el 43 por ciento de los votos. La derecha, representada principalmente por Alianza Popular (AP) se situaba en segundo lugar con el 26,4 por ciento de la votación. La tercera parte de los municipios españoles quedaban en manos de alcaldes socialistas.

En junio de 1986 tenían lugar nuevas elecciones legislativas y el Partido Socialista Obrero Español (PSOE) volvía a conseguir mayoría absoluta. Ello a pesar de promesas no cumplidas: no se habían creado los puestos de trabajo prometidos por el gobierno y el paro seguía en aumento. En lo que se refiere a la OTAN, el gobierno había variado su posición y ahora se inclinaba por la permanencia dentro de la organización, pero sin participar en la estructura militar integrada. El fracaso electoral de la derecha provocó una verdadera crisis dentro de Alianza Popular (AP). La posición moderada asumida por el socialismo desde su victoria electoral en 1982 y su línea definidamente europeísta eran sin duda factores que contribuían a su mantenimiento en el poder.

Pese a las dificultades económicas y a la gravedad de la situación laboral, las acciones del gobierno estaban produciendo profundos cambios dentro de la sociedad, transformando a España en una nación más dinámica y moderna. Las reformas de la administración socialista cubrían sectores tan variados como la defensa, la administración pública, la industria, la educación, la vivienda, la justicia, las autonomías. Algunos de esos cambios obedecían a la necesidad de resolver viejos problemas, otros se insertaban dentro del marco de la integración de España en el Mercado Común europeo y en la OTAN.

En 1989, y presionado por las centrales sindicales que exigían el aumento de las pensiones y de los salarios, el gobierno convoca nuevas elecciones generales. El Partido Socialista Obrero Español logró la mitad de los escaños (175 de un total de 350), aunque sin perder su mayoría dado que uno de los representantes elegidos de Herri Batasuna, condenado por actividades terroristas, no asumió. El Partido Po-

El Peñon de Gibraltar.

pular (ex-Alianza Popular) mantuvo el mismo número de escaños que en 1986 y continuó siendo la principal fuerza de oposición. Izquierda Unida aumentó su votación, mientras que el Centro Democrático y Social la disminuyó. En 1993, en plena crisis económica, el gobierno convoca nuevas elecciones generales. En ellas, el PSOE sale debilitado, al vencer por sólo cuatro escaños al derechista Partido Popular.

LAS PRIMERAS ELECCIONES AL PARLAMENTO EUROPEO

En junio de 1987 se realizaban las primeras elecciones al Parlamento Europeo desde que España ingresara en el Mercado Común. Conjuntamente se llevaban a cabo las elecciones autonómicas y municipales. En estas últimas se observó un retroceso del partido del gobierno con respecto a comicios anteriores, perdiendo la mayoría absoluta en varios municipios y comunidades autónomas. Esta baja fue provocada por la conflictividad social vivida en los seis meses previos a la votación y al deterioro general de la imagen del gobierno debido a los múltiples problemas sin resolver, en particular el del paro laboral.

ESPAÑA ANTE EL MUNDO

El problema de Gibraltar. El 15 de diciembre de 1982 se había abierto al tráfico **peatonal** la frontera con Gibraltar, cerrada por el gobierno franquista en 1969. En 1984, los ministros de Asuntos Exteriores de España y Gran Bretaña hacían público en Bruselas un comunicado por el cual ésta aceptaba por primera vez mantener negociaciones con España sobre la soberanía de Gibraltar. España se comprometía a

Pintada en una calle de Barcelona: "OTAN no, Bases fuera, Neutralidad".

Otra pintada protestando contra las bases de la OTAN.

abrir la frontera al tránsito de turistas, vehículos y mercancías, hecho que tendría lugar el 4 de febrero de 1985.

España en la CEE y en la OTAN.   El acontecimiento internacional más importante para España fue sin duda su ingreso en la Comunidad Económica Europea el 1º de enero de 1986 (ver pág. 259). En el plano de la defensa, hay que señalar el voto favorable a la permanencia de España en la Organización del Tratado del Atlántico Norte—aunque sin integrarse en la estructura militar—en el referéndum realizado el 12 de marzo de 1986 y el compromiso del gobierno socialista de renegociar con los Estados Unidos la reducción de su presencia militar en territorio español. Las bases estadounidenses habían sido instaladas a través de pactos de ayuda militar y económica firmados en 1953 entre Washington y el gobierno de Franco (ver pág. 214).

Marcha contra la presencia de bases militares norteamericanas en territorio español. ("Fuera las bases. Comisión por la paz".)

Visitas oficiales. Tanto el presidente del gobierno como sus ministros realizaron una serie de visitas oficiales al exterior a fin de **estrechar los lazos** entre España y la comunidad internacional. España recibió a su vez a importantes personalidades, entre ellas al papa Juan Pablo II, quien ha visitado el país en varias oportunidades. En su primera gira (1982) el pontífice condenó abiertamente el divorcio y el aborto ante más de un millón de personas en Madrid; en su segundo viaje (1984) exaltó la acción evangelizadora de España en América.

El rey Juan Carlos y la reina Sofía se convirtieron en los mejores embajadores españoles. Entre sus muchas giras destacan las realizadas a los Estados Unidos, a la Unión Soviética, a la República Popular de China, a Gran Bretaña y a la mayor parte de los países latinoamericanos.

EL TERRORISMO

Pocos días después del primer triunfo electoral de los socialistas, el grupo separatista vasco ETA—que desde los años sesenta venía realizando numerosos atentados terroristas—declaraba que no cambiaría su actitud ante el nuevo gobierno. Efectivamente, la rama militar de la organización continuó llevando a cabo acciones contra las fuerzas del orden, los militares y la población civil. Ante la intensificación de la ola de terror se alzan voces de protesta a través de todo el país.

En 1984 comienza un proceso de **reinserción social** de miembros de ETA que incorpora a un número importante de elementos de esta organización. A este hecho se suma un acuerdo de cooperación entre España y Francia para la lucha antiterrorista a ambos lados de la frontera. Desde entonces varios miembros de ETA-Militar han caído en manos de la justicia.

En 1991, y tras la proclamación de independencia de las repúblicas bálticas de la ahora extinta Unión de Repúblicas Socialistas Soviéticas, se reactiva la lucha independentista vasca y, en menor grado, también la catalana. Pero esta lucha no encuentra apoyo en el pueblo español. Según una encuesta encargada por el diario *El Mundo* de Madrid a raíz de la desintegración de la URSS, el 67,2 por ciento de los españoles opinó que Cataluña y el País Vasco no tenían el mismo derecho a declararse independientes que las repúblicas de la URSS; y el 67,9 por ciento de los encuestados manifestó que no estaría de acuerdo con la independencia si estas dos comunidades autónomas españolas la pidieran o quisieran.[1]

En 1992, ETA sufrió la peor de sus derrotas al ser detenidos en Francia los principales dirigentes de esta organización terrorista.

LAS FUERZAS ARMADAS

La transición militar hacia la democracia culminó, en opinión de muchos, con el fracasado intento de golpe de Estado del 23 de febrero de 1981—conocido popularmente como el 23-F—y con la aceptación del triunfo electoral socialista en octubre de 1982. Los únicos momentos de tensión después de esas fechas fueron los provocados por los atentados terroristas de que han sido víctimas numerosos miembros de los ejércitos.

En 1985 se aprobó un Plan General de Defensa y se elaboró el segundo Plan Estratégico Conjunto (PEC) para la coordinación y racionalización de las estrategias defensivas. La integración de España en la OTAN y los acuerdos bilaterales de cooperación militar con algunos países de Europa obligan a España a seguir nuevos caminos en materia de defensa.

La nueva Directiva de Defensa Nacional de 1992 establece claramente el campo de acción de la defensa española: el nacional, que tiene que ver con el **resguardo** de la propia soberanía; el regional, relacio-

---

[1]"El 68% de los españoles se opone a la independencia del País Vasco y Cataluña"; Diario *El Mundo,* Madrid; 8 de septiembre de 1991.

El oso y el madroño, símbolos de Madrid, capital nacional y de la comunidad autónoma del mismo nombre.

nado con la seguridad europea y con la Alianza Atlántica, y el mundial, dependiente de las Naciones Unidas. En concordancia con esta nueva directiva y con una resolución de las Naciones Unidas, el gobierno español decidió el envío de efectivos del Ejército de Tierra a Bosnia-Herzegovina para dar protección a los convoyes de ayuda humanitaria. Esta acción ha sido apoyada plenamente por toda la nación, al contrario de lo ocurrido con la participación de buques españoles en la guerra del Golfo, actuación que dio lugar a una fuerte **polémica**.[1]

LAS COMUNIDADES AUTÓNOMAS

En 1992, Felipe González, presidente del gobierno español y líder del Partido Socialista Obrero Español, firmó, junto a José María Aznar, líder del Partido Popular, principal agrupación política de la oposición, el pacto autonómico que permitió que diez comunidades autónomas—Aragón, Asturias, Baleares, Castilla-León, Castilla—La Mancha, Cantabria, Extremadura, La Rioja, Madrid y Murcia—asumieran competen-

---

[1]*Anuario El País 1993*, págs. 104–105, Ediciones El País, Madrid, 1993.

cias que hasta entonces eran prerrogativa de las otras siete comunidades autónomas, es decir, Andalucía, Canarias, Cataluña, Galicia, Navarra, País Vasco y Valencia, cuyo acceso a la autonomía se había realizado por una vía más rápida. Con la concesión de nuevas competencias a las diez comunidades autónomas antes mencionadas, las desigualdades entre unas y otras tienden a moderarse. De las nuevas competencias asumidas por estas diez comunidades, la principal corresponde a la de Educación.

Las diferencias que aún persisten entre las distintas comunidades tienen que ver, básicamente, con competencias específicas concedidas a ciertas comunidades autónomas. Así por ejemplo, el País Vasco y Cataluña disponen de una policía autonómica, que no tendrá el resto de las comunidades autónomas. A nivel más general, queda pendiente el traspaso de la competencia de Sanidad a las diez comunidades autónomas mencionadas anteriormente que, por razones de orden financiero, no se incluyó en el pacto autonómico.

Panorama social

LA IGLESIA Y LA RELIGIÓN

La Iglesia frente al franquismo. Más de medio siglo ha pasado desde la noche del 13 al 14 de octubre de 1931, en que Manuel Azaña— presidente de la República en 1936—pronunciara ante las Cortes Constituyentes de la Segunda República española la célebre frase "España ha dejado de ser católica". Pocos años después, la Iglesia española, que mayoritariamente había apoyado a los nacionales durante la guerra civil, se convertiría en uno de los principales bastiones del franquismo. España seguía siendo católica por convicción, frente a un fuerte anticlericalismo de ciertos sectores, sentimiento que en el caso español tiene profundas raíces históricas.

La erosión de las libertades durante la era de Franco y la influencia del Concilio Vaticano II convocado por el papa Juan XXIII, convertirían a un sector de la Iglesia, en especial a la nueva generación de clérigos, en los más ardientes críticos del régimen. Otros mantendrían sus posiciones reaccionarias y continuarían fieles al franquismo. Los más, adoptarían una posición moderada y centrista.

Los movimientos políticos y sindicales de oposición encontraron apoyo, a veces abiertamente, otras veces en la clandestinidad, en los elementos más progresistas de la Iglesia. Los templos sirvieron a menudo como centros de reunión de grupos opositores y en los conventos

La mayoría de los
españoles se declaran
católicos, aunque menos
del 60 por ciento
reconocen ser practicantes.

surgieron asociaciones de carácter político-religioso como Cristianos por el Socialismo.

La Iglesia de la transición.   Terminada la dictadura, la Iglesia joven y crítica ya no necesitaba seguir cumpliendo un papel político. El alto clero se adaptó o acomodó al cambio, según fueran sus posiciones anteriores. Tras un período de incertidumbre, la Iglesia y los católicos españoles en general comenzaron a adoptar actitudes frente a los cambios que traía consigo la democracia. Después de largos y tensos debates, en los que no estuvo ausente la opinión eclesiástica y la de grupos políticos de tendencia cristiana, se aprueban la Ley del Divorcio (7 de julio de 1981) y la Ley de **Despenalización** del Aborto (28 de mayo de 1985).

Con respecto a la primera ley—la del Divorcio—los sectores más conservadores de la sociedad, tanto eclesiásticos como civiles, predijeron una verdadera catástrofe social. En la realidad, sin embargo, cinco años después de promulgada la ley—en 1986—el porcentaje de divorcios y separados en España era inferior al 1 por ciento de la población y se situaba muy por debajo del porcentaje que se daba en los Estados Unidos y en la mayoría de los países europeos.

La despenalización del aborto, a pesar de sus limitaciones, provocó mayores divisiones. Por una parte, había quienes consideraban que la ley no otorgaba suficientes garantías y estaban por el aborto libre, sin las limitaciones que establecía la legislación. Por otra parte, estaban aqué-

Las vocaciones religiosas han disminuido notoriamente en las últimas décadas.

llos que pensaban que la despenalización del aborto iba contra uno de los derechos humanos fundamentales: el derecho a la vida. Esta última postura encontró amplio apoyo en los sectores cristianos más tradicionales, mientras que la primera era defendida principalmente por los grupos feministas más radicales y la izquierda en general.

Nuevas actitudes.   La secularización de la sociedad española es un hecho hoy en día, y el propio Papa lo ha advertido en sus visitas al país. España comienza a olvidar sus antiguas tradiciones; sólo el 72 por ciento de los españoles declara ser católico, según una encuesta realizada por la Fundación Santa María en 1990.[1] En tanto, el número de agnósticos y ateos llega al 13 por ciento, cifra superior a la que se da en el resto de Europa, con la sóla excepción de Francia, donde se eleva al 19 por ciento. Entre los católicos, sólo una cuarta parte declara ser católico practicante y tan sólo un tres por ciento se considera buen católico.

En cuanto a la distribución por sexo, la mayoría de los católicos practicantes son mujeres, mientras que el ateísmo predomina entre los hombres.

En lo que respecta a clase social, el número de católicos practicantes es mayor en la clase alta y media-alta que en la clase media-baja.

---

[1]"El ateísmo avanza en España"; Diario *El Mercurio,* Santiago de Chile, 19 de junio de 1993.

La nueva actitud hacia la Iglesia también se refleja en la asistencia a actos religiosos. Sólo el 29,5 por ciento de los españoles que se declaran católicos asiste a misa los domingos.

A pesar de que la práctica del catolicismo en España está lejos del espíritu del Concilio Vaticano II, la mayor parte de los católicos españoles valoran como positiva a la Iglesia católica. Muchos sacerdotes, sin embargo, critican el distanciamiento que hay entre la Iglesia y los pobres.

Esta nueva actitud hacia la religión ha tenido otras consecuencias que para la Iglesia resultan más preocupantes. Las **vocaciones religiosas** han ido disminuyendo notoriamente en las últimas décadas, lo que ha reducido de manera considerable el número de ordenaciones. Por otra parte, hoy son más los clérigos que cuestionan el **celibato eclesiástico.** Para éstos, el sacerdote debería tener, como el resto de los hombres, el derecho al matrimonio. Sin embargo, ésta no es una opinión mayoritaria. La idea de incompatibilidad entre el sacerdocio y el matrimonio aún prevalece en el clero español.

LA MUJER ESPAÑOLA

La situación legal. La Constitución de 1978 consagra la igualdad de todos los españoles, "sin que pueda prevalecer discriminación alguna por razón de sexo" (Artículo 14). En razón de esta igualdad y respondiendo a las exigencias de una sociedad más moderna, se aprobó una serie de reformas legales que favorecían la progresiva equiparación de los derechos y deberes de hombres y mujeres españoles.

1. En 1978, e incluso **antes de que entrara en vigor** la nueva Constitución, se despenalizó el adulterio, que en casos de procedimiento judicial perjudicaba más a la mujer que al hombre. También **dejaba de constituir un delito** la venta libre de anticonceptivos.

2. Con anterioridad a 1975 la mujer dependía jurídicamente del marido. Ahora existe igualdad legal, tanto en lo que se refiere a la administración de los bienes comunes como con respecto a los hijos. La legalización del divorcio en 1981 puso fin a una situación que afectaba primordialmente a la mujer. Con ello se eliminó también toda diferencia legal entre los hijos habidos dentro y fuera del matrimonio.

3. En 1985 se despenalizó el aborto en casos de violación, malformación o enfermedades graves del feto y peligro para la vida o la salud física o psíquica de la embarazada. En 1992, el gobierno liberaliza el aborto al admitir la angustia de la mujer como causa **lícita.**

Poco más de la mitad de los estudiantes de bachillerato son del sexo femenino.

4. Una ley de octubre de 1983 creó el Instituto de la Mujer, que depende del Ministerio de Cultura. Su objetivo principal es ayudar a crear las condiciones necesarias para que se produzca una verdadera igualdad social de ambos sexos y la participación de la mujer en todos los aspectos de la vida nacional.

5. Una ley de marzo de 1988 permite la incorporación de la mujer a cualquiera de las tres ramas de las fuerzas armadas y a la Guardia Civil.

La mujer en el proceso educativo.   Las nuevas libertades y cambios de actitudes con respecto a la mujer han favorecido principalmente a las más jóvenes. En el campo de la educación, por ejemplo, poco más de la mitad de los estudiantes de bachillerato son de sexo femenino. A nivel universitario, la participación de la mujer es levemente inferior al 50 por ciento. Sin embargo, aún persisten diferencias en el momento de elegir una profesión. La mujer sigue inclinándose por carreras consideradas como "tradicionalmente femeninas", aunque aquí la situación también ha ido cambiando y hoy son más las mujeres que eligen estudios en el campo de la ingeniería, la informática y otras áreas de la tecnología.

La mujer en el trabajo y la política.   Al analizar el desempleo (ver págs. 279–80), nos referimos al aumento de la población activa femenina, debido a la incorporación cada vez mayor de la mujer española al mundo del trabajo. La joven española ya no está dispuesta a aceptar el papel exclusivo de ama de casa. Este deseo de integrarse a las actividades laborales se ha visto en parte frustrado, no sólo por la crisis económica y el alto nivel de paro que afectan a España, sino también por otro factor: la sociedad no ha cambiado lo suficiente como para permitir que la mujer acceda a puestos de importancia. La española sigue mayoritariamente ocupando cargos menores, como funcionaria de bajo nivel, secretaria, dependienta, etc. Los altos ejecutivos, tanto en la empresa privada como pública, son en su mayor parte hombres. Lo mismo ocurre en el campo de la política, donde la participación femenina en los puestos de mayor responsabilidad es muy limitada, a pesar de que en el momento de elegir a un nuevo gobierno alrededor del 50 por ciento de los votos corresponde al sufragio femenino. En las elecciones legislativas de 1982, que dieron el triunfo a los socialistas, sólo el 6 por ciento de los escaños del Congreso de los diputados fueron ocupados por mujeres, mientras que en el Senado el porcentaje sólo llegó al 4 por ciento. Paradójicamente, en aquellas elecciones, el número de mujeres que dio su voto a la izquierda fue bastante superior al de comicios anteriores. Con posterioridad a esa fecha, la presión ejercida por las mujeres, especialmente dentro del PSOE, ha llevado a algunas de ellas a ocupar importantes cargos en el Gobierno.

LA JUVENTUD ESPAÑOLA

Nuevas actitudes.   Quien haya conocido la España anterior a los años setenta no podrá dejar de observar el profundo cambio que se ha producido en la juventud. En las relaciones familiares, en el grado de libertad individual, en las actitudes hacia **sus congéneres,** en sus aspiraciones y preocupaciones, los jóvenes españoles de hoy son tan europeos como los demás. Estos cambios han sido en gran medida el resultado del desarrollo económico y social que España ha venido viviendo desde los años 60. La migración masiva del campo a los grandes centros urbanos y el surgimiento de enormes conglomerados humanos en la periferia de las ciudades han sido también factores determinantes de esta transformación. Este desplazamiento, traumático para muchos adultos, creó un fuerte sentido de grupo en la juventud. La necesidad de integrarse llevó al joven a imitar nuevos modelos, a seguir la moda en todas sus manifestaciones, a independizarse cada vez más del grupo familiar. La familia, a la vez, enfrentada a una nueva situación económica y social, fue perdiendo cohesión. Por otra parte, la llegada del turismo extranjero y la televisión fueron también factores decisivos en este proceso de cambio. La juventud española conoció otras formas de comportamiento, otras libertades, y al mismo tiempo surgieron nuevas necesidades materiales.

Los jóvenes de hoy
disfrutan de muchas
más libertades que la
generación anterior.

Una sociedad más tolerante y más abierta.   La España de nuestros días está viviendo una verdadera revolución en sus costumbres. Hay una gran libertad y tolerancia y no sólo en la nueva generación. La sociedad, en general, es hoy más liberal, más abierta. La juventud ya no se siente obligada a permanecer junto a la familia hasta el momento de casarse. De hecho, un gran número de jóvenes abandona el hogar para convivir con otros de su edad o bien con el novio o la novia. En los últimos años, sin embargo, la falta de trabajo ha obligado a muchos jóvenes a seguir dependiendo económicamente de sus padres y continuar viviendo junto al grupo familiar.

El interés por la educación.   El joven español de hoy se ha incorporado masivamente a la enseñanza. Hoy son muchos más los que van a la Universidad o siguen estudios que les faciliten la búsqueda de un empleo. En 1990–1991 había más de un millón de alumnos matriculados en educación universitaria, casi el doble de los matriculados en el período 1980–1981. Existe un gran interés por el aprendizaje de lenguas extranjeras—en especial el inglés—y por la informática. Los institutos dedicados a estos estudios han aumentado de manera considerable el número de alumnos.

Los problemas juveniles.   El desempleo es posiblemente el mayor problema con que se enfrenta la juventud española en la actualidad. El porcentaje de jóvenes sin ocupación es mayor que en otros grupos

Los jóvenes españoles se enfrentan a un serio problema: el desempleo.

sociales (29% de parados, sobre la población activa, entre las edades de 16–19 años, en 1992), y el paro afecta igualmente a aquéllos que han realizado estudios universitarios. A partir de los dieciséis años, los jóvenes desocupados pueden inscribirse en la **Oficina de Empleo,** inscripción que deberán renovar periódicamente. Esto no les da derecho a **prestaciones por desempleo,** a menos que el o la joven haya perdido su trabajo **por razones ajenas a su voluntad.** Tampoco podrán recibir ayuda de carácter asistencial, salvo que se trate de personas con responsabilidades familiares. En la práctica, la inscripción en una Oficina de Empleo raras veces conduce a la obtención de un trabajo estable. A fin de facilitar la integración de los jóvenes en un puesto de trabajo, el gobierno ha creado **programas de formación ocupacional** en que los participantes reciben una pequeña remuneración diaria.

Las frustraciones que produce la desocupación y la desesperanza con respecto al futuro explican, al menos en parte, problemas tales como la drogadicción y la delincuencia juvenil. Aunque no ha habido un crecimiento alarmante de la delincuencia, sí se observa, en cambio, un aumento en la gravedad de los delitos y una disminución en la edad a que los jóvenes empiezan a cometer actos antisociales. El creciente aumento de la drogadicción, sin embargo, está causando alarma entre las autoridades españolas, que tratan inútilmente de frenar su consumo. Casi el 65 por ciento de los casos de SIDA en España corresponde a drogadictos.

La juventud española mira con incertidumbre hacia el futuro.

Preocupación causa, también, la aparición de bandas juveniles de tendencia neonazi, al estilo de las que existen en países como Gran Bretaña o Alemania, cuyas acciones violentas están dirigidas a grupos minoritarios tales como iberoamericanos, gente de color, judíos, gitanos, homosexuales e incluso mendigos. La edad de estos jóvenes delincuentes fluctúa entre los trece y los veinte años y tienden a vestir de manera similar. Generalmente llevan cazadoras y botas de cuero negro, ropa de color oscuro, y el cabello muy corto o la cabeza rapada, razón esta última por la que suele llamárseles cabezas rapadas, traducción del término inglés *skinheads*.

El servicio militar.   El servicio militar es obligatorio para todos los hombres españoles que reúnan unas condiciones determinadas. Según la Ley Orgánica del Servicio Militar (20 de diciembre de 1991), que se aplica desde enero de 1992, el servicio militar—llamado comúnmente "la mili"—se realizará normalmente entre los 19 y los 22 años, pudiendo el joven elegir también el ejército, la región militar y el puesto en que desea cumplir sus obligaciones militares. En la práctica, sin embargo, y según lo reconoce el Ministerio de Defensa y la propia ley, las "preferencias se atenderán en la medida que lo permitan las necesidades del reclutamiento". La duración del servicio militar en España ha ido disminuyendo progresivamente, siendo ahora de nueve meses en cualquiera de las tres ramas de las fuerzas armadas: el ejército de tierra, la armada o el ejército del aire.

La ley también contempla la objeción de conciencia por motivos ideológicos, religiosos, éticos o morales. En este caso se deberá realizar una **prestación social** sustitutoria.

La nueva ley apunta también a la reducción de los efectivos de los Ejércitos (de casi 270 000 miembros en 1991 a 170 000–190 000 hombres "en el horizonte de la presente década"), y al aumento de la tasa de profesionalización a un 50 por ciento aproximadamente.

DESARROLLO E INMIGRACIÓN

España fue tradicionalmente un país de emigrantes. Hasta la década de los sesenta los españoles buscaron en otras tierras—en Hispanoamérica primero y en Europa después—mejores condiciones de vida. Pero el rápido progreso económico alcanzado por España a partir de los años setenta y, especialmente, con posterioridad a su ingreso en la Comunidad Económica Europea en 1986, convirtieron a España en país receptor de inmigrantes.

Por razones políticas primero y económicas después, miles de hispanoamericanos emigraron a la Madre Patria. España acogió, entre otras nacionalidades, a cientos de chilenos, argentinos, dominicanos, colombianos y peruanos. El pueblo español, en general, los recibe con simpatía, aunque a nivel oficial su incorporación no resulta fácil. Debido a la legislación vigente en España en lo que respecta al trabajo de extranjeros, una gran parte de ellos no consigue legalizar su situación y deben ejercer toda suerte de actividades mal remuneradas, tales como el comercio callejero o labores domésticas. Otros, con más suerte, principalmente profesionales, logran incorporarse en distintos ámbitos del mundo laboral.

A los hispanoamericanos se sumó la corriente migratoria proveniente de África, especialmente de países como Marruecos y Argelia, como también de Filipinas, la antigua colonia española en Asia, a la que aún unen fuertes lazos culturales con España.

En general, España no imponía grandes restricciones al ingreso de extranjeros en su territorio, pero hacia finales de la década de los ochenta esta situación cambió radicalmente. Una Ley de **Extranjería** impuso nuevas y más severas limitaciones al trabajo y a la residencia de extranjeros en España. Los más afectados por la nueva legislación fueron los ciudadanos de países no comunitarios, especialmente aquéllos que provenían de naciones del Tercer Mundo, la mayoría de los cuales no podía justificar ingresos ni obtener el contrato de trabajo exigido por las autoridades para legalizar su situación.

El número de hispanoamericanos en España aumentó considerablemente a partir de los años setenta.

Al finalizar los años ochenta, España, como el resto de Europa, se ve afectada por una grave crisis económica, la que se acentúa al comenzar la década de los noventa. La tasa de desempleo se eleva en España por sobre el 20 por ciento. Ello, sumado a la necesidad de restringir el paso de inmigrantes hacia la Europa comunitaria, lleva a las autoridades españolas a imponer controles cada vez más severos en sus fronteras. Cientos de hispanoamericanos, norteafricanos, filipinos, entre otros, ven frustrados sus deseos de ingresar en España al ser rechazados y devueltos a sus países de origen. La entrada ilegal, especialmente de norteafricanos que cruzan el estrecho de Gibraltar en embarcaciones improvisadas, con gran riesgo para sus vidas, aumenta considerablemente.

España tampoco ha sido ajena a los brotes de xenofobia que han experimentado otros países europeos, entre ellos Alemania y Francia. Grupos neonazis, claramente minoritarios, han llevado a cabo violentos ataques contra algunos inmigrantes, entre ellos hispanoamericanos. Ante dichas acciones, miles de españoles han salido a las calles de las principales ciudades para manifestar su repudio al racismo y su apoyo a los inmigrantes.

Panorama cultural

DIVERSIDAD LINGÜÍSTICA

El castellano. Es la lengua oficial del Estado español. Sumada la población de España—39 millones—a la de los países hispanohablantes de América Latina, el número de personas de habla castellana se eleva a más de 300 millones, lo que convierte al español en el tercer idioma del mundo—después del chino y del inglés—en relación al número de hablantes. Veinte naciones tienen como idioma oficial el castellano. Es una de las cinco lenguas oficiales de las Naciones Unidas, junto al chino, el francés, el inglés y el ruso. Después de México, España es el país que tiene mayor número de personas de habla española.

La *cooficialidad de las lenguas* españolas. El artículo 3 de la Constitución de 1978 declara que "las demás lenguas españolas serán también oficiales en sus respectivas comunidades autónomas, de acuerdo con sus estatutos" (ver pág. 238). Esta garantía constitucional ha favorecido especialmente al catalán, al gallego y al vasco o vascuence, llamado *euskera* por los vascoparlantes.

Las comunidades autónomas han iniciado una intensa campaña para la normalización del uso de las lenguas autóctonas en todos los niveles, incorporando a ellas un número cada vez mayor de hablantes y promoviendo el uso del idioma en todas las esferas: organismos oficiales, medios de información, creación literaria, etc. Todo ello no ha estado exento de problemas y contradicciones, particularmente en aquellas comunidades donde reside un gran número de inmigrantes venidos de regiones hispanohablantes, como es el caso de los andaluces en Cataluña. Tampoco ha estado ausente el extremismo de quienes rechazan totalmente el uso del castellano. Afortunadamente, estos grupos parecen ser minoritarios y la tendencia apunta, al menos a nivel oficial, hacia un creciente bilingüismo. La utilización de las diferentes lenguas presenta, sin embargo, variantes muy distintas en cada comunidad autónoma, como veremos a continuación.

El catalán. Hablado principalmente en Cataluña, Valencia y Baleares, es después del castellano la lengua que tiene mayor número de hablantes en España. Algunas encuestas realizadas recientemente revelan que el 74 por ciento de la población de Cataluña—alrededor de cuatro millones y medio de personas—habla la lengua catalana, frente a un 22 por ciento que la entiende pero no la habla y un 4 por ciento que no la entiende. Aproximadamente el 65 por ciento de las clases en la **ense-**

ñanza básica y media se dan en catalán, lo que va en progresivo aumento, pese a que sólo el 64 por ciento de los alumnos y el 68 por ciento de los maestros hablan la lengua.

En la Comunidad Valenciana la situación fue en un comienzo más conflictiva dado que la sociedad, en especial la de la capital, estaba fuertemente dividida entre nacionalistas catalanes y regionalistas valencianos. Para estos últimos el valenciano era un idioma propiamente tal y no una variante o dialecto del catalán. El valenciano es gramaticalmente similar al catalán, pero difiere de éste en ciertos aspectos léxicos y fonéticos. Finalmente, en 1983, se promulgó la *Llei d'us i ense-nyment de la llengua* (Ley de uso y enseñanza de la lengua), en la que se expresa que en esta comunidad se habla "el idioma valenciano". Al igual que en Cataluña, el uso y comprensión de la lengua ha aumentado notablemente desde que se reconoció su cooficialidad.

En Baleares, la normalización lingüística también se está convirtiendo en una realidad. En Palma de Mallorca se calcula que alrededor del 50 por ciento de la población—unas ciento cincuenta mil personas—utiliza el catalán, frente a un 80 por ciento fuera de la capital. La denominación de la lengua vernácula es todavía materia de conflicto. Hay quienes prefieren llamarla mallorquín y no identificarla con el idioma catalán.

El gallego.   Es lengua oficial en Galicia junto al castellano. Según estimaciones recientes, el gallego es hablado por el 80 por ciento de los habitantes de esta región, lo que representa una cifra superior a dos millones de personas. El nivel de comprensión del idioma llega al 90 por ciento de la población. En la enseñanza, sin embargo, su uso continúa siendo irregular. Tanto en la educación básica como en la media el gallego se enseña como una asignatura más, pero el número de profesores que lo utiliza para explicar otras materias es todavía limitado. El gobierno de Galicia, al igual que el de las otras comunidades autónomas, está realizando una intensa campaña de promoción de la lengua y la cultura gallegas.

El vascuense.   Este idioma, llamado también *euskera,* constituye un caso muy especial dentro de la Península y en Europa en general, dado que no está relacionado con ninguno de los otros idiomas que lo rodean. A diferencia del castellano, el catalán y el gallego, la lengua vasca no procede del latín y hasta ahora se desconoce su origen exacto. Su uso—en el País Vasco y parte de Navarra—está mucho menos generalizado que el de las otras lenguas españolas. Sólo uno de cada cuatro habitantes del País Vasco la habla y en Navarra se está perdiendo día a día.

El nacionalismo vasco ha contribuido a aumentar el interés por el aprendizaje de la lengua, aunque su enseñanza presentó en un principio ciertas dificultades debido a que existen marcadas diferencias dialectales dentro del mismo idioma. Este problema se resolvió adoptando una forma común que pudiera ser utilizada en las escuelas, textos de estudio, etcétera.

Lenguas y dialectos minoritarios.   El bable, antiguo dialecto de Asturias, está hoy en franco retroceso. Ello, a pesar de los esfuerzos de las autoridades locales por potenciar su aprendizaje en las escuelas del Principado. El aragonés cuenta aún con algunos miles de hablantes en la zona norte de Huesca. El dialecto aranés, hablado en el valle de Arán, en el norte de Cataluña, se ha introducido en la enseñanza y en la administración pública.[1]

El Instituto Cervantes.   En 1992, se creó en España el Instituto Cervantes, una organización cultural con carácter internacional, cuyo propósito será la difusión de la lengua y la cultura españolas en el exterior, especialmente en aquellas naciones donde no se habla el español. Con ello, España intenta ponerse a la par de otras naciones europeas, como Gran Bretaña, Alemania y Francia, países que cuentan con instituciones similares desde hace varias décadas. Con ello también, el Instituto Cervantes da respuesta al creciente interés que existe en el exterior por el aprendizaje del español, la segunda lengua de comunicación internacional, después del inglés.

LA ENSEÑANZA

Cambios en la enseñanza.   La educación en España ha sufrido en el siglo XX varias modificaciones en cuanto a su orientación, las más notables a consecuencia de la proclamación de la Segunda República en 1931 y más tarde al ser sustituida ésta por el régimen franquista. Así como la primera atacó la **escuela confesional** siguiendo el modelo francés laico, el segundo desarrolló una política educativa exactamente opuesta al favorecer el renacer de la escuela privada, especialmente la de

---

[1]Las cifras relativas al estado de los diversos lenguas en las comunidades autónomas provienen de *La Vanguardia*, 23 de junio de 1985.

Estudiantes de la Universidad de Granada.

origen católico-romano. Así las órdenes religiosas dedicadas a la enseñanza alcanzaron un gran apogeo en la década de 1950.

Estructuración de la enseñanza. A pesar de esos cambios fundamentales y de otros que, aunque importantes, no representaron modificaciones de fondo, la enseñanza en España ha estado siempre estructurada en los tres clásicos niveles: primario o básico, medio y universitario. A ellos habría que agregar el preescolar, cuya expansión es relativamente reciente y se encuentra ligada a las transformaciones económicas y sociales que se registraron en los últimos veinticinco años.

Ley Orgánica de Ordenación General del Sistema Educativo

En 1991 se aprobó una nueva ley que modificó sustancialmente el sistema educativo español. A continuación se incluyen algunos artículos de dicha ley que dicen relación con las distintas etapas del sistema educativo y con las áreas de conocimiento que son obligatorias a nivel de enseñanza secundaria.

Capítulo primero: de la educación infantil
Artículo 7º
1. La educación infantil, que comprenderá hasta los seis años de edad, contribuirá al desarrollo físico, intelectual, afectivo, social y moral de los niños. Para ello, con el fin de tener en cuenta la responsabilidad funda-

mental de los padres en esta etapa educativa, los Centros docentes de educación infantil cooperarán estrechamente con las familias.
2. La educación infantil tendrá carácter voluntario. Los poderes públicos promoverán la existencia de un número de plazas suficientes para asegurar la satisfacción de la demanda escolar.

Capítulo segundo: de la educación primaria
Artículo 12
La educación primaria comprenderá desde los seis hasta los doce años de edad. La finalidad de este nivel educativo será proporcionar a todos los niños una educación común que haga posible su integración en la sociedad, la adquisición de aprendizajes básicos relativos a la expresión oral, a la escritura y al cálculo aritmético, así como una progresiva autonomía de acción en su medio.

Capítulo tercero: de la educación secundaria
Artículo 17
El nivel de educación secundaria comprenderá:
(a) La etapa de educación secundaria obligatoria, que complete la enseñanza básica, de los doce a los dieciséis años.
(b) El bachillerato, etapa de dos años de duración, a partir de los dieciséis.
(c) La formación profesional específica de grado medio, que se regula en el capítulo cuatro de esta ley.

Artículo 20
1. La educación secundaria obligatoria constará de dos años cada uno, y se impartirá por áreas de conocimiento.
2. Serán áreas de conocimiento obligatorias en esta etapa las siguientes:
    (a) Ciencias de la Naturaleza.
    (b) Ciencias Sociales, Geografía e Historia.
    (c) Educación Física.
    (d) Educación Plástica y Visual.
    (e) Lengua castellana y Literatura y, en su caso, lengua de la comunidad Autónoma.
    (f) Lenguas extranjeras.
    (g) Matemáticas.
    (h) Música.
    (i) Tecnología.

Capítulo cuarto: de la formación profesional
Artículo 30
2. La formación profesional, en el ámbito del sistema educativo, tiene como finalidad la preparación de los alumnos para la actividad en un campo profesional, proporcionándoles una formación polivalente que les permita adaptarse a las modificaciones laborales que puedan producirse a lo largo de su vida. Se ordenará en dos niveles: de grado medio y de grado superior. Incluirá tanto la formación profesional de base como la formación profesional específica.
3. En la educación secundaria obligatoria y en el bachillerato, todos los alumnos recibirán una formación básica de carácter profesional.

Expansión de la enseñanza. La educación formal ha experimentado en España un acelerado crecimiento tanto en el número de alumnos como en el de profesores y centros de enseñanza en todos los niveles. Esta expansión ha sido mucho más notoria a nivel universitario. La escasez de otras fuentes de trabajo puede haber sido un factor determinante del crecimiento del alumnado en esta rama de la educación.

Enseñanza pública y privada. En España han coexistido la enseñanza pública y la de origen privado y el Estado contribuye actualmente al sostenimiento financiero de esta última. En la actualidad existe un predominio de la enseñanza pública sobre la privada, especialmente en el ciclo universitario. Una gran parte de los colegios privados está en manos de órdenes religiosas.

La universidad y el mercado laboral. Uno de los problemas que más preocupa a los jóvenes egresados de las universidades españolas es la búsqueda de un empleo. El **desajuste** entre universidad y mercado de trabajo ha impedido a muchos titulados encontrar un empleo que les permita ejercer su profesión. Las posibilidades de acceso al mundo laboral varían según la profesión, siendo, en general, las carreras técnicas las que más facilitan la inserción en el mercado de trabajo. Entre los titulados en ciencias sociales o humanidades el paro es mayor.

Al margen de hechos circunstanciales, como los períodos de crisis económica que ha vivido España, hay otras razones que explican las dificultades que tienen los titulados universitarios para encontrar un empleo, por ejemplo la escasa orientación preuniversitaria, lo que lleva a muchos jóvenes a seguir carreras para las que no existe una verdadera demanda; la falta de flexibilidad de los planes de estudio; la insuficiente especialización; la escasez de alternativas en la educación superior, con un énfasis indebido en la enseñanza universitaria. Los estudiantes mismos apuntan hacia las deficiencias del sistema educativo superior, expresando **reparos** a la calidad de los profesores y de la enseñanza, objetando el tipo de exámenes que, según ellos, pone excesivo énfasis en la memorización, y reprochando la falta de ayuda individual que reciben de los profesores y el impersonalismo que se da en las relaciones profesor-alumno.

Índice de analfabetismo. A pesar de éste y otros problemas que existen en la enseñanza, el hecho cierto es que España sufrió una transformación radical en este sector, cuyo primer indicador fue la caída de los altos niveles de analfabetismo que tenía. Este fenómeno se encontraba en franco retroceso hacia mediados de la década de 1960 y treinta años

La muerte de Franco y la transición democrática produjeron un verdadero *boom* de la prensa.

después registraba un índice inferior al 5 por ciento de la población total, con un cierto predominio de los grupos de mayor edad.

LOS MEDIOS DE INFORMACIÓN

La prensa. Desde el término de la guerra civil y durante toda la época franquista la prensa española estuvo fuertemente controlada por el Estado. Las publicaciones republicanas desaparecieron o se transformaron en medios de información estatales y en un principio los periódicos del sector privado contaron con directores designados por las autoridades. En 1966 se promulgó una Ley de Prensa que contribuyó a aclarar el panorama periodístico existente hasta aquel momento y a corregir, al menos en parte, muchas de las ambigüedades y arbitrariedades que dificultaban la labor informativa. Los periodistas recurrieron a la **autocensura** a fin de evitar el cierre de sus publicaciones. Sin embargo, la censura externa no desapareció del todo y las autoridades continuaron confiscando periódicos y revistas e **imponiendo multas y otras penas** para acallar a quienes se manifestaban abiertamente contra el régimen.

Los lectores españoles se acostumbraron a leer entre líneas. Gracias a ello algunas publicaciones como *Cuadernos para el diálogo, Triunfo* y *Cambio 16* lograron mantener una línea crítica con respecto al régimen.

La muerte de Franco y la transición democrática produjeron un verdadero *boom* de la prensa. Antiguos periódicos como *ABC, Ya, La Vanguardia* debieron competir con un sinnúmero de nuevas publicaciones de corte moderno que respondían al nuevo momento político. El principal periódico aparecido durante la transición fue *El País*, publicado por primera vez en 1976. Su excelente calidad periodística y la manera cómo enfocó toda la información relativa al proceso democrático lo convirtieron en corto tiempo en el periódico de mayor circulación en toda España. En este período aparecieron también *Diario 16* y *El Periódico*, el primero publicado en Madrid y el segundo en Barcelona. Tanto el uno como el otro están dirigidos a un público menos culto. Cataluña, Galicia y el País Vasco vieron aparecer nuevos diarios y revistas escritos en la lengua vernácula o en los que se combina el uso del castellano con el catalán, el gallego o el vasco.

Junto a la proliferación de publicaciones de carácter político y general surgieron otras de clara orientación sexual con abundantes fotografías de desnudos. Era la reacción a la estricta censura ejercida durante el franquismo sobre este tipo de publicaciones. *Interviú* logró uno de los mayores éxitos al combinar la información de tipo político y general con fotografías al estilo de *Playboy*.

En comparación con otros países europeos, como Inglaterra, Francia o Alemania, la prensa española tiene poca difusión. En 1992, por ejemplo, *El País*, el periódico de mayor tirada en toda España, no llegaba a los 500 mil ejemplares diarios. Esta escasa difusión de la prensa española tiene su explicación, posiblemente, en el bajo nivel de lectura, en general, que se da entre los españoles. Según una encuesta, el porcentaje de personas que dedica algún tiempo a la lectura sólo llega al 56 por ciento, mientras que el 42 por ciento de los españoles no lee nunca.[1] La falta de periódicos de carácter popular a nivel nacional se suplió con una abundante **"prensa del corazón"**. *Hola, Lecturas, Semana, Diez Minutos*, para nombrar sólo algunas, llenan los kioskos de revistas con imágenes de la actualidad artística, de la realeza europea o de algún otro personaje de actualidad.

La televisión.   Como la prensa escrita, la televisión también estuvo rigurosamente controlada durante toda la época franquista. Desaparecido el régimen, Televisión Española (TVE) encontraría poco a poco la misma libertad de periódicos y revistas para tratar los acontecimientos políticos. Los españoles por fin podían ver películas antes prohibidas o cortadas por la mano del censor y presenciar debates o documentales

---

[1]"TV vs. Libro: batalla perdida", *El Mercurio*, Santiago de Chile, 20 de marzo de 1993.

Los niños son los más adictos a la televisión.

sobre temas controvertidos. Sin embargo Televisión Española no ha tenido la misma imaginación que la prensa escrita para mejorar su calidad. La investigación periodística es mínima y no tiene comparación con lo que nos puede ofrecer la televisión norteamericana o británica por ejemplo. Es cierto que se ha avanzado con respecto a lo que era la televisión española en los años setenta. Algunos de sus documentales y programas de difusión cultural son de excelente calidad, como también lo son algunos ciclos de cine, a pesar del doblaje de las películas extranjeras. Por su parte, el público español se ha mantenido fiel a la televisión. Según revelan las encuestas, en Europa los españoles son, después de los británicos, los que más horas pasan frente al televisor. Les siguen los portugueses y los italianos.

La televisión autonómica y privada.   La aparición de las televisiones catalana, vasca y gallega en los años ochenta modificó sustancialmente el panorama audiovisual español. Al mismo tiempo, estos canales han contribuido considerablemente al proceso de normalización lingüística que llevan a cabo las distintas comunidades autónomas. Esto es particularmente cierto en el caso de la televisión autonómica catalana (TV3), la que ha invertido enormes recursos en establecer un modelo de televisión que fuese competitivo, moderno y universal.[1]

Con posterioridad a las televisiones autonómicas, y tras la aprobación de la ley que regula las televisiones privadas como concesiones del Estado, se amplió considerablemente la oferta televisiva. En términos

---

[1]"El País, panorama de una década", (*edición especial*), pág. 95, *Madrid,* 4 de mayo 1986.

generales, sin embargo, el aumento de la oferta audiovisual no significó una mejora en la calidad de los programas que se emiten, sino por el contrario, ya que la mayoría de las televisiones privadas compran productos baratos y de dudosa calidad. Con todo, los contenidos básicos de la televisión española no han variado sustancialmente, manteniéndose en primer lugar las películas y series, en segundo lugar los programas deportivos, a los que siguen las transmisiones de variedades y concursos. Últimamente, ha habido un importante aumento de los programas dedicados a los niños, el sector de la población más adicto a la televisión.

La radio.   Con anterioridad a 1977 las emisoras de radio privadas no tenían la libertad de producir sus propios informativos y debían conectar con los programas de noticias de Radio Nacional de España. Sólo a partir de octubre de 1977 el Ministerio de Cultura les concedió libertad de información. La liberalización de la información abrió las puertas a la creación de un gran número de emisoras de radio. El mayor auge ha correspondido a las emisoras de frecuencia modulada (FM). Entre 1981 y 1982 el gobierno otorgó más de doscientas licencias de FM en todo el país. Estas nuevas emisoras han adaptado su programación a las necesidades locales y en el caso de las comunidades autónomas de Cataluña, Valencia, País Vasco y Galicia una buena parte de la programación es presentada en la lengua vernácula.[1]

En 1991 entró en función otro gran número de emisoras de frecuencia modulada, lo que aumentó considerablemente la oferta radiofónica. Paralelamente, al aprobarse la ley de emisoras municipales, se abrió el camino para la legalización y creación de numerosas emisoras municipales que competirán con la radiofonía privada y pública.

FIESTAS Y TRADICIONES

Más que ningún otro país de Europa, quizás, España se destaca por sus fiestas y tradiciones. Algunas son de origen religioso, otras de carácter profano. Muchas se relacionan con sucesos históricos ocurridos varios siglos atrás, antes de que España constituyera una sola nación.

La Semana Santa.   Esta es una de las celebraciones religiosas de carácter nacional más importante. La Semana Santa sevillana es posiblemente la más conocida. Según la tradición, las primeras procesiones se remontan al siglo XIV. Para los sevillanos la Semana Santa tiene un

---

[1]"El País, panorama de una década", (*edición especial*), pág. 95, *Madrid,* 4 de mayo 1986.

Paso con imagen de la Virgen (Badajoz).

Durante la Semana Santa, el pueblo decora los pasos y las imágenes de las iglesias, que luego lleva sobre los hombros por las calles (Sevilla).

Desfile de carretas durante la feria de abril de Sevilla.

significado muy especial. Los **pasos** llevados en hombros de los **costaleros** portan imágenes **talladas** por famosos artistas de los siglos XVI y XVII, entre ellos Roldán y Martínez Montañés. Acompañan a las procesiones los **nazarenos,** hombres vestidos de colores simbólicos que cubren su rostro y su cabeza con capirotes y portan cirios en las manos. Junto a ellos van también los **penitentes** arrastrando pesadas cruces. Al paso de las procesiones se cantan **saetas,** que son coplas improvisadas que hacen referencia al dolor de la Virgen y de Cristo. En la Semana Santa sevillana participa todo el pueblo y a ella llega gente de muchos otros lugares atraída por este verdadero espectáculo religioso-teatral único en el mundo entero.

Una falla que luego será quemada la noche del 19 de marzo (San José).

La feria de abril de Sevilla.   Esta fiesta que se celebra entre el 17 y 24 de abril tuvo sus orígenes en un mercado de ganado y se ha convertido en uno de los espectáculos más alegres y atractivos de toda España. En un lugar escogido de la ciudad se instalan **casetas** multicolores profusamente adornadas donde se cantan y bailan **sevillanas.** Más allá, parejas ataviadas con trajes típicos pasean en hermosos caballos o en carrozas. En estos días se celebran en Sevilla las más importantes **corridas** de toros del año.

Las fallas de Valencia.   Estas fiestas de origen medieval tienen lugar entre el 12 y el 19 de marzo de cada año, coincidiendo con la festividad de San José. A lo largo de esta semana se realizan diversos actos, entre ellos la "Crida", que es el anuncio público de la fiesta y la Ofrenda a la

Otra de las numerosas fallas de las fiestas valencianas.

Virgen de los Desamparados, patrona de la ciudad. El día 19 por la noche *La Nit del Foc* (La Noche del Fuego) se queman las fallas—enormes y grotescas figuras de cartón de carácter satírico—lo que convierte la noche valenciana en un espectáculo deslumbrador.

Las fiestas de San Fermín.   Su origen exacto se desconoce. Se celebran cada año entre el 6 y el 15 de julio. El comienzo de la fiesta se anuncia con el disparo de un cohete (**"el chupinazo"**) desde el ayuntamiento. Uno de los espectáculos más populares de las fiestas de San Fermín es **"el encierro",** que tiene lugar cada mañana y en que los toros son sacados de los corrales y conducidos hasta la plaza de toros, mientras grupos de muchachos vestidos en su mayoría con el traje típico—pantalón y camisa blancos y pañuelo rojo al cuello—corren delante de

Vista de la Villa Olímpica, creada para los Juegos Olímpicos (Barcelona).

ellos hasta el lugar donde se celebrarán las corridas. Estos son días de música, baile y gran alegría. Numerosos españoles y extranjeros llegan a Pamplona a presenciar este espectáculo hecho famoso por el escritor norteamericano Ernest Hemingway en su novela *Fiesta*.

EL GRAN AÑO 1992

En 1992 se cumplían quinientos años del Descubrimiento de América por Cristóbal Colón, y en España y en las Américas se celebraba aquella memorable fecha con un sinfín de actividades de distinta **índole**. Madrid se transformaba en ese año en la capital cultural de Europa, lo que la convirtió en escenario de grandes eventos, que atrajeron a miles de entusiastas de todas las esferas del arte y la cultura. En abril de ese año se inauguraba en Sevilla la Exposición Universal, que hasta su cierre, el 12 de octubre, vio llegar a cientos de miles de visitantes. Las inversiones realizadas en Sevilla como preparación para la Expo '92 fueron cuantiosas y constituyeron una oportunidad única para sacar a la Comunidad de Andalucía, y a Sevilla en particular, del gran atraso económico en que se encontraban. En Barcelona, entre el 25 de julio y el 9 de agosto, se celebraban los Juegos Olímpicos, que durante dieciséis días centraron las miradas del mundo en la capital catalana. Atletas y deportistas de más de 160 naciones participantes y casi medio millón de visitantes se reunían en Barcelona que, tal como Sevilla con la Expo '92, se beneficiaba de una millonaria inversión pública y privada, que tendría un tremendo impacto económico en el futuro de la ciudad y de la región. Los cambios en la infraestructura mejoraron notablemente la calidad de vida de los habitantes de Barcelona y de su área metropolitana. Estos tres grandes acontecimientos constituyeron la más grande empresa de relaciones públicas que España haya realizado y ayudaron, sin duda, a **realzar** la imagen de España en el contexto internacional y, muy especialmente, en el contexto de las naciones europeas.

Glosario

antes de que entrara en vigor. before it came into effect
autocensura. self-censorship
casetas. stands at a fair
celibato eclesiástico. priestly celibacy
cooficialidad de las lenguas. the existence of two or more official languages
corridas. bullfights
costalero. bearer of *pasos* during Holy Week (*see* **pasos**)
chupinazo. loud noise, a starting signal
dejaba de constituir un delito. it was no longer a crime
desajuste. breakdown
despenalización. decriminalization
encierro. running of the bulls through Pamplona on the feast of San Fermín
enseñanza básica y media. elementary and secondary education
escuela confesional. religious school
estrechar los lazos. to strengthen ties
extranjería. (legal) status of aliens
imponiendo multas y otras penas. imposing fines and other penalties
índole. nature
lícita. lawful
nazarenos. penitents in Holy Week processions who wear tunics and hoods
no creyentes. nonbelievers
Oficina de Empleo. employment bureau
pasos. platforms bearing sculptured scenes from Christ's Passion that are carried through the streets during Holy Week
peatonal. pedestrian
penitentes. penitents who carry crosses in Holy Week processions
polémica. controversy
por razones ajenas a su voluntad. for reasons beyond his control
prensa del corazón. tabloid press
prestación social. social service

prestaciones por desempleo. unemployment benefits
programas de formación ocupacional. training programs
realzar. enhance
reinserción social. social reintegration
reparos. fault
resguardo. protection
sactas. praycr sung as a Holy Week procession passes by
sevillanas. music and dancing in a style that originated in Seville
sus congéneres. their equals
talladas. carved
vocaciones religiosas. religious vocations

Cuestionario

PANORAMA POLÍTICO

1. ¿Qué sectores se incluían dentro de las reformas de la administración socialista?
2. ¿A qué acuerdo llegaron España y Gran Bretaña en 1984 con respecto a Gibraltar?
3. ¿Cuál fue el acontecimiento internacional más importante para España en 1986?
4. ¿Cuál fue el resultado del referéndum sobre la Organización del Tratado del Atlántico Norte?
5. ¿A qué temas se refirió principalmente el papa durante su primera visita a España?
6. ¿Cuál fue la actitud del grupo separatista vasco ante la primera victoria socialista?
7. ¿Qué hechos marcan el fin de la transición militar hacia la democracia?

PANORAMA SOCIAL

1. ¿Qué postura adoptaron los diferentes sectores de la Iglesia frente al franquismo?
2. ¿Cómo reaccionó la Iglesia frente a los cambios que traía consigo la democracia?
3. ¿Qué consecuencias ha tenido para la Iglesia el cambio de actitudes de la sociedad con respecto a la religión?
4. ¿Qué cambios importantes trajo la democracia para la mujer española?
5. ¿Cuál es la situación de la mujer española dentro del proceso educativo? ¿Y en el trabajo? ¿En la política?

PANORAMA CULTURAL

1. ¿Qué lugar ocupa el castellano dentro de los idiomas del mundo con respecto al número de hablantes?
2. ¿Cuál es la situación legal de las otras lenguas españolas como el catalán, el gallego y el vasco?

3. ¿Cuál es la lengua con mayor número de hablantes en España, después del castellano? ¿Dónde se habla principalmente?
4. ¿Qué problemas presenta la situación lingüística en Valencia?
5. ¿Qué diferencia al vasco de otras lenguas españolas?
6. ¿Cuáles han sido algunas de las principales modificaciones que ha sufrido la enseñanza en España?
7. ¿Cómo está estructurada la enseñanza?
8. ¿En qué nivel de la enseñanza ha habido mayor expansión?
9. ¿Qué papel juega la Iglesia en la educación?
10. ¿De qué manera ha variado el índice de analfabetismo en España?

Temas de redacción o presentación oral

1. Explica de qué manera han cambiado las actitudes de la juventud y a qué se deben esos cambios. Describe el interés de los jóvenes por la educación, sus principales problemas y sus obligaciones militares.

2. Compara los problemas de los jóvenes españoles con los de la juventud en tu propio país. ¿Qué diferencias y similitudes observas?

3. ¿Qué opinarías tú si el gobierno de tu país tratara de imponer el servicio militar obligatorio? ¿Cuál sería tu actitud?

4. Compara las actitudes de los españoles hacia la religión con la situación en tu propio país.

5. En tu opinión, ¿la iglesia católica debería mantener o eliminar el celibato eclesiástico? ¿Por qué?

6. Compara el papel de la mujer española en el campo de la política con lo que ocurre dentro del mismo campo en tu propio país.

7. Si tuvieras que elegir entre un hombre y una mujer con iguales antecedentes profesionales como director(a) de una gran compañía multinacional, ¿a quién elegirías? ¿Por qué?

8. ¿Qué factores pueden contribuir a la mayor o menor integración de distintos grupos étnicos en un país? Explica y da ejemplos con relación a tu país. Considera también cómo la escuela y la educación en general pueden contribuir a lograr una mayor integración de las diferentes etnias. Intercambia opiniones con tus compañeros.

9. Comenta uno de estos dos temas:
   (a) La importancia del aprendizaje de lenguas extranjeras en el mundo de hoy
   (b) La importancia del castellano

10. Compara la estructura del sistema educativo en España con la de tu propio país. ¿Qué diferencias y similitudes puedes observar? Coméntalo con tus compañeros.

11. Considera las críticas al sistema educativo español que se mencionan en el pasaje *La universidad y el mercado laboral*. A la luz de esos comentarios, comenta acerca de la educación en tu propio país, a nivel de enseñanza secundaria o universitaria. ¿Qué aspectos positivos y negativos puedes destacar? ¿Qué cambios te gustaría ver? Intercambia opiniones con tus compañeros.

12. Explica cuál era la situación de la prensa española durante el franquismo y qué transformaciones hubo durante la transición democrática. Haz lo mismo con respecto a la televisión y a la radio.

13. Busca un diario español como *El País* y compáralo con un periódico nacional de tu propio país. ¿Cómo están estructurados el uno y el otro? ¿Qué tipo de información y noticias destacan?

14. Comenta acerca de los contenidos básicos de la televisión en tu país y expresa tu opinión acerca de la calidad de los programas en general. ¿Te parecen adecuados? ¿Existen suficientes programas dedicados a los distintos grupos sociales, por ejemplo niños, adultos jóvenes, ancianos, mujeres, etc.? Intercambia opiniones con tus compañeros.

15. Las corridas de toros son hoy tema de controversia en España. Algunos opinan que constituyen un acto de crueldad y que deberían desaparecer. Otros opinan que la corrida es un arte y una tradición y se debería mantener. Expresa tu opinión.

Práctica

1. Vuelve a escribir el texto siguiente usando los artículos *el, la, los, las, un, una, unos, unas,* donde sea necesario.

   Erosión de libertades durante era de Franco e influencia del Concilio Vaticano II convocado por papa Juan XXIII convertirían a sector de Iglesia, en especial a nueva generación de clérigos en más ardientes críticos del régimen. Tras muerte de Franco Iglesia ya no necesitaba cumplir con papel político. Después de período de incertidumbre Iglesia comenzó a adoptar actitud crítica frente a cambios que traía consigo democracia. Así, momentos más tensos se produjeron antes de aprobación de Ley del Divorcio y Ley de Despenalización del Aborto. Con respecto al divorcio, sectores más conservadores predijeron verdadera catástrofe social, pero en realidad no fue así, ya que porcentaje muy mínimo de españoles ha recurrido a ley. Hasta ahora, porcentaje de divorcios y separados en España es inferior al 1 por ciento de población.

2. Completa estas oraciones con las partículas de la lista: *para que, por el que, a menos que, mientras que, desde que, sin que, como para que, a pesar de que.*

   (a) En 1987 se realizaban las primeras elecciones al Parlamento europeo _____ España ingresara en el Mercado Común.

   (b) Se hacía público un comunicado _____ Gran Bretaña aceptaba mantener relaciones con España.

   (c) La despenalización del aborto, _____ tenía limitaciones, provocó mayores divisiones.

   (d) Esta postura encontró apoyo entre los sectores tradicionales, _____ la otra era defendida por la izquierda en general.

   (e) La Constitución consagra la igualdad de todos los españoles _____ pueda prevalecer discriminación por razón de sexo.

   (f) Su objetivo es crear las condiciones necesarias _____ se produzca una verdadera igualdad social.

   (g) La sociedad no ha cambiado lo suficiente _____ la mujer acceda a puestos de importancia.

   (h) No reciben prestaciones por desempleo _____ hayan perdido su trabajo involuntariamente.

3. Completa estas oraciones con la forma verbal correcta.

   (a) Antes de que (*entró, entraba, entrara, entrará*) en vigor la Constitución se despenalizó el aborto.

   (b) El desempleo (*es, fuera, sea, fue*) el mayor problema de la España actual.

   (c) Para que (*tienes, tendrás, habrás tenido, tengas*) derecho a ayuda asistencial tienes que tener responsabilidades familiares.

   (d) No pueden recibir ayuda asistencial salvo que (*se trate, se trató, se trataba, se trata*) de personas con familia.

   (e) La sociedad no ha cambiado lo suficiente para permitir que la mujer (*alcanzara, alcance, alcanza, alcanzó*) puestos superiores.

   (f) Es cierto que se (*ha avanzado, haya avanzado, hubiera avanzado, hubo avanzado*) con respecto a lo que era la televisión española antes.

4. Transforma el siguiente texto en un diálogo (estilo directo), reproduciendo las palabras dichas por las dos personas que intervienen: un periodista y el señor García.

   Al preguntarle el periodista al señor García si era católico, éste respondió que sí lo era, aunque no se consideraba católico practicante puesto que normalmente no iba a misa. Y en cuanto al significado que la Semana Santa tenía para él, la respuesta del señor García fue que pensaba que se trataba de una fiesta religiosa que había ido perdiendo su verdadero significado. Añadió que para la mayoría de los españoles sólo constituía una buena ocasión para salir de casa. Cuando se le pidió su opinión acerca de la Iglesia española actual, manifestó que creía que la Iglesia había cambiado mucho en los últimos años, que se había modernizado y adaptado a la nueva sociedad. Su contestación a la última pregunta sobre si creía que esta menor religiosidad de los españoles se debía al desarrollo económico, fue afirmativa agregando que, en su opinión, el desarrollo económico había producido profundos cambios en la sociedad española.

5. Forma oraciones con cada una de estas expresiones: *realizar una gira, estrechar (los) lazos, hacer público un comunicado, recibir una remuneración, leer entre líneas, imponer una multa, caer en manos de la justicia, constituir un delito.*

Vocabulario

El vocabulario comprende todas las palabras empleadas en el texto, salvo aquéllas que son idénticas o muy similares en los dos idiomas y las palabras básicas que el
alumno debe conocer a este nivel. Dentro del área de la gramática se excluyen,
además, los pronombres personales, los pronombres y adjetivos posesivos y demostrativos, las preposiciones, las formas personales del verbo, así como la mayoría de
los adverbios terminados en -*mente* y las formas del participio, excepto cuando éste
tiene la función de adjetivo. En el caso de los sustantivos se indica el género, pero
los adjetivos se presentan solamente en la forma masculina de singular.

Abreviaciones usadas en el texto:

adj.	adjetivo	*pl.*	plural
f.	femenino	*s.*	sustantivo
m.	masculino	*fig.*	figurado

abandonar. to leave
abandono. *m.* abandonment
abanico. *m. fig.* range
abarcar. to cover, to embrace
abastecimiento. *m.* supply
abdicar. to abdicate
abogado, -a. *m.* y *f.* lawyer
aboliendo. abolishing
abolir. to abolish
abono. *m.* fertilizer
aborigen. *adj./s.* native
aborto. *m.* abortion
abrazar. to embrace, to adopt
abrir paso. to open the way
ábside. *m.* apse
abstraerse. to leave aside
abundar. to be plentiful, to abound
abuso. *m.* abuse
acabado. perfect
acabar. to finish
  acabar + gerund. to end up by
  + gerund
Academia de Bellas Artes. *f.*
  Academy of Fine Arts
acallar. to silence
acatar. to obey
  acatar una ley. to observe a law
  acatar una recomendación. to
  follow a recommendation
acceder. to have access

aceite. *m.* oil
  aceite de oliva. olive oil
aceleradamente. rapidly
acelerar. to accelerate
  acelerarse. to accelerate
acento. stress, emphasis
  poner el acento. to emphasize, to
  stress
acentuado. marked, strong
acentuar. to stress, to accentuate, to
  accent
acercamiento. *m.* closeness,
  approach, rapprochement
  (*between governments*)
acercarse. to approach, to draw near
aclarar. to clear
acogerse a una ley. to have recourse
  to a law, to base oneself on a law
acomodarse. to conform, to adapt
acompañante. *m.* y *f.* escort
acompañar. to accompany
aconfesionalidad del Estado. *f.*
  neutrality of the government with
  respect to religion
acontecer cultural. *m.* cultural
  events
acontecimiento. *m.* event
acorazado. *m.* armored ship
acosado. *fig.* hounded, pursued; put
  at bay

acosar. *fig.* to hound, to pursue; to put at bay
acta. *f.* act, law
actuación. *f.* action
actual. present
actualidad, en la actualidad. at present, at the present time
actualmente. at present, at the present time
actuar. to act
acudir. to go, to come
acueducto. *m.* aqueduct
acuerdo. *m.* agreement
  acuerdo comercial. commercial agreement
  acuerdo preferencial. preferential agreement
  de acuerdo con. in accordance with
acumular. to accumulate
acuñación. *f.* minting
acusado, -a. *m.* y *f.* accused, defendant
acusar. to accuse, to show, to indicate
a. de C. B.C.
adelantado. *m.* person who commanded an expedition during the Spanish conquest of the Indies
adherir. to join, to adhere
adhesión. *f.* membership, joining
admitir. to accept, to admit
adornar. to adorn
adorno. *m.* adornment
adquirir. to acquire
aduana. *f.* Customs
advenimiento. *m.* coming, arrival
adversario, -a. *m.* y *f.* opponent
afianzado. well-established
aficionado: ser aficionado a. to be fond of
afirmación. *f.* strengthening; assertion
afluencia. *f.* flow, inflow
afluente. *m.* tributary
África Occidental. West Africa
afueras. *f. pl.* outskirts
agitado. agitated
agitar. to stir up, to agitate
agotamiento. *m.* exhaustion
agraria: reforma agraria. land reform

agrario. agrarian, agricultural
agravado. worsened
agravar. to worsen
agregar. to add
agresividad. *f.* aggressiveness
agrícola. agricultural
agricultor, -a. *m.* y *f.* farmer
agrupación. *f.* group, organization
agrupar. to assemble, to group
aguas jurisdiccionales. *f. pl.* territorial waters
agudizarse. to worsen
agudo. acute. *fig.* serious
ahí. there
  de ahí que. hence
aislado. isolated
aislamiento. *m.* isolation
aislar. to isolate
ajenas: razones ajenas a su voluntad. reasons beyond his control
ajustarse. to conform
ajuste. *m.* adjustment
al-Ándalus. name given by the Arabs to Spain
alano. Alan (*Germanic tribe*)
alarmante. alarming
albor. *m.* beginning
alcalde. *m.* mayor
alcanzar. to reach, to achieve
alcázar. *m.* palace, fortress
aldea. *f.* village
alejado. far, distant
alejar. to remove, to keep away
alemán. German
Alemania Occidental. West Germany
alentar. to encourage, to stimulate
alfarería. *f.* pottery
alfombra. *f.* carpet, rug
alfonsinista. *m.* y *f.* follower of Alphonse, son of Isabel II
alfonsino. pertaining to Alphonse (*see* alfonsinista)
Alfonso X El Sabio. Alphonse X The Wise
algodón. *m.* cotton
aliado. allied
  Los Aliados. *m.pl.* The Allies
aliarse. to form an alliance
aliento. *m.* encouragement
  al aliento de. encouraged by
alimentación. *f.* food

alimentado. fed
alimentar. to feed
alimento. *m.* food
alistarse. to enlist, to enroll
aliviar. to alleviate, to help (out)
almacén. *m.* storage place,
  warehouse
  grandes almacenes. department
  stores
alminar. *m.* minaret (*in a mosque*)
almirante. *m.* admiral
almohades. a tribe from Northern
  Africa
almorávide. Almoravid (*tribe from
  Northern Africa*)
alternarse. to take turns
altiplanicie. *f.* high plateau
altitud. *f.* altitude, height
altura. *f.* height, altitude
aludir. to allude, to refer
alumbrados. *m. pl.* members of a
  Spanish Christian sect (16th
  cent.)
alumno, -a. *m.* y *f.* student
alzamiento. *m.* uprising
allá. there
  más allá. beyond, further
allende. beyond
ama de casa. *f.* housewife
amante. *adj./s.* loving; lover
amar. to love
amargo. bitter
ambiente. *m.* environment
ámbito: de ámbito estatal. on a
  national scale
  en el ámbito de. in the field of
ambos. both
amenaza. *f.* threat
amenazar. to threaten
a menudo. often
América del Norte. North America
amnistía. *f.* amnesty
amonestado. reprimanded
amoroso. loving, affectionate
amotinado, -a. *m.* y *f.* rioter
amparo: al amparo de. under the
  protection of
ampliamente. fully
ampliar. to enlarge, to expand
amplio. large
analfabetismo. *m.* illiteracy
analfabeto, -a. *m.* y *f.* illiterate
análogo. similar

anarquía. *f.* anarchy
anarquismo. *m.* anarchism
anarquista. *adj./s.* anarchist
anclado. *fig.* anchored
ancho. *adj./s.* wide; width
andadura. *f.* advance, progress
Andalucía. Andalusia
andaluz. Andalusian
anexión. *f.* annexation
anfiteatro. *m.* amphitheater
animador, -a. *m.* y *f.* entertainer
aniquilado. wiped out
anónimo. anonymous
anular. to revoke
anunciar. to announce
ante. before, in front of
antepasado. *m.* ancestor
anterior. previous
anterioridad: con
  anterioridad. previously
anticiclón. *m.* anticyclone
anticipadamente. in advance
anticlericalismo. *m.* anticlericalism
anticonceptivo. *m.* contraceptive
anticuado. antiquated
antillano. *adj./s.* West Indian
Antillas. Antilles, West Indies
antipatía. *f.* dislike, antipathy
añadir. to add
aparentemente. apparently
aparición. *f.* appearance
apartado. distant
apenas. hardly
apertura. *f.* opening
aplastar. to crush
aplicar. to apply
apoderarse. to take over, to seize
apogeo. *m. fig.* height
aporte. *m.* contribution
apóstol. *m.* apostle
apoyar. to support
apoyo. *m.* support, help
aprendizaje. *m.* learning
aprobado. approved
aprobar. to approve
aprovechar. to use
  aprovecharse. to take advantage
aproximarse. to be near
apto. suitable
apuesto. handsome
apuntar. to point
aragonés. Aragonese
aranés. dialect of Aran (*Catalonia*)

Araucanía. region in southern Chile

araucano, -a (o mapuche). *m.* y *f.* Araucanian (*Indian from Araucania, Chile*)

árbitro. *m.* arbiter

arco. *m.* arch

  arco de herradura. horseshoe arch

  arco de triunfo. triumphal arch

archiduque. *m.* archduke

archipiélago. *m.* archipelago

arder. to burn

ardiente. fervent

argumento. *m.* story, plot, argument

arlequín. *m.* harlequin

armada. *f.* navy

  la Armada Invencible. the Spanish Armada

armisticio. *m.* armistice

arrastrar. to drag along

arrendatario, -a. *m.* y *f.* tenant

  arrendatario de tierras. tenant farmer

arte. *m.* o *f.* art

artesanal. *adj.* handicraft

artesanía. *f.* handicrafts

artesano, -a. *m.* y *f.* craftsman, craftswoman

artículo. *m.* article

arzobispo. *m.* archbishop

asamblea. *f.* assembly

  asamblea constituyente. constituent assembly

  asamblea general. general assembly

  asamblea provincial. provincial assembly

asalto. *m.* assault

  tropas de asalto. storm troops

asegurar. to assure, to state, to safeguard, to secure

asentar. to settle

asesinar. to assassinate, to murder

asignar. to assign

asignatura. *f.* subject (*school*)

asilo. *m.* asylum

asimismo. likewise, also, too

asistir. to attend (*a misa*, mass; *a la escuela*, school)

asociarse. to associate

asombrado. surprised

asombro. *m.* surprise

asonada. *f.* uprising

aspirada: h aspirada. aspirated *h*

aspirante. *m.* y *f.* candidate, aspirant, pretender (*throne*)

astillero. *m.* shipyard

asturleonés. of or from Asturias-Leon

asumir. to assume, to take (on)

  asumir el poder. to take power

  asumir un papel. to take on a role

asunto. *m.* affair, matter

  Asuntos Exteriores. Foreign Affairs

ataviado. dressed up

atavíos. *m. pl.* dress, attire

atender. to look after

atentado. *m.* attack

atraer. to attract, to draw

atrasado. backward

atravesar. to go through, to cross

atribuciones. *f. pl.* authority, duties

atribuir. to put down, to attribute

audiencia. *f.* colonial institution that acted as a court of justice, having also political powers

auge. *m.* peak

aumentar. to increase

aumento. *m.* increase

aún. still, yet

aun. even

  aun más. even more

aunque. although, even though

auspicio. *m.* patronage

  bajo su auspicio. under the patronage of, sponsored by

austríaco. Austrian

autarquía. *f.* autarchic, autarchical

autocensura. *f.* self-censorship

autóctono. native

autodenominarse. to call oneself

autogobierno. *m.* self-government

autonomía. *f.* self-government

autonomista. *adj.* autonomous

autónomo. *adj.* self-governing

autopista. *f.* freeway, expressway

autor, -a. *m.* y *f.* author

  autor teatral. playwright

auto sacramental. *m.* mystery play

autosuficiente. self-sufficient

autovía. *f.* two-lane highway

avance. *m.* advance, progress

avanzar. to advance, to progress
avecinarse. to approach
avena. f. oats
aventajar. to be ahead of
avícola. adj. poultry
avicultura. f. poultry keeping
avisar. to warn, to tell
avivado. encouraged
ayudar. to help
ayuntamiento. m. municipality, city
   council
azafrán. m. saffron
azogue. m. mercury (metal)
azotar. fig. to scourge
azote. m. whipping
azulejo. m. tile

bable. m. Asturian dialect
bachillerato. m. high school
bahía. f. bay
baja. f. drop, loss (military)
bajo. under, low, below
   bajo cero. below zero
   bajo relieve. bas-relief
balanza. f. balance
   balanza comercial. balance of
   trade
   balanza de pagos. balance of
   payments
Baleares: Islas Baleares. Balearic
   Islands
banca. f. banking, banks (as a whole)
banco. m. bank
bandera. f. flag
bando. m. faction
bandolero. m. bandit
banquero, -a. m. y f. banker
bárbaro. barbarian
barcelonés. of or from Barcelona
barrio. m. area, district,
   neighborhood
barroco. adj./s. baroque
base. f. base, basis
   base militar. military base
bautismo de fuego. m. baptism of
   fire (of a soldier)
belicista. warmongering
bélico. warlike
beligerancia: no beligerancia.
   non-aggression
bellas artes. f. pl. fine arts
bello. beautiful

benedictino. adj./s. benedictine
beneficiar. to benefit
beneficiario, -a. m. y f. beneficiary
beneficio. m. benefit
berébere o beréber. adj./s. Berber
   (ethnic group from North Africa)
bicameral. two-chamber (system)
bien: si bien. although
bienes. m. pl. property
   bienes de consumo
   duraderos. durable consumer
   goods
   bienes de equipo. capital goods
bienio. m. biennium, two-year
   period
bipartidismo. m. two-party system
bipolaridad: tendencia a la
   bipolaridad. tendency toward a
   two-party system
bisonte. m. bison
Bizancio. Byzantium
bizantino. adj./s. Byzantine
blasfemar. to blaspheme
bloque. m. block
   Bloque Nacional. National Block
bobo. foolish, buffoon
boca. f. mouth (river)
boda. f. wedding
boliviano. Bolivian
bolsa. f. exchange
   Bolsa de Valores. Stock Exchange
borbónico. adj. pertaining to the
   House of Bourbon
borde. m. edge
bordear. to border, to skirt
Borgoña. Burgundy
borrar. to erase, to wipe out
bosque. m. wood, forest
bovino. adj. bovine, pertaining to
   oxen or cows
brigadas internacionales. f. pl.
   international brigades (Spanish
   Civil War)
brillar. fig. to stand out
británico. British
bronce. m. bronze
   Edad del Bronce. Bronze Age
brusco. sudden
burguesía. f. bourgeoisie, middle
   class
burlador. m. seducer, Don Juan
busca. f. search

buscar. to look for
  buscar apoyo. to look for support
buscón. *m.* crook, swindler, petty thief
búsqueda. *f.* search

caballar. *adj.* horse
caballería. *f.* knight, chivalry, cavalry
caballero. *m.* knight, knight-errant
cabaña. *f.* livestock
cabe: no cabe duda. there is no doubt
cabeza. *f.* head, head of cattle
cabildo. *m.* city hall
  cabildo abierto. open assembly of a city hall
cabo. *m.* cape
cabo: al cabo de. after
cacique. *m.* Indian chief, political boss
cadena. *f.* chain
  cadena montañosa. mountain chain, mountain range
caer. to fall
  caer en poder de. to fall in the hands of
caída. *f.* fall, drop
cálido. warm
califato. *m.* caliphate
calificar. to qualify; to describe; to define
calzado: industria del calzado. footwear industry
cámara. *f.* chamber
  cámara alta. upper chamber, Senate
  cámara baja. lower chamber
cambiante. changing
cambio. *m.* change, exchange
  a cambio de. in exchange for
  en cambio. instead, whilst, on the other hand
campanario. *m.* belfry, bell tower (*church*)
campaña. *f.* campaign
campesino, -a. *m.* y *f.* peasant
campesinado. *m.* peasantry
campo. *m.* countryside; field; camp; sphere
Canarias: Islas Canarias. Canary Islands

Cantábrico: Mar Cantábrico. Cantabric, Bay of Biscay; Cantabrian
cantar de gesta. *m.* chanson de geste
cántico. *m.* song, canticle
cantidad. *f.* quantity
cántiga o **cantiga.** song, poem
cantón. *m.* canton, territorial division as in Switzerland
cantonal. *adj.* pertaining to a canton
cantonalismo. *m.* movement in favor of the *cantones*
caña de azúcar. *f.* sugarcane
cañón. *m.* cannon, gun
capilla. *f.* chapel
capirote. *m.* penitent's hood
capital. *adj.* **obra capital.** main work
  m. capital (*finance*)
  f. capital (*city*)
capitán general. *m.* captain general
capitanía general. *f.* captaincy general
capitulación. *f.* surrender
capitular. to surrender
capítulo. *m.* chapter; matter, subject
captura. *f.* capture; catch (*fish*)
carabela. *f.* caravel
caracterizar. to characterize
  caracterizarse. to be characterized
carbón. *m.* coal
cárcel. *f.* jail, prison
cardenal. *m.* cardinal
carecer. to lack
carestía de la vida. *f.* high cost of living
carga. *f.* load; cargo
cargado. loaded; full
cargo. *m.* post, job
  a cargo de. in charge of
  hacerse cargo de. to take charge of
  cargo superior. senior position
Caribe. Caribbean
carlismo. *m.* carlism
carlista. carlist
  Guerras Carlistas. *f. pl.* Carlist Wars
Carlomagno. Charlemagne
carmelita. carmelite
carpintero. *m.* carpenter
carretera. *f.* main road, highway

carro de combate. *m.* tank
carroza. *f.* carriage
Casa de Contratación. *f.* colonial
    institution that controlled trade
    between Spain and Spanish
    America
caseta. *f.* stall (*at a fair*)
castellanizarse. to become a speaker
    of Castilian
castellano. Castilian
casticismo. *m.* purity, correction
castigar. to punish
Castilla. Castile
castillo. *m.* castle
casto. chaste
catalán. Catalan, Catalonian
catalanista. *adj./s.* pertaining to
    Catalonia; one who supports
    Catalan nationalism
Cataluña. Catalonia
cátedra. *f.* chair (*university*), senior
    teaching post
catedrático, -a. university lecturer,
    professor
caudal. *m.* volume of water (*in a
    river*)
caudaloso: río poco
    caudaloso. river that carries a
    small volume of water
caudillo. *m.* leader
    El Caudillo. in Spain, name used
    by General Franco
cautiverio. *m.* captivity
cautivo. captive
caverna. *f.* cave
caza. *f.* hunting
cazador, -a. *m.* y *f.* hunter
cebada. *f.* barley
ceder el campo. to hand over power
celibato eclesiástico. *m.*
    ecclesiastical celibacy
celta. Celtic
celtibérico. Celtiberian
cementerio. *m.* cemetery
censura. *f.* censorship
centenares. hundreds
centralizador. centralizing
central térmica. *f.* thermal-power
    station
centrarse en. to center on
cerco. *m.* siege
Cerdaña. Cerdagne Valley (*France*)

cerdo. *m.* pig
    carne de cerdo. pork
cesar. to cease
científico. *adj./s.* scientific; scientist
cierre. *m.* closing
ciervo. *m.* deer
cifra. *f.* figure
cinc o zinc. *m.* zinc
cineasta. *m.* y *f.* cinema director
circo. *m.* amphitheater, circus
circular. to run (*trains, etc.*)
círculo. *m.* circle
circunscribirse. to confine or restrict
    oneself to
cirio. *m.* candle
cirujano, -a. *m.* y *f.* surgeon
cistercience. *adj./s.* Cistercian (*of the
    Cistercian order*)
citar. to mention
cítricos. *m. pl.* citrus fruits
ciudad. *f.* city
    ciudad estado. city-state
    Ciudad Condal. Barcelona
ciudadano, -a. *m.* y *f.* citizen
clase. *f.* class
    clase común. commons
    clase popular. working class
    clase trabajadora. working class
clausura. *f.* closing
clave. *adj./s.* key
clérigo. *m.* priest
clero. *m.* clergy
cluniacense. Cluniac (*from Cluny,
    France*)
cobrar fuerza o ímpetu. to gain
    force, to become stronger
cobre. *m.* copper
código. *m.* code
cohete. *m.* rocket, missile
coincidir. to coincide
colectivizar. to collectivize
colegio. *m.* school
    colegio estatal. state school
colocar. to put; to place
colono. *m.* tenant farmer, settler
colorante. *adj./s.* coloring
colorido. color; colorful
comarca. *f.* region, area
combatiente. fighting; *m.* y *f.* fighter,
    combatant
combatir. to fight
comedia. *f.* comedy, play

comedia de costumbres. comedy of manners
comendador. *m.* knight commander
comercialización. *f.* commercialization, marketing
comercializar. to commercialize
comerciante. *m.* y *f.* merchant, dealer
  comerciante minorista. retail dealer
comercio. *m.* trade, commerce
  comercio detallista. retail trade
  comercio de exportación. export trade
  comercio exterior. foreign trade
  comercio interior. domestic trade
comicios. *m. pl.* elections, voting
comienzos. *m. pl.* beginning
comisionado, -a. *m.* y *f.* commissioner
comité. *m.* committee
  comité paritario. joint committee
competencia. *f.* competition, competence, province (*responsibility*)
competer. to come under the jurisdiction or responsibility of, to concern
competir. to compete
compilación. *f.* compilation, collection
componer. to make up
comportamiento. *m.* behavior
comprender. to include
comprobación. *f.* verification, proof
comprobar. to check, to prove
comprometerse. to commit oneself, to get involved
comprometido. committed, involved; compromising
compromiso. *m.* obligation, commitment; compromise
compuesto. made up
común. common, mutual
comunero, -a. *m.* y *f.* supporter of the *Comunidades de Castilla*
comunicado. *m.* communiqué
comunidad. *f.* community
  Comunidad Económica Europea. European Economic Community
  comunidades. popular uprising in the time of Charles V

comunidades autónomas. self-governing regions (*Spain*)
concebir. to conceive (*an idea, a project*)
conceder. to grant, to award
concepción. *f.* conception, idea
conceptismo. *m.* conceptism (*literary style*)
concierto. *m. fig.* concert, harmony
  concierto mundial. world scene
concilio. *m.* council
  El Concilio Vaticano Segundo. the Second Vatican Council
concordato. *m.* concordat
concordia. *f.* harmony, concord
concurrir. to contribute
condado. *m.* county
condal. of a count, count's
  La Ciudad Condal. Barcelona
conde. *m.* count, earl (*title*)
condena. *f.* conviction, sentence, condemnation
condenado. condemned, convicted
condenar. to convict, to condemn
condicionado. conditioned
conducir. to lead, to drive
conductor, -a. *m.* y *f.* driver *adj.* leading, guiding
confección: industria de la confección. clothing industry
confederado. confederate
conferir. to confer
confesional: estado confesional. a state with an official religion
confiar. to trust; to entrust
configuración. *f.* shape, form
configurar. to shape, to form
conflictividad. *f.* conflict, unrest
  conflictividad social. social unrest
conflictivo. of conflict, conflicting
confluir. to converge
conforme a. in accordance with
congéneres. *m.* y *f.* equals (*of the same age, etc.*)
conglomerado. *m.* conglomerate
congreso. *m.* congress
  Congreso de los Diputados. the lower chamber in the Spanish Parliament
conjuntamente. jointly
conjunto. combined, joint

en conjunto. on the whole
en su conjunto. as a whole
  m. collection
conjuración. *f.* conspiracy
conquistador. *adj.* conquering
  m. conqueror
consagrar. to recognize
consagrarse. to dedicate oneself to,
  to establish oneself (*as an artist,
  etc.*)
conseguir. to obtain, to manage, to
  succeed
consejero, -a. *m.* y *f.* adviser,
  counsellor, member of a council
consejo. *m.* advice; council
  consejo ejecutivo. executive
  council
  Consejo de Indias. colonial
  institution which had
  administrative and economic
  powers over Spanish America
consenso. *m.* consensus
conservador. conservative
consiguiente. resulting
  por consiguiente. consequently,
  therefore
consistir en. to consist of
constar de. to consist of
constituir. to constitute, to form, to
  establish
constituyente. constituent
  asamblea constituyente.
  constituent assembly
consultivo. advisory, consultative
consumidor, -a. *m.* y *f.* consumer
consumir. to consume
consumo. *m.* consumption (*food*)
contado: al contado. cash
contar. to tell, to say
  contar con. to have
contener. to contain, to keep in
  check
contenido. *m.* contents, content
continuación: a continuación. next
contrabandista. *m.* y *f.* smuggler
contraer. to catch (*a disease*); to
  incur (*a debt*)
  contraer matrimonio. to marry
contratación. *f.* contract, hiring
controvertido. controversial
convencido. convinced
convenio. *m.* agreement

convento jurídico. *m.* provincial
  division in Roman Spain
convergencia. *f.* convergence,
  convergency
converso, -a. *m.* y *f.* convert
  adj. converted
convertirse. to become; to convert
  or be converted
convivencia. *f.* coexistence
convocación. *f.* calling, summoning
convocar. to summon, to call
  (*elections, a meeting, etc.*)
convocatoria. *f.* summoning, calling
cooficialidad. *f.* co-equal standing
copla. *f.* song
Corán. *m.* Koran
cordillera. *f.* mountain range
cordobés. of or from Cordova
cordón. *m.* string
  fig. cordon
corona. *f.* crown
coronamiento. *m.* crown (*of a
  building*)
coronar. to crown
coronel. *m.* colonel
corps: guardia de corps. *m.* royal
  guard
corral. *m.* pen (*for animals*)
corredor. *m.* corridor
corregir. to correct
correr. to run
  m. con el correr de los siglos. as
  time (*centuries*) went by
corrida. *f.* bullfight
corriente. *f.* current
  fig. trend; opinion
  corriente literaria. literary
  movement
corte. *f.* court (*of a monarch*);
  retinue, suite
Cortes. *f. pl.* States General of
  Spain; the Spanish Parliament
  Cortes Constituyentes.
  constituent assembly
cortesano. of the court
cosmógrafo. *m.* y *f.* cosmographer
costalero. *m.* bearer of *pasos* in Holy
  Week
costero. coastal
costumbre. *f.* custom
  literatura de costumbres.
  literature of manners

costumbrismo. *m.* literature of manners

costumbrista. of manners (*literature*)
m. y *f.* writer of literature of manners

cotidiano. daily, everyday
la vida cotidiana. everyday life

crecer. to grow

creciente. growing
en forma creciente. increasingly

crecimiento. *m.* growth
crecimiento demográfico. population growth
crecimiento económico. economic growth

creencia. *f.* belief, faith
libertad de creencia. religious freedom

creyente. *m.* y *f.* believer

cría. *f.* breeding

criado. *m.* servant

criar. to breed, to raise (*animals*)

crida. *f.* announcement of the start of the *Fallas* (*Valencia*)

criollo, -a. *m.* y *f.* Spaniard born in America; also what is indigenous and national in Latin America as opposed to what is foreign

cristiandad. *f.* Christianity

cristianismo. *m.* Christianity

cristiano. Christian

criterio. criterion; point of view, opinion

crítica. *f.* criticism; review; the critics

criticar. to criticize

crónica. *f.* chronicle

crudo. *m.* crude
petróleo crudo. crude oil

cruz. *f.* cross
la Cruz Roja. the Red Cross

cruzada. *f.* crusade

cruzar. to cross

cuadra. *f.* block (*Latin Am.*)

cuadrado. square

cuadro. *m.* picture; chart, table
cuadro estadístico. statistical table or chart

cualidad. *f.* quality

cualificado. skilled (*worker*)

cualitativo. qualitative

cuantioso. abundant; considerable

cuanto: en cuanto a. as regards

cubano. Cuban

cubismo. *m.* cubism

cubista. cubist

cuenca. *f.* basin

cuenta. *f.* account
tener en cuenta. to take into account

cuero. *m.* leather

cuerpo. *m.* body; organization; corps; force

cuestionar. to question, to debate, to challenge

cuestionamiento. *m.* challenging

cueva. *f.* cave

culteranismo. *m.* gongorismo; affected style

cultismo. *m.* gongorism (*culteranismo*); learned word

cultivar. to cultivate, to farm

cultivo. *m.* cultivation, farming; crop

culto. *adj. fig.* cultured, educated
m. cult, religion
libertad de culto. religious freedom

cumbre. *f.* summit, top
adj. fig. best

cumplido. fulfilled

cumplir. to accomplish, to fulfill
cumplir años, to turn or reach the age of
cumplir con su palabra. to keep one's word

cura. *m.* priest

curia. *f.* **Curia Romana.** Roman Curia (*Senate*); subdivision of Roman society

cúspide. *f.* peak, summit

cuzqueño. of or from Cuzco
pintura cuzqueña. style of painting that originated in Cuzco

choque. *m.* clash

chupinazo. *m.* loud bang, starting signal

dado que. given that, as

dañar. to damage

daño. *m.* damage

dar. to give
  dar comienzo. to start
  dar paso. to give way
  dar lugar. to cause
  darse cuenta. to realize
  darse prisa. to hurry
datar. to date
deber. to owe, must
  m. duty
  deberse a. to be due to
debido a. due to
débil. weak
debilidad. f. weakness
debilitamiento. m. weakening
debilitar. to weaken
decadencia. f. decline
decaer. to decline
decidido. determined, resolute
declive. m. slope
decreto. m. decree, order
decurión. m. member of the Roman
  Curia
dedicar. to dedicate
  dedicarse a. to devote oneself to
defensivo. defensive
  ayuda defensiva. military aid
defensor, -a. m. y f. defender
  defensor del pueblo. ombudsman
definir. to determine
delimitar. to mark the boundaries,
  to delimit
delinear. to outline, to delineate
delito. m. crime
  cometer un delito. to commit a
  crime
democratacristiano. Christian
  Democratic
demografía. f. demography
demográfico. demographic,
  pertaining to population
denominar. to call, to name
denuncia. f. accusation,
  denunciation
dependienta. f. sales clerk
deporte. m. sport
depositario, -a. m. y f. repository (of
  sovereignty)
depresión. f. depression; hollow
deprimido. depressed; poor;
  backward
depuesto. deposed
derecha. f. right
derecho. m. law, right

derechos humanos. human rights
derivado. m. by-product
derogar. to repeal, to abolish (law)
derrota. f. defeat
derrotado. defeated
derrotar. to defeat
desacreditado. discredited
desafío. m. challenge
desafortunada. unfortunate
desajuste. m. breakdown
desalojo. m. expulsion
desamortizable. transferable to
  another's ownership (property)
desamortización. f. transference to
  another's ownership (property)
desamortizar. to transfer to
  another's ownership (property)
desamparado. helpless, unprotected
desaparecer. to disappear
desaparecido. fig. former
desaparecimiento. m. disappearance
desarrollado. developed
desarrollar. to develop
desarrollo. m. development
desasosiego. m. anxiety, restlessness
desastroso. disastrous
desatar. to spark, to give rise
  desatarse. to break out
desatender. to neglect
desavenencia. f. disagreement
desbordar. to go beyond
descendiente. m. y f. descendant
descenso. m. drop
descomposición. f. decline
desconfianza. f. distrust, mistrust
descontento. m. dissatisfaction,
  disillusion
descuidar. to neglect
desdeñable: no desdeñable. far
  from negligible
desembarcar. to disembark, to land
desembocadura. f. mouth (river)
desembocar. to flow, to run (river,
  etc.)
desempleado, -a. m. y f. unemployed
desempleo. m. unemployment
desencanto. m. disillusionment
desentrañar. to understand
deseoso. eager
desequilibrio. m. imbalance
  desequilibrio comercial. trade or
  commercial imbalance
desertización. f. depopulation

desesperanza. *f.* hopelessness, despair

desfase. *m.* gap

desgaste. *m.* erosion

designación. *f.* appointment

designar. to appoint, to designate; to indicate

desigual. uneven

desigualdad. *f.* inequality

desistir. to desist, to give up

deslumbrador. dazzling

desnudo. *m.* nude

desocupación. *f.* unemployment

desocupado, -a. *m.* y *f.* unemployed

desorden. *m.* disorder; disturbance, riot

despertar. to awaken; to revive *m.* awakening

desplazar. to move, to displace

despoblado. depopulated (*with few inhabitants*)

desposeído. *m.* **los desposeídos.** the have-nots

despotismo. *m.* despotism **despotismo ilustrado.** enlightened despotism

desprenderse de. to get rid of

destacado, -a. *m.* y *f.* outstanding

destacarse. to stand out

destinado a. aimed at

destino. *m.* destination

destituir. to dismiss, to remove from office

desventaja. *f.* disadvantage

desventajoso. disadvantageous

desvirtuado. impaired, spoiled

detallado. detailed

detalle. *m.* detail

detallista: comercio detallista. *m.* retail trade

detener. to detain, to arrest

detentar. to hold unlawfully (*an office*)

deterioro. *m.* deterioration

determinado. certain

determinante. decisive

determinar. to determine; to decide

deuda. *f.* debt **deuda exterior.** foreign debt

devastador. devastating

diario. *adj./s.* daily; daily newspaper; diary

dibujar. to draw

dictado. dictate

dictadura. *f.* dictatorship

dictar. to promulgate, to decree (*law*)

dicho, -a. *m.* y *f.* this, the said

diezmo. *m.* church tax

diferencia. *f.* difference **a diferencia de.** unlike

diferir. to differ

dificultar. to make difficult, to obstruct

difundir. to spread

difusión. *f.* spreading

difusor, -a. *m.* y *f.* disseminator, propagator

dimisión. *f.* resignation

dimitir. to resign

dinastía. *f.* dynasty

dinástico. dynastic

diputado, -a. *m.* y *f.* member of the Spanish Parliament (Cortes)

directorio. *m.* **directorio civil.** civil directorate **directorio militar.** military directorate

dirigente. *m.* y *f.* leader *adj.* ruling

dirigir. to lead **dirigirse.** to go

discípulo, -a. *m.* y *f.* disciple, student

disconforme. not in agreement

discontinuo. discontinuous

discutir. to argue; to question

disensión. *f.* disagreement; discord

diseño. *m.* design

disfrutar. to enjoy

disidencia. *f.* dissidence, disagreement

disolver. to dissolve

disparar. to fire, to shoot

disparidad. *f.* disparity

disparo. *m.* firing

disposición. *f.* ordinance, order

distancia. *f.* distance

distanciamiento. *m.* separation

distinguir. to distinguish **distinguirse.** to distinguish oneself

distinto. different

diversos. several, various

dividirse. to divide

divisa. *f.* foreign exchange or currency

divisorio. dividing
doblaje. *m.* dubbing (*films*)
documental. *m.* documentary
doliente. sad, sorrowful
dominio. *m.* rule, power, domain
doncel. *m.* young nobleman or squire
dote. *f.* dowry
dramaturgo, -a. *m.* y *f.* playwright
drenaje. *m.* drainage
ducado. *m.* dukedom, duchy
duende. *m.* goblin
   fig. magic
dueño, -a. *m.* y *f.* owner
duque. *m.* duke
duramente. severely, harshly
durar. to last
duunviro. *m.* duumvir (*Roman official*)

eclosión. *f. fig.* appearance
economía. *f.* economy
  economía negra. business transactions not reported to the government
ecuestre. equestrian
echar por tierra. to eliminate
edad. *f.* age
  edad temprana. early age
  Edad Media. Middle Ages
  ser mayor de edad. to be of age
  ser menor de edad. to be under age
edil. *m.* edile (*Roman magistrate*)
editar. to publish
editorial. publisher, publishing house
educativo. educational
efectivamente. in fact
efectivos. *m. pl.* the total strength of an army
eficaz. efficient, effective
efímero. ephemeral
egresado. *adj./s.* graduate
Eje. *m.* Axis (*Berlin–Rome*)
ejecutar. to carry out; to execute (*a condemned person*)
ejecutivo. *m.* executive
  poder ejecutivo. executive power

ejercer. to exert; to exercise (*power*); to perform (*a function*)
ejercicio. *m.* exercise; use of a right
ejército. *m.* army
  ejército libertador. liberating army
  ejército del aire. air force
  ejército de tierra. army
elaborados: productos elaborados. *m. pl.* manufactured products
elecciones autonómicas. *f. pl.* regional elections
electrificado. electrified
electrodomésticos. *m. pl.* electrical household appliances
elegir. to elect; to choose
elevación. *f.* height
elevar. to raise
elogiar. to praise
emanar. to emanate
emancipador: movimiento emancipador. *m.* independence movement
embajador, -a. *m.* y *f.* ambassador
embalse. *m.* dam
embarazada. *adj./s.* pregnant
embarcación. *f.* boat
embargo: sin embargo. however, nevertheless
emerger. to emerge
emigrante. *m.* y *f.* emigrant
emirato. *m.* emirate
emisión. *f.* issue; transmission, broadcasting
emisora. *f.* broadcasting station
emperador. *m.* emperor
empirismo. *m.* empiricism
empleado, -a. *m.* y *f.* employee
empobrecido. impoverished
emprender. to undertake; to start
  emprender el camino del exilio. to go into exile
  emprender una nueva vida. to start a new life
empresa. *f.* venture; company, firm
empresario, -a. *m.* y *f.* employer; manager
enamorado. in love
encabezar. to lead, to head
encarcelar. to imprison
encarecer. to raise or to put up the price of

encargado, -a. *m.* y *f.* person in charge

encargar. to entrust with
  encargarse de. to take charge of; to look after

encíclica papal. *f.* papal encyclical

enciclopedista. *adj./s.* encyclopedist

encierro. *m.* bulls chasing young men at the fiestas of San Fermín (*Pamplona*)

encomendero. *m.* master of an *encomienda*

encomienda. *f.* estates granted to Spanish settlers in colonial Spanish America; also the Indians who lived on the land

encubierto. hidden

encuentro. *m.* encounter; meeting

encuesta. *f.* survey

endeudamiento. *m.* debt

enfocar. to approach

enfrentamiento. *m.* confrontation; clash; dispute

enfrentarse. to confront; to face

enlace. *m.* connection
  enlace matrimonial. marriage, union

enlazar. to link

enlistarse. to enlist, to become a soldier

enmarcado. framed

enraizado. rooted

enriquecerse. to become rich

enrollado. wrapped

ensayo. *m.* essay; trial

enseñanza. *f.* education
  enseñanza básica. primary education
  enseñanza media. secondary education

entender. to understand
  fig. to deal with

entidad. *f.* entity

entierro. *m.* funeral; burial

entonces: en aquel entonces. at that time

entrada. *f.* entry, entrance

entradas. *f. pl.* income

entrar en vigor. to come into force

entregar. to hand in or over

entrenamiento. *m.* training

entretanto. in the meantime, meanwhile

entrevistarse. to interview

entroncar. to link

enviar. to send

envío. *m.* shipment, dispatch

envolver. to involve

envuelto. involved

época. *f.* time, epoch

epopeya. *f.* epic poem

equilibrio. *m.* balance

equiparación. *f.* leveling

erasmismo. *m.* pertaining to Erasmus

erasmista. *m.* y *f.* follower of Erasmus

erigirse. to set oneself up

erradamente. mistakenly, by mistake

errante. wandering

erudición. *f.* erudition, learning

escala. *f.* scale
  en menor escala. on a smaller scale

escalera. *f.* staircase

escándalo. *m.* scandal

escaño. *m.* seat (*Parliament*)

escasamente. scarcely

escasez. *f.* shortage, scarcity

escaso. scarce

escena. *f.* scene

escenario. *m. fig.* scene, setting

escisión. *f.* splitting; division

esclavitud. *f.* slavery

esclavo, -a. *m.* y *f.* slave

escoger. to choose

escogido. chosen
  obras escogidas. selected works
  tropas escogidas. crack troops

escondido. hidden

escrito. *m.* writing, work

escritor, -a. *m.* y *f.* writer

escritura. *f.* writing
  escritura jeroglífica. hieroglyphic writing

escuadra. *f.* squadron, fleet

escuadrilla. *f.* squadron

escudero. *m.* squire

escuela. *f.* school
  escuela confesional. religious school

escultor, -a. *m.* y *f.* sculptor

escultura. *f.* sculpture

esencia. *f.* essence
  en esencia. in essence, essentially

esfera. *f.* field, sphere

esfuerzo. *m.* effort
espacio. *m.* space
  por espacio de. for, during
espada. *f.* sword
especie. *f.* species: **especie**
  humana. human species
  kind: **una especie de.** a kind of
esperanza. *f.* hope
  esperanza de vida. life expectancy
espíritu. *m.* spirit
esquema. *m.* system
estabilizarse. to become stable
establecer. to establish, to set up
  establecerse. to settle
establecimiento. *m.* establishment,
  setting up
estacional. seasonal
  trabajo estacional. seasonal work
estado. *m.* state; condition
  estado llano o común. third
    estate
  estado de cosas. state of affairs
Estados Unidos. United States
estadounidense. *adj.* American,
  United States
estallar. to break out (*conflict, war,*
  etc.)
estallido. *m.* outbreak (*war,*
  revolution, etc.)
estamento. *m.* class, stratum
estancamiento. *m.* stagnation
estancarse. to stagnate
estaño. *m.* tin (*metal*)
estatal. *adj.* state
estatuto. *m.* statute
estético. esthetic
estilización. *f.* stylizing, stylization
estilo. *m.* style
estimación. *f.* estimate
estimar. to consider
estímulo. *m.* encouragement
estipular. to stipulate
estoico. stoic, stoical
estrategia. *f.* strategy
estrato. *m.* stratum
estrechar. *fig.* to bring closer
  estrechar los lazos. to strengthen
    ties
  estrecharse. to narrow
estrecho. narrow; close; strait
estrenar. to open
estuario. *m.* estuary
estudiantil. *adj.* student

**ETA: Euskadi ta askatasuna (Patria
  y Libertad).** Fatherland and
  Liberty (*Basque separatist group*)
etapa. *f.* stage, phase
ético. ethical
Europa. Europe
  Europa Occidental. Western
    Europe
  Europa Oriental. Eastern Europe
eurocomunista. pertaining to a
  European communism, not
  attached to Moscow
europeísta. pro-European
euskera. Basque (*language*)
Evangelio. *m.* Gospel
evangelizador. evangelizing
evangelizar. to evangelize, to preach
  the Gospel
evolucionar. to evolve; to develop
exaltado, -a. *m.* y *f.* extreme (*politics*)
exaltar. to exalt, to praise
exceder. to exceed, to surpass
excluir. to exclude
exento. free from
exhortar. to exhort
exigencia. *f.* demand
exigir. to demand
exiliado o **exilado, -a.** *m.* y *f.* exile
exiliarse. to go into exile
existente. existing
éxito. *m.* success
experimentar. to experience; to
  show (*an increase*)
explicativo. explanatory
explotar. to exploit
exponer. to put forward (*proposal,*
  idea, etc.); to explain
exportaciones. *f. pl.* exports
exposición. *f.* exhibition
expropiar. to expropriate
expulsar. to expel
expurgado. expurgated
extenderse. to stretch; to expand
extensión. *f.* area
extensivo. extendable
  hacer extensivo algo a
    alguien. to extend something to
    somebody
extenso. large, vast
exterior. external; foreign
  comercio exterior. foreign trade
extinto. *adj.* extinct
extractivo. extractive

industria extractiva. mining industry

extranjería. *f.* (legal) status of aliens

extranjero. *adj./s.* foreign, foreigner; abroad

extremadamente. extremely

Extremadura. Estremadura

extremeño. of or from Estremadura

fabricante. *m.* y *f.* manufacturer

fábula. *f.* fable

facción. *f.* faction

facilidades. *f. pl.* facilities; credit

facultad. *f.* faculty (*university*)

fachada. *f.* front, façade

faenar. to fish

falangista. *adj./s.* supporter or member of the Falange

falta. *f.* lack, shortage

fallas. *f. pl.* celebrations in Valencia on the feast of St. Joseph

fallecer. to die

fama. *f.* renown, fame, reputation

familia real. *f.* royal family

fase. *f.* phase, stage

favorecer. to favor

fe. *f.* faith

fecha de nacimiento. *f.* date of birth

fenicio. Phoenician

feria. *f.* fair

   feria de muestras. trade fair

férreo. ferrous (*iron*)

   vía férrea. railroad

ferrocarril. *m.* railroad

ferroviario. *adj./s.* railroad; railroad worker

feto. *m.* fetus

fidelidad. *f.* faithfulness, loyalty

fiel. *adj./s.* faithful

   los fieles. the faithful

figura. *f.* figure; personality; character

figurar. to figure, to appear

fijar. to establish, to fix

   fijar la residencia. to take up residence

fila. *f.* rank; row

Filipinas. Philippines

filipino. Philippine

filológico. philological

filólogo, -a. *m.* y *f.* philologist

filósofo, -a. *m.* y *f.* philosopher

fin. *m.* objective, end

   a fin de. in order to

   a fines de. at the end of

financiación. *f.* financing

financiamiento (o financiación). *m.* financing

financiar. to finance

financiero. financial

finca. *f.* farm

firma. *f.* signature; firm

firmar. to sign

   firmar la paz. to sign the peace

firmemente. firmly, solidly

fiscal. *adj.* tax, fiscal

fisiología. *f.* physiology

flamenco. Flemish

Flandes. Flanders

florecer. to flourish, to prosper

flota. *f.* fleet

flotilla. *f.* fleet of small ships

fluir. to flow

fluvial. *adj.* river

foco. *m.* center, focus

   foco industrial. industrial center

fondo. *m.* fund; bottom

   de fondo. fundamental

forestal. *adj.* forest

forma. *f.* shape; way

   de esta forma. in this way

   de forma que. so that

formación. *f.* formation; education

   formación ocupacional. occupational training

formalizar. to formalize

fortalecer. to strengthen, to become stronger

fortalecimiento. *m.* strengthening

fortaleza. *f.* fortress

forzado. forced

fracasado. unsuccessful, failed

fracasar. to fail

fracaso. *m.* failure

francés. French

franco. clear, obvious; Frank, Frankish

franquista. *adj./s.* francoist (*pertaining to General Franco*)

fray. *m.* brother, friar

frecuencia modulada: emisora de frecuencia modulada. *f.* frequency modulation station (FM)

frente. *m.* front; façade

al frente de. at the head of

frente a. as opposed to

fresco. *adj./s.* fresh

    m. fresco (*art*)

frontera. *f.* border, frontier

fuente. *f.* source; fountain

fuera. out, outside

fuero. *m.* law; code of laws; royal charter (*official document granting rights*)

fuerte. *adj./s.* strong; fort

plaza fuerte. fortified town

fuerza. *f.* force, strength

fuerzas armadas. armed forces

fuerzas de seguridad. security forces

fuerza del orden. forces of law and order

función. *f.* duty, function; post

funcionamiento. *m.* functioning

funcionario, -a. *m.* y *f.* civil servant, official

funcionario público. public official

fundador, -a. *m.* y *f.* founder

fundamento. *m.* foundation, basis

fundar. to found

fundirse. to blend

fusilamiento. *m.* execution

fusilar. to execute

fusionarse. to merge

gaceta. *f.* gazette (*newspaper*)

galaicoportugués. Galician-Portuguese

Galia. Gaul

gallego. Galician

galo. Gallic (*French*)

ganadería. *f.* cattle raising

ganadero. *adj.* cattle, cattle-raising

ganado. *m.* cattle

garantía. *f.* guarantee, pledge

garantizar. to guarantee, to warrant

gasto. *m.* expense

gasto público. public expense

generalísimo. *m.* generalissimo, supreme commander

Generalitat (Catalan). **Generalidad** (Span.). *f.* government of Catalonia

generalizarse. to become general

género. *m.* genre

género literario. literary genre

género chico. one-act zarzuela

generosamente. generously

genio. *m.* genius

genovés. Genoese

geógrafo, -a. *m.* y *f.* geographer

geólogo, -a. *m.* y *f.* geologist

germanía. *f.* revolutionary movement in Valencia (*sixteenth century*)

germano. Germanic

gestar. to gestate

gestarse. to build up

gestión. *f.* management, conduct

gestiones. *f. pl.* steps

gira. *f.* visit, tour

girar. to center on

girar en torno a. to be centered on, to focus on, to be about

girasol. *m.* sunflower

gitano, -a. gypsy

glorificar. to glorify, to praise

gobernador. *m.* governor

gobernante. ruling

    m. y *f.* ruler

gobernar. to govern

gobierno. *m.* government

golpe de estado. *m.* coup d'état

gótico. gothic

gótico florido. flamboyant gothic

gozar. to enjoy

grabado. engraved

    m. engraving, illustration, picture

gracioso. comic character

grado. *m.* degree, rank, grade

Gran Bretaña. Great Britain

grande de España. *m.* Spanish grandee

grandeza. *f.* greatness

grave. serious, grave

más grave aún. worse still

Grecia. Greece

gremio. *m.* guild, association

grial. *m.* Grail

griego. Greek

gripe. *f.* flu, influenza
grito. *m.* cry
grueso. *m.* main body, majority
grupo separatista vasco. *m.* Basque
  separatist group
guardia. *f.* guard (*corps*)
  Guardia Civil. Civil Guard
  Guardia Real. Royal Guard
  m. guard, guardsman
  guardia de corps. royal guard
guatemalteco. Guatemalan
gubernativo. governmental
guerra. *f.* war
  Guerras Carlistas. Carlist Wars
  Guerra Civil. Civil War
  Guerra de Sucesión. War of
    Succession
  guerra fría. cold war
  Primera Guerra Mundial. First
    World War
  Segunda Guerra Mundial.
    Second World War
  Guerras Púnicas. Punic Wars
guillotina. *f.* guillotine
gusto. *m.* taste, liking

habitante. *m.* y *f.* inhabitant
habitar. to inhabit
habitualmente. normally
habla. *m.* speech, language
  de habla castellana. Spanish
    speaking
hablante. *m.* y *f.* speaker
hacer prisionero. to imprison, to
  take someone prisoner
hacerse. to become
  hacerse cargo. to take charge
hacienda. *f.* farm, treasury
  hacienda estatal. state treasury
hallazgo. *m.* finding
hecho. *m.* fact, event
  de hecho. in fact
hegemonía. *f.* hegemony
helecho. *m.* fern
heredar. to inherit
heredero, -a. *m.* y *f.* heir
hereditario. hereditary
herencia. *f.* inheritance
herir de muerte. to mortally wound
hermanados. in association,
  together

herradura. *f.* horseshoe
heterogeneidad. *f.* heterogeneity
hidalgo. *m.* noble, Spanish
  nobleman
hidroeléctrico. hydroelectric
hierro. *m.* iron
higo. *m.* fig
hijo natural. *m.* illegitimate son
himno. *m.* anthem
Hispanoamérica. Spanish America
hispanoamericano, -a. *adj./s.*
  Spanish American, Hispano-
  American
hispanogodo, -a. *adj./s.*
  Hispanogothic, Hispanogoth
hispanohablante. *adj./s.* Spanish
  speaking, Spanish speaking
  people
historia natural. *f.* natural history
hoguera. *f.* stake
  morir en la hoguera. to die at the
    stake
hoja. *f.* leaf
holandés. Dutch
holgazán. lazy
hombro. *m.* shoulder
homenaje. *m.* homage
honra. *f.* honor
Horacio. Horace
horario de trabajo. *m.* working
  hours
horno: alto horno. *m.* blast furnace
hortaliza. *f.* vegetable
hostigar. to harass
hostilidad. *f.* hostility
hoy en día. nowadays
huelga. *f.* strike
hueste. *f.* army
huida. *f.* escape
huir. to escape
húmedo. humid, damp, wet
hundimiento. *m.* collapse, fall
Hungría. Hungary

ibero. *adj./s.* Iberian
Iberoamérica. Latin America
iberoamericano. *adj./s.* Latin
  American
idioma. *m.* language
iglesia. *f.* church

igual. *adj./s.* same; equal
  sin igual. unique
igualdad. *f.* equality
Ilustración: La Ilustración. *f.* the
  Enlightenment
ilustrado. *adj./s.* cultured;
  enlightened
  el despotismo ilustrado. the
  enlightened despotism
imagen. *f.* image
imaginería. *f.* religious imagery
impedir. to prevent
imperio. *m.* empire
ímpetu. *m.* impetus, momentum
implantación. *f.* introduction;
  implantation
implantar. to introduce, to establish
implicar. to involve; to imply
imponente. imposing
imponer. to impose; to set
  imponerse. to be imposed; to
  dominate
impregnar. to impregnate
imprenta. *f.* press; printing
imprimir. to imprint; to print (*a
  book, etc.*)
improductivo. unproductive
improvisado. improvised
impuesto. imposed
  m. tax
incapaz. unable
incertidumbre. *f.* uncertainty
incierto. uncertain
incluir. to include
incluso. even
incorporar. to incorporate
incremento. *m.* increase
inculto. uncultured, uneducated
indemnización. *f.* compensation
independencia. *f.* independence
independizarse. to become
  independent
Indias. Indies
  Indias Occidentales. West Indies
índice. *m.* rate, index
indígena. *adj./s.* indigenous; native;
  Indian
indio, -a. *m.* y *f.* Indian
índole. *f.* nature, disposition
inducir. to lead, to induce
industria. *f.* industry
  industria ligera. light industry

industria manufacturera.
  manufacturing industry
industrializarse. to become
  industrialized
ineficacia. *f.* inefficacy
infante. *m.* infante, the king's son
  after the first-born son (*Spain*)
ínfimo. lowest
influir. to influence
influjo. *m.* influence
influyente. influential
informática. *f.* computer science
informativo. *m.* news bulletin
Inglaterra. England
inglés. English
ingresar. to enter, to join
ingreso. *m.* entrance
  ingresos. income
inicio. *m.* beginning
inmediaciones. *f. pl.* environs,
  surrounding area
inmigración. *f.* immigration
inmigrante. *m.* y *f.* immigrant
inmortalizado. immortalized
inmortalizar. to immortalize
inmovilista. opposed to progress or
  change
inquietud. *f.* anxiety; unrest
  inquietud política. political
  unrest
Inquisición. *f.* Inquisition
inquisidor. *m.* inquisitor (*judge of
  the Inquisition*)
inscribirse. to register
inscripción. *f.* enrollment,
  registration
insostenible. untenable
inspeccionar. to inspect, to examine
instalar. to set up
  instalarse. to settle
instancia. *f.* instance
  **juez o magistrado de instancias
  inferiores.** judge of a lower court
instauración. *f.* establishment
instaurar. to establish, to set up
institucionalizar. to institutionalize
instruir. to educate, to teach
instrumento de cuerda. *m.* stringed
  instrument
insular. *adj.* island, insular
insurrecto. *adj./s.* insurgent
integrante. *adj./s.* integral; member

íntegro. full
intelectualidad. *f.* intellectuals
intendente. *m.* governor with
   judicial, military, and financial
   powers over a certain region
   (*Spain*)
intensificarse. to intensify, to
   increase
intentar. to try
intento. *m.* attempt
intercalar. to insert
interdicto. prohibited, forbidden
interior. *adj./s.* interior; internal,
   domestic
   comercio interior. domestic trade
intermediario. *m.* middleman
intermedio. *m.* intermediate
internarse. to go inland
intervenir. to intervene
intranquilidad. *f.* unrest
introducir. to introduce; to cause
invadir. to invade
invasor. *adj./s.* invading; invader
inversa: a la inversa. on the
   contrary, the other way around
inversión. *f.* investment
investigación. *f.* research
inviable. unviable
involucrado. involved
involución. involution
ira. *f.* anger
isla. *f.* island
   Islas Baleares. Balearic Islands
   Islas Canarias. Canary Islands
islámico. Islamic
isleño. *adj./s.* island; islander
islote. *m.* islet, small island
istmo. *m.* isthmus
izquierda. left wing, the left
izquierdizante. leftist, left-wing

jabón. *m.* soap
jardín botánico. *m.* botanical garden
jarrón. *m.* vase
jefatura del Estado. *f.* office of
   Head of State
jefe, a. *m.* y *f.* chief, boss
   jefe de Estado. Head of State
   jefe militar. military chief
jerarquía. *f.* hierarchy

jerarquía eclesiástica.
   ecclesiastical hierarchy
jesuita. *adj./s.* jesuit
jornada (laboral). *f.* working day
   jornada siguiente. following day
jornalero, -a. *m.* y *f.* day laborer
joyas. *f. pl.* jewelry
judaizante. *adj./s.* Judaizing
   m. y *f.* Judaizer (*convert to the Jewish
   religion*)
judío. *adj./s.* Jewish, Jew
juego. *m.* game
   juego de palabras. play on words,
   pun
juegos florales. *m. pl.* poetry
   competition
juez. *m.* judge
jugar un papel. to play a role
juglar. *m.* minstrel
junta. *f.* junta, council
   junta militar. military junta
   junta Suprema Gubernativa.
   Supreme Governing Junta
   (assembly)
junto. together
   junto a. next to
jurado. *m.* jury
jurar. to swear, to take an oath
jurídico. juridical, legal
juventud. *f.* youth, young people
juzgar. to judge

kilómetro cuadrado. *m.* square
   kilometer
krausismo. *m.* philosophy of Karl
   Christian Friedrich Krause

laboral. *adj.* pertaining to labor
labrador, -a. *m.* y *f.* farm worker,
   farmhand
lado. *m.* side
   por un lado . . . , por otro
   lado. on the one hand . . . , on
   the other hand
ladrillo. *m.* brick
laicismo. *m.* secularism
laico. secular
lana. *f.* wool

lanzar. to launch (*an attack*)
largo. long
  a lo largo de. along
  a lo largo y ancho. all over
latifundio. *m.* large landed estate
latifundista. *m.* y *f.* owner of a large
  estate
Latinoamérica. Latin America
latinoamericano. *adj./s.* Latin
  American
latir. *fig.* to throb (*a feeling*)
lazarillo. *m.* blind man's guide
lazo. *m. fig.* tie, bond, link
leal. loyal
lealtad. *f.* loyalty
lector, -a. *m.* y *f.* reader
lectura. *f.* reading
lecho de muerte. *m.* deathbed
leer entre líneas. to read between
  the lines
legislar. to legislate
legislativo. legislative
  poder legislativo. legislative
  power
legumbre. *f.* vegetable
lengua. *f.* language
lentitud. *f.* slowness
  con lentitud. slowly
leña. *f.* firewood
letra. *f.* letter (*alphabet*); words (*of a
  song*)
letrado. cultured, educated
letras. *f. pl.* letters (*literature*); arts
levantamiento. *m.* insurrection,
  uprising
levantar. to lift
  fig. to build
leve. slight
léxico. *m.* lexicon, vocabulary
ley. *f.* law
  Leyes de Indias. Laws of the
  Indies
leyenda. *f.* legend
libertad. *f.* freedom, liberty
  libertad de culto o **libertad
  religiosa.** religious freedom
  libertad de información. freedom
  of information
  libertad de prensa. press freedom
libertador. *adj./s.* liberating;
  liberator
  El Libertador. Simón Bolívar

libertario. libertarian
librar. to free, to release
  librar una batalla. to do or to
  join battle
licencioso. licentious
lícito. *adj.* lawful, legal
lienzo. *m.* painting
liga. *f.* league
ligado. linked, associated
ligeramente. slightly
  industrias ligeras. light industries
límite. *m.* boundaries, borders
limítrofe. *adj.* bordering
limón. *m.* lemon
línea. *f.* line
  en líneas generales. generally
  speaking
  leer entre líneas. to read between
  the lines
lino. *m.* flax (*plant and textile*)
lírica. *f.* lyric or lyrical poetry
lírico. *adj.* lyric, lyrical
lirismo. lyricism
litoral. *m.* littoral, coast
loa. *f.* elegy (*poem*); praise
localidad. *f.* town, locality
lograr. to achieve; to manage; to
  obtain
logro. *m.* achievement
lomo. *m.* back (*of an animal*)
  a lomo de mula. on the back of a
  mule
lucha. *f.* struggle, fight
  lucha armada. armed struggle
  lucha de poder. power struggle
luchar. to struggle, to fight
lugarteniente. lieutenant
luteranismo. *m.* lutheranism

llamado. called, so called
llano. flat
llano: estado llano. third estate,
  commons
llanura. plain
llegar. to arrive
  llegar a. to come to, to manage
  llegar a ser. to become
llenar. to fill
lleno. full
  lleno de. fully

llevar. to carry, to take
  llevar a. to lead
  llevar a cabo. to carry out
  llevar adelante. to carry out, to go ahead
lliga (Catalan). **liga** (Span.). *f.* league
lluvia. *f.* rain
lluvioso. rainy

maciso. *m.* massif
madera. *f.* wood
madrileño. *adj./s.* Madrilenian, of or from Madrid
madroño. *m.* mulberry tree
madrugada. *f.* dawn
madurez. *f.* maturity
maestra: obra maestra. *f.* masterpiece
Maestrazgo. region in the provinces of Castellón and Teruel (*Spain*)
maestro, -a. *m.* y *f.* master; schoolteacher
  maestro primario. primary school teacher
Magallanes: Estrecho de Magallanes. Straits of Magellan
magistrado. *m.* magistrate
Mahoma. Mohammed
mallorquín. *adj./s.* Majorcan
Mancomunidad Catalana. *f.* Catalan Commonwealth (*of provinces*)
mandar. to order, to command
mandato. *m.* mandate
mando. *m.* command, control
  al mando de. under the command of
  dejar el mando. to hand over command
manejo. *m. fig.* administration, management
manera. *f.* manner, way
  a la manera de. as, like
  de tal manera que. so that
manierismo. *m.* mannerism
manifestación. *f.* demonstration (*for a political cause, etc.*); manifestation
manifestar. to demonstrate (*for a cause*); to show

manifiesto. evident, clear
  poner de manifiesto. to show, to reveal
mano. *f.* hand
  a mano. by hand
  mano de obra. labor
  mano de hierro. iron hand
mantener. to maintain; to keep
  mantener vivo. to keep alive
  mantenerse. to remain, to keep
  mantenerse al margen. to keep out
manufacturado. manufactured
  productos manufacturados. manufactured products
mapuche o **araucano.** *adj./s.* Indian ethnic group in southern Chile
Marca Hispánica. *f.* northeastern region of Spain conquered by the Franks
marcado. *fig.* defined
  bien marcado. well defined
margen. *m.* fringe
  al margen de (la sociedad). on the fringe of (society)
  al margen de. apart from
marginados. *m. pl.* drop-outs from ordinary society
marinero. *m.* sailor
marqués. *m.* marquis
marroquí. Moroccan
Marruecos. Morocco
martirio. *m.* martyrdom
más bien. rather
máscara. *f.* mask
masonería. *f.* freemasonry
matanza. *f.* killing, massacre
materia. *f.* subject, matter
  materia prima. raw material
matrícula. *f.* registration, enrollment (*school*)
matrimonio. *m.* marriage
  matrimonio civil. civil marriage
  contraer matrimonio con. to marry
maximalista. extremist (*politics*)
mayor de edad (ser mayor de edad). (to be) of age
mayoría. *f.* majority
  mayoría absoluta. absolute majority
  mayoría de edad. full legal age

mayormente. greatly, especially
mediados: a mediados de. in or about the middle of
mediador, -a. *m.* y *f.* mediator
mediano. medium, average
mediante. by means of; through
medida. *f.* measure
  en buena medida. to a great extent
  en gran medida. to a great extent
  en menor medida. to a lesser extent
  a medida que. as, at the same time as
medio. *adj./s.* average; means; middle; environment
  medio ambiente. environment
  por medio de. by means of, through
  medios de información. information media
  medios de producción. means of production
  medios de transporte. means of transport
  medios económicos. economic means
Mediterráneo. Mediterranean
megalítico. megalithic
mejora. *f.* improvement
mejoramiento. *m.* improvement
mejorar. to improve
mencionar. to mention
menina. *f.* maid of honor
menor de edad (ser menor de edad). (to be) under age
mente. *f.* mind
mercader. *m.* merchant, trader
mercado. *m.* market
  economía de libre mercado. free market economy
  mercado exterior. overseas market
  mercado interior. home market
  mercado negro. black market
  Mercado Común Europeo. European Common Market
mercancía. *f.* merchandise, goods
mercante. merchant
  marina mercante. merchant marine

mercantil. mercantile, commercial
merced. *f.* mercy
  a merced de. at the mercy of
mercurio. *m.* mercury (*metal*)
merecido. deserved
meridional. southern, south
merluza. *f.* hake (*a cod-like fish*)
meseta. *f.* plateau
mester. *m.* verse
  mester de clerecía. clerical verse
  mester de juglaría. minstrel verse
mestizo. *adj./s.* person of mixed blood (*Spanish and Indian*); half-breed
metafísica. *f.* metaphysics
método. *m.* method
mezcla. *f.* mixture
mezclarse. to mix
mezquita. *f.* mosque
miembro. *m.* member
mientras. while
  mientras tanto. meanwhile, in the meantime
milagro. *m.* miracle; miracle play (*Middle Ages*)
  los Milagros de Nuestra Señora. the Miracles of Our Lady
milenio. *m.* millenium (*a period of one thousand years*)
mili. *f.* military service (*slang*)
milicia. *f.* militia
militar. *adj./s.* military; soldier
  academia militar. military academy
  gobierno militar. military government
  golpe militar. military coup
  servicio militar. military service
minería. *f.* mining
minero. *adj./s.* mining; miner
  centro minero. mining center
  industria minera. mining industry
minifundio. *m.* small farm
ministerio. *m.* ministry
  ministerio sacerdotal, priesthood
ministro, -a. *m.* y *f.* minister
minorista. *adj./s.* retail
  comercio minorista. retail trade; retail dealer
minoritario. *adj.* minority

mita. *f.* colonial institution that regulated the work of the Indians at the mines and public works

mítico. mythical

modalidad. *f.* modality, form

moderado. moderate

modificado. modified

modo. *m.* manner, way
  al modo de. in the manner of

molde. *m.* model, pattern

monaguillo. *m.* acolyte, altar boy

monarca. *m.* monarch

monarquía. *f.* monarchy
  monarquía absoluta. absolute monarchy
  monarquía parlamentaria. constitutional monarchy

monárquico. *adj./s.* monarchical, monarchic; monarchist

moneda. *f.* money, currency

monje. *m.* monk

monopolio. *m.* monopoly

montaña. *f.* mountain

montañoso. mountainous

monte. *m.* mount; mountain

morisco. *adj./s.* Spanish Moors who during the Reconquest converted to Christianity

moro. *adj./s.* Moorish; Moor

mortalidad. *f.* mortality
  mortalidad infantil. infant mortality

motín. *m.* riot, uprising

mover. to move

movida. *f.* name given to the cultural revival that took place in Madrid in the 1980s (*la movida madrileña*)

movimiento. *m.* movement
  movimiento literario. literary movement
  movimiento migratorio. migratory movement

mozárabe. *adj./s.* Mozarabic; Mozarab (*Spanish Christians living in Moslem Spain*); style of art

mozo. *m.* conscript

mudarse. to move

mudéjar. *adj./s.* Mudejar (*Moslems who remained in Castile after the Reconquest*); style of art

mudo. silent, mute

muerte. *f.* death
  dar muerte. to kill

muestra. *f.* specimen, sample; example
  feria de muestras. trade fair

mula. *f.* mule
  a lomo de mula. on the back of a mule

muladí. *adj./s.* renegade (*Spaniard who accepted Islam during the Reconquest*)

mulato, -a. *m.* y *f.* mulatto

multa. *f.* fine
  imponer multas. to fine

mundial. *adj.* world

mundo. *m.* world
  mundo en desarrollo. developing world

municipio. *m.* municipality; city council

muro. *m.* wall, rampart

musulmán. *adj./s.* Moslem

nacer. to be born

naciente. rising

nacimiento. *m.* birth

nacionales. *m. pl.* national militia in the Spanish Civil War

Nápoles. Naples

narración. *f.* narrative, narration

narrar. to relate

natal. native

natalidad. *f.* birth

natural. natural
  ser natural de. to come from, to be born in
  hijo natural. illegitimate or natural child

naturalidad. *f.* simplicity (*without affectation*)

naufragio. *m.* shipwreck

naval: construcción o **industria naval.** *f.* shipbuilding industry

Navarra. Navarre

navarro. *adj./s.* Navarrese, from Navarre

navarroaragonés. *adj./s.* Navarrese-Aragonese (*pertaining to Navarre and Aragon*)

nave. *f.* ship

navegante. *m.* sailor
navegar. to sail
navío. *m.* ship
   navío de guerra. warship
nazareno. *m.* Penitent in Holy Week processions
nazarí o **nazarita.** *adj./s.* Arab dynasty that ruled Granada
negarse a. to refuse
negociar. to negotiate
neogótico. neo-gothic
neolítico. neolithic
neotomista. *adj./s.* neo-Thomist
neoyorquino. of or from New York
neucentismo. *m.* modernist Catalan movement in literature and the arts
nexo. *m.* link, nexus
nieto, -a. *m.* y *f.* grandson, granddaughter
nieve. *f.* snow
niñez. *f.* childhood
nivel. *m.* level
   nivel de vida. standard of living
   nivel del mar. sea level
nobleza. *f.* nobility
nombrado. appointed
nombramiento. *m.* appointment
nombrar. to appoint
noreste. northeast
normando. *adj./s.* Norman
noroeste. northwest
norte. north
norteamericano. *adj./s.* North American; American (*U.S.A.*)
nota explicativa. *f.* explanatory note
noticia. *f.* news
notorio. obvious, clear
novedad. *f.* change, novelty
novela. *f.* novel
novelística. *f.* fiction
núcleo. *m.* center
   núcleo familiar. family group
   núcleo industrial. industrial center
nuevamente. again
Nuevo Mundo. *m.* New World

obedecer. to obey
   obedecer a. to be due to
obispo. *m.* bishop

objeción de conciencia. *f.* conscientious objection
objeto. *m.* object
   ser objeto de. to be the object of
obligar. to compel, to force
obligarse. to bind oneself
obligatorio. compulsory
obra. *f.* work
   obra cumbre. best work
   obra maestra. masterpiece
obrero, -a. *m.* y *f.* worker
   sindicato obrero. workers' union
   clase obrera. working class
obstaculizar. to obstruct
obstante: no obstante. however, nevertheless
obstinado. obstinate
obtención. *f.* obtaining
obtener. to obtain, to manage
ocasionar. to cause, to produce
occidental. *adj.* western, west
occidente. *m.* west
ocuparse de. to look after
ocurrir. to happen
oda. *f.* ode
oeste. *m.* west
ofensiva. *f.* offensive
oficial. official
   m. officer
   oficial del ejército. army officer
Oficina de Empleo. *f.* Employment Office
oficio. *m.* occupation, profession
oficiosamente. unofficially
ofrecer. to offer
ofrenda. *f.* offering
ola. *f.* wave
   ola migratoria. migratory wave
   ola de terror. wave of terror
olivo. *m.* olive (*tree*)
olvidar. to forget
omeya. Ommiad (*pertaining to the Arab dynasty that ruled Córdoba*)
ominoso. abominable
oponerse. to oppose
opositor, -a. opponent
oprimido. oppressed
opuesto. opposed, opposite
oración. *f.* prayer
oratoria. *f.* oratory
orden. *m.* order
   orden religiosa. religious order

ordenado. ordered, ordained
ordenamiento. *m.* order
ordenar. to order, to be or to
become ordained
organismo. *m.* organization
organización. *f.* organization
  Organización de Estados
  Americanos (*OEA*),
  Organization of American States
  (*OAS*)
  Organización de las Naciones
  Unidas (*ONU*), United Nations
  organization (*UN*)
  Organización de Países
  Exportadores de Petróleo
  (*OPEP*), Organization of
  Petroleum Exporting Countries
  (*OPEC*)
  organización patronal.
  employers' association
  organización sindical. trade
  union
órgano. *m.* body, organization
  órgano de gobierno. government
  body
oriental. *adj.* eastern, east
orientar. to orient, to direct
oriente. *m.* east
originar. to give rise, to originate
originario. originating, coming
orilla. *f.* bank (*of a river*)
oro. *m.* gold
orquestar. to orchestrate
ortodoxia. *f.* orthodoxy
oscilación. *f.* variation
oscuro. dark
ostentar. to hold (*a post, a title*)
ostrogodo. *adj./s.* Ostrogothic,
Ostrogoth
otomano. *adj./s.* Ottoman
ovino. *adj.* sheep

pabellón. *m.* pavilion
pacífico. peaceful
pactar. to make a pact
pacto. *m.* agreement, pact
  pactos de familia. family alliances
pago. *m.* payment
país. *m.* country
  países desarrollados. developed
  countries

países en vías de desarrollo.
  developing countries
paisaje. *m.* landscape
paje. *m.* page
palacio. *m.* palace
  palacio real. royal palace
paleolítico. paleolithic
panadero. *m.* baker
pañuelo. *m.* scarf
papa. *m.* pope
papado. *m.* papacy
papel. *m.* role; paper
paracaidistas (tropas). *f. pl.*
  paratroopers
paradójicamente. paradoxically
paralelamente. at the same time
parcela. *f.* plot
parecido. similar
pareja. *f.* couple
paritario. joint
  comité paritario. joint committee
parlamentario. *adj./s.* parliamentary;
  member of parliament
parlamento. *m.* parliament
parnasiano. Parnassian
paro. *m.* unemployment
párrafo. *m.* paragraph
parranda. *f.* spree, party (*juerga*)
particular. *adj./s.* private; private
  individual
partida. *f.* departure
  punto de partida. starting point
  Partidas: Las Siete Partidas. *f. pl.*
  laws compiled by Alfonso X the
  Wise
partidario, -a. *m.* y *f.* follower,
  supporter; advocate
partido. *m.* party
  partido político. political party
  régimen de partido único. one-
  party system
  tomar partido por. to side with
partir. to leave; to divide, to split
  a partir de. from, since
pasado. *adj./s.* past
pasajero, -a. *m.* y *f.* passenger
pasar. to pass
  pasar a. to come to
  pasar a constituir. to become
  pasar a ser. to become
  pasar por. to go through
  no pasar de ser más que. to be
  no more than

paso. *m.* way; handing over
paso. *m.* way; handing over;
 platform bearing sculptured
 scenes from the Passion, carried
 through the streets in Holy Week
 dar paso a. to give way to
 dejar paso a. to open the way to
pasta de madera. *f.* wood pulp
pastor. *m.* shepherd
patente: hacerse patente. to show
 clearly
paterno. paternal
patria. *f.* fatherland; homeland
patrimonio. *m.* heritage
 **Patrimonio Forestal del
 Estado.** state forests
patrón. *m.* boss
patronal: organización patronal. *f.*
 employers' association
patrono, -a. *m.* y *f.* patron saint
pauta. *f.* form, model
paz. *f.* peace
peatonal: tráfico peatonal.
 pedestrian traffic, foot traffic
pecho. *m.* chest
pedagógico. pedagogical
película. *f.* film
pena. *f.* sorrow; penalty, punishment
penalidad. *f.* hardship
penalista. *m.* y *f.* expert in criminal
 law
pendiente. *f.* slope
Península Ibérica. *f.* Iberian
 Peninsula
peninsular. *adj./s.* peninsular;
 Spaniard born in the Iberian
 Peninsula
pera. *f.* pear
percibir. to receive (*money*)
perdurar. to last
peregrina: la España peregrina. the
 Spain of exiles (*lit.* migrating
 Spain)
**periferia: regiones de la
 periferia.** outlying regions
periféricas: montañas periféricas.
 surrounding mountains
periodístico. *adj.* newspaper
perjudicar. to harm, to affect
perjudicado. affected
perjuicio: en perjuicio de. to the
 detriment of
permanecer. to remain

perpetrar. to perpetrate
perseguido. persecuted
persistir. to persist
personaje. *m.* character
pertenecer. to belong
perteneciente. belonging, that
 belongs
perturbación. *f.* disturbance
pesado. heavy
pesar: a pesar de. in spite of
pesca. *f.* fishing
pescador. *m.* fisherman
pescar. to fish
pese a. in spite of, despite
peso. *m.* weight
 fig. importance
pesquero. *adj.* fishing
peste negra. *f.* Black Death
petición. *f.* request; petition
Petrarca. Petrarch (*Italian poet of the
 early Renaissance*)
petróleo. *m.* oil
picaresca: novela picaresca. *f.*
 picaresque novel
pícaro. *m.* rogue
pico. *m.* peak, summit
pictórico. pictorial
Piedad. *f.* Pietà
piedra. *f.* stone
 piedra preciosa. precious stone
piel. *f.* fur; leather; skin
pieza. *f.* piece
pilar. fundamental, basic
pimiento. *m.* green pepper
pintada. *f.* political drawing and/or
 slogans painted on a wall
pintar. to paint
pintor, -a. *m.* y *f.* painter
 pintor de cámara. court painter
pintura. *f.* painting; picture
Pirineos. Pyrenees
pistola. *f.* pistol, gun
plan. *m.* plan
 plan de desarrollo. development
 plan
 Plan Estratégico Conjunto. Joint
 Strategic Plan
planicie. *f.* plain; plateau (*meseta*)
planificación. *f.* planning
planificado. planned
plano. *m.* level; plane, flat surface
planta de transformación. *f.*
 processing plant

planteamiento. *m.* raising of a
question
plantear. to create; to raise
planteaRse. to arise
plasmarse. to shape
plata. *f.* silver
plátano. *m.* banana
plateresco. plateresque (*style*)
plaza fuerte. *f.* fortified town,
stronghold
plazo. *m.* period, term
a largo plazo. long term
a medio plazo. mid-term
plebe. *f.* common people, plebians
plegarse. to join
plenitud. *f.* fullness
pleno. full
plenamente. fully, completely
plomo. *m.* lead (*metal*)
población. *f.* population; town
población activa. working
population
poblado. *adj./s.* populated; village,
town
poblador, -a. *m.* y *f.* inhabitant
pobreza. *f.* poverty
poder. *m.* power
poder ejecutivo. executive power
poder judicial. judiciary
poder legislativo. legislative
power
poderío. *m.* power
poderoso. powerful
poema. *m.* poem
poesía. *f.* poetry
poesía alegórica. allegorical
poetry
poesía trovadoresca. troubadour
poetry
poeta. *m.* poet
poetisa. *f.* woman poet
polaco. *adj./s.* Polish
polémica. *f.* controversy, polemic
política. *f.* politics; policy
política exterior. foreign policy
pollo. *m.* chicken
poner. to put
poner en marcha. to start
poner en peligro. to endanger
poner fin a. to put an end to
ponerse al día. to catch up
ponerse al frente. to defend

pontífice. *m.* pontiff
por: por ciento. percent
por eso. that is why
por otra parte. on the other hand
por sí solo. alone
por lo tanto. therefore
porcentaje. *m.* percentage
porcino (ganado). *adj.* pertaining to
pigs
portada. *f.* façade, front
portar. to carry
pórtico. *m.* portico; porch: el
pórtico de la Gloria en Santiago
de Compostela. the porch of the
Gloria in Santiago de Compostela
poseer. to possess, to have
posfranquismo. *m.* postfrancoism
(*after Franco*)
posibilitar. to make possible
postergado. abandoned
posterior. subsequent, later
postura. *f.* position, posture
potencia. *f.* power
potenciar. to give power; to increase
(possibilities of)
precepto. *m.* precept, order
preceptor. *m.* tutor
precipitación. *f.* rainfall
precipitadamente. hastily, hurriedly
predicar. to preach
predominio. *m.* predominance
preescolar. *adj.* preschool
preferentemente. preferably
premio. *m.* prize
prender. to take root
prensa. *f.* press
prensa del corazón. press that
produces features on love and
romance
libertad de prensa. freedom of
the press
preparación. *f.* training
prerromano. pre-Roman
presidir. to preside over
presión. *f.* pressure
preso. *adj./s.* imprisoned; prisoner
preso político. political prisoner
prestación social. *f.* social service
prestaciones por desempleo. *f. pl.*
unemployment benefits
prestar. to lend
prestar servicio. to be of service

prestar atención. to lend one's attention

presunto: presunto heredero. *m.* presumptive heir

presupuesto. *m.* budget

presura: sistema de presura. *m.* system by which a man could take land and work it

pretender. to seek, to try to

pretendiente. *m.* pretender (*to the throne*)

prevalecer. to prevail

prevenir. to prevent

prever. to foresee

primario. primary
   escuela primaria. elementary school

Primera Internacional. *f.* First International

primer ministro. *m.* prime minister

primogénito, -a. *m.* y *f.* first-born

primordialmente. fundamentally

princesa. *f.* princess

principado. *m.* principality

príncipe. *m.* prince

principio. *m.* principle; beginning
   en un principio. at the beginning

prisionero, -a. *m.* y *f.* prisoner
   hacer prisionero. to take someone prisoner
   prisionero de guerra. war prisoner

privación. *f.* loss

privilegiado. privileged

proceder. to come, to proceed

procedimiento. *m.* procedure; legal proceedings

procesar. to prosecute

proceso. *m.* process; trial, lawsuit

producir. to produce
   producirse. to come about, to take place

producto. *m.* product
   productos manufacturados. manufactured products
   producto interior bruto. gross national product

profano. profane

profeta. *m.* prophet

profusamente. profusely

progresista. progressive

prohibido. forbidden, prohibited

prohibir. to forbid, to prohibit

promedio. *m.* average

prometido. promised

promotor, -a. *m.* y *f.* promoter; instigator

promover. to foster

promulgación. *f.* promulgation, enactment

promulgar. to promulgate, to enact (*a law, etc.*)

pronunciado. pronounced, marked

pronunciamiento. *m.* rising, insurrection

propiamente. exactly, really
   propiamente tal. strictly speaking

propiedad. *f.* property

propietario, -a. *m.* y *f.* owner

propio. own, characteristic

proponer. to propose

proporcionar. to provide; to give

propósito. *m.* purpose

propuesta. *f.* proposal

propugnar. to advocate

prorrogar. to defer

prosa. *f.* prose

proscrito. forbidden

proseguir. to continue; to carry out

prosista. *m.* prose writer

protagonista. *m.* y *f.* protagonist, main character

proteccionismo. *m.* protectionism

proteccionista. protectionist

proteger. to protect

proteína. *f.* protein

proveedor, -a. *m.* y *f.* supplier

proveniente. originating, coming from

provenir. to come from

provocar. to cause

proximadades: en las proximidades de. near, in the vicinity of

próximo. near, close; next

proyectado. planned

proyecto. *m.* project
   proyecto de ley. bill

prueba. *f.* proof

pública subasta. *f.* public auction

publicar. to publish

pueblo. small town, village

puente. *m.* bridge

puerto. *m.* port

puertorriqueño. *adj./s.* Puerto Rican

puesto. *m.* job, position
  puesto que. as, for, since
pujante. strong, powerful
púnicas: guerras púnicas. Punic
  Wars (*between Rome and
  Carthage*)
punto. *m.* point
  punto de partida. starting point
  punto de vista. point of view
pureza. *f.* purity

quebrar. to break
quedar. to be, to remain
  quedar atrás. to remain behind
quemar. to burn
queso. *m.* cheese
química: industria química.
  chemical industry
quintaesencia. *f.* quintessence
quitando. apart from, except for
quiteño. of or from Quito, Ecuador
  pintura quiteña. style of painting
    that originated in Quito

racionamiento. *m.* rationing (*food*)
raíces. *f. pl.* roots, origin
raíz: a raíz de. due to
rama. *f.* branch
rampa. *f.* ramp
rapidez. *f.* speed
rasgo. *m.* feature, characteristic
  a grandes rasgos. briefly
raya. *f.* line
raza. *f.* race; breed (*of animals*)
razón. *f.* reason, cause
  en razón de. due to, because of
real. royal
realeza. *f.* royalty
realista. royalist
realización. *f.* fulfillment,
  achievement; action
realizador, -a. *m.* y *f.* film director
realizar. to carry out, to accomplish,
  to pursue
realzar. to enhance
reanudar. to resume, to start again
reavivado. revived
reavivar. to revive

rebelde. *adj./s.* rebellious; rebel
reborde. *m.* edge
recaer. to fall
recaudador de impuestos. *m.* tax
  collector
recelo. *m.* distrust, mistrust
recibimiento. *m.* reception
reclamación. *f.* claim, demand
reclamar. to claim, to demand
recobrar. to recover
recoger. *fig.* to incorporate
recompensa. *f.* reward
reconocimiento. *m.* recognition
reconquista. *f.* reconquest
reconquistar. to reconquest
reconstruir. to reconstruct, to
  reorganize
recorrer. to cover (*a distance*); to go
  through
recorrido: río de corto
  recorrido. short river
recubrir. to cover
recuperación. *f.* recovery
recuperar. to recover
recurrir a. to turn to; to resort to
recursos. *m. pl.* resources
  recursos económicos. economic
    resources
  recursos naturales. natural
    resources
rechazar. to reject, to repel
rechazo. *m.* rejection
red. *f.* network
redacción. *f.* writing; drafting,
  drawing up (*of a Constitution, etc.*)
redactar. to write; to draft, to draw
  up
redimir. to redeem
reemplazar. to replace, to substitute
referencia. *f.* reference
  con referencia a. with reference
    to, concerning
referente a. concerning, regarding
referidas a. related to
referir. to recount, to tell
  en lo que se refiere a. as regards
reflejar. to reflect
reforma. *f.* reform
  reforma agraria. land reform
reformador. *adj./s.* reforming;
  reformer
reforzar. to reinforce, to strengthen

refrendar. to approve (*a Constitution, law*)
refugiado. *adj./s.* refugee
refugiarse. to go into exile
regadío. *m.* irrigation
regalo. *m.* present, gift
regar. to water
regencia. *f.* regency
regeneracionista. *adj.* transformation
regente. *m.* y *f.* regent
regidor, -a. *m.* y *f.* alderman
régimen. *m.* regime
regir. to govern, to rule; to be in force (*a law, etc.*)
registrado. registered
registrarse. to record; to register; to take place
regresar. to return
regreso. *m.* return
de regreso en. back in
regular. to regulate
reina. *f.* queen
reinado. *m.* reign
reinante. reigning, ruling; prevailing
reinar. to reign; to prevail
reino. *m.* kingdom
reinserción social. *f.* reintegration into society
reiterar. to reiterate
reivindicación. *f.* claim; vindication
reivindicar. to claim; to vindicate
relación. *f.* relation, relationship
relaciones de viaje. accounts of one's travels
relacionado. concerning, regarding
relacionar. to relate, to connect
en lo que se relaciona con. with regard to
relajamiento. *m.* laxity, slackness
relatar. to relate, to tell, to narrate
relato. *m.* narration
relieve. *m.* relief (*geography*); prominence, importance
religioso. religious
m. monk, priest
f. nun
remediar. to remedy, to solve
remolacha azucarera. *f.* sugar beet
remontarse. to go back (*in time*)
remover. to remove
renacentista. *adj.* Renaissance

estilo renacentista. Renaissance style
renacer. to reappear
renacimiento. *m.* Renaissance; revival
rendición. *f.* surrender
rendimiento. *m.* yield, output, performance
rendirse. to surrender
renovación. *f.* renewal
renovar. to renew
renovarse. to take turns (*turnarse*)
renta. *f.* income
rentabilidad. *f.* profitability
rentable. profitable
renuncia. *f.* resignation (*from a post*)
renunciar. to give up; to renounce; to resign
reparo. *m.* fault
repartición. *f.* sharing, division
repartir. to apportion, to divide up
reparto. apportionment, division; distribution
repentino. sudden
repercutir. to have repercussions on
repoblación. *f.* repopulation
repoblación forestal. reforestation
repoblamiento. *m.* repopulation
repoblar. to repopulate
representación. *f.* performance (*theater*)
representante. *m.* representative
reprimir. to repress, to suppress
repudiar. to repudiate
requerimiento. request
requerir. to require
res. *f.* beast, animal
resaltar. to stand out
rescate. *m.* ransom
resguardo. *m.* protection, safeguard
residir. to reside; to lie
respecta: en lo que respecta a. as regards to
restablecer. to reestablish
restablecimiento. *m.* reestablishment
restante. remaining
restar. to lessen
restauración. *f.* restoration
restaurar. to restore
restringido. restricted

restringir. to restrict
resultado. *m.* result
resultar. to result; to be
resumen. *m.* summary
resumir. to sum up, to summarize
resurgimiento. *m.* reappearance
retablo. *m.* retable, altarpiece
retirada. *f.* withdrawal
retirado. remote
retiro. *m.* retirement
reto. *m.* challenge
retórica. *f.* rhetoric
retorno. m. return
retraso. *m.* backwardness
retratar. to paint a portrait of, to
  portray
retratista. *m.* y *f.* portrait painter
retrato. *m.* portrait
retroceso. *m.* backward movement
  or tendency
reunión. *f.* meeting
  reunión conjunta. joint meeting
reunir. to assemble
  reunirse. to gather
revelar. to reveal
revista. *f.* magazine, review, journal
revuelta. *f.* revolt, rebellion
rey. *m.* king
  Los Reyes Católicos. the
  Catholic Monarchs
ría. *f.* estuary
riego. *m.* irrigation
rima. *f.* rhyme, poem
río. *m.* river
riqueza. *f.* wealth
ritmo. *m.* rhythm
rito. *m.* ritual, rite
roca. *f.* rock
rococó. rococo (*style*)
Rodas. Rhodes
rodeado. surrounded
rodear. to surround
  rodearse. to surround oneself
románico. Romanesque (*style*)
romano. Roman
romanticismo. *m.* romanticism
romper. to break
rostro. *m.* face
ruptura. *f.* breaking; breaking-off
  (*relations*)
ruso. Russian
ruta. *f.* route, course

saber. *m.* knowledge
  a saber. that is
sacar conclusiones. to draw
  conclusions
sacerdocio. *m.* priesthood
sacerdote. *m.* priest
sacramento. *m.* sacrament
saeta. *f.* prayer sung at the passing of
  a procession
Sagrada Familia. Holy Family
sagrado. sacred
sainete. *m.* short comedy, one-act
  farce
sal. *f.* salt
salario. *m.* salary
sálica: ley sálica. salic law, which
  excluded women from accession
  to the throne
salida. *f.* departure; travel, excursion
salpicada (de montañas). dotted
  with mountains
salvar. to save; to get beyond (*a
  problem*)
salvo. except
saneamiento. *m.* reorganization
Santa Alianza. Holy Alliance
Santiago. St. James
santo. *adj./s.* holy; saint
  Santo Oficio. Holy Office
  (*Inquisition*)
satírico. satirical
satisfacer. to satisfy
seco. dry
secretaría de estado y despacho. *f.*
  ministry
secuela. *f.* sequel
secundar. to help, to assist
seda. *f.* silk
sede. *f.* see (*Holy See*); seat (*of
  government, etc.*)
sedición. *f.* rebellion
seguidor, -a. *m.* y *f.* follower
sellado. sealed
Semana Santa. Holy Week
semejante. similar
semilla. *f.* seed
seminario. *m.* seminary
senado. *m.* senate
senador. *m.* senator
sencillez. *f.* simplicity
seno. *m. fig.* bosom
sentencia. *f.* sentence
sentido. *m.* sense; direction

señalar. to signal
señorío. *m.* fiefdom
separado. separate
separarse. to separate
sepulcro. *m.* sepulcher
ser. *m.* being
seudónimo. *m.* pseudonym
severamente. severely, harshly
Sevilla. Seville
sevillana. *f.* music and dance form from Seville
sevillano. *adj./s.* of or from Seville
sí: en sí. by itself
Sicilia. Sicily
siderurgia. *f.* iron and steel industry
siderúrgica: industria siderúrgica. *f.* iron and steel industry
sierra. *f.* mountain, mountain range
siglo. *m.* century
   Siglo de las Luces. the Age of Enlightenment
   Siglo de Oro. the Golden Age
significar. to mean
signo. *m.* tendency
siguiente. following
simbolista. symbolist
simpatía: mirar con simpatía. to be sympathetic to
simulacro. *m.* mockery, pretense
sindical. *adj.* pertaining to a labor union
sindicalismo. *m.* unionism
sindicato. *m.* labor union
sin duda. no doubt, undoubtedly
sin embargo. however, nevertheless
sinnúmero. *m.* endless number, a large number
siquiera. even
sistema monetario. *m.* monetary system
sitiar. to besiege, to lay siege to
sitio. *m.* place
situar. to place
   situarse. to be, to be situated; to place
soberano, -a. *m.* y *f.* sovereign
sobrepasar. to exceed
sobresaliente. outstanding
sobresalir. to stand out
sobrevenir. to take place, to happen
sobreviviente. *m.* y *f.* survivor
sobrevivir. survive

sobriedad. *f.* soberness, sobriety
sobrino. *m.* nephew
socio, -a. *m.* y *f.* partner
   socio comercial. business partner
sofocar. to put down (*a rebellion, a strike, etc.*)
soga. *f.* rope
soldado. *m.* soldier
soledad. *f.* solitude
solicitar. to request
Solidaritat Catalana. Catalan Solidarity (*Catalan nationalist movement*)
solidez. *f.* solidity
soltero. single
soltura. *f.* looseness
someter. to subject
sometimiento. *m.* subjection
sospechoso. suspect
sostener. to maintain, to hold (*an opinion, etc.*)
sostenimiento. *m.* maintenance
suave. mild; gentle
suavizar. to ease
subasta. *f.* auction
sublevación. *f.* rebellion, revolt
sublevado, -a. *m.* y *f.* rebel
sublevarse. to rebel, to revolt
subsuelo. *m.* subsoil
suceder. to happen; to succeed
sucesión. *f.* succession
   Guerra de Sucesión. the War of Succession
suceso. *m.* event
sucesorio. *adj.* concerning a succession
Sudamérica o Suramérica. South America
sudamericano o suramericano. *adj./s.* South American
sueldo. *m.* salary
suelo. *m.* ground, soil
sueño. *m.* dream
suevo. *adj./s.* Swabian (*Germanic tribe*)
sufragio. *m.* suffrage
   sufragio universal. universal suffrage
sufrir. to suffer
Suiza. Switzerland
sujeción. *f.* subjection

sujeto: estar sujeto a. to be subject to

suma. *f. fig.* group; sum

sumar. to add; to total
    sumarse. to add

superficie. *f.* area

suplantar. to replace, to take the place of

supresión. *f.* elimination

suprimir. to abolish, to eliminate; to suppress

sur. south

sureste. southeast

surgimiento. *m.* appearance, emergence

surgir. to appear, to emerge; to flourish

suroeste. southwest

surrealismo. surrealism

sustituir o substituir. to substitute

sustitutorio. *adj.* substitute

taifas. *m. pl.* Moorish kingdoms in Muslim Spain

tal(es) como. such as

tal: de tal manera. in such a way
    tal vez. perhaps

talla. *f. fig.* prominence

tallado. cut (*stone*), carved (*wood*), engraved (*metal*)

taller. *m.* workshop

tamaño. *m.* size

tardío. late, slow

tarea. *f.* task, duty
    tareas del hogar. housework

tarjeta de crédito. *m.* credit card

tasa. *f.* rate
    tasa de mortalidad. mortality rate
    tasa de natalidad. birth rate

teatral. *adj.* concerning the theater
    autor teatral. playwright
    obra teatral. play

técnica. *f.* technique

tejido. *m.* material, fabric

telar. *m.* loom

tema. *m.* theme, subject

temática. *f.* theme, subject

temor. *m.* fear

templado. temperate

templo. *m.* temple

tempestad. *f.* storm

tender. to lay
    tender a. to tend

tendido. *m.* laying (*of a cable, etc.*)

tenencia. *f.* possession

tener. to have
    tener en cuenta. to take into account
    tener lugar. to take place

teniente. *m.* lieutenant
    teniente coronel. lieutenant colonel

tentativa. *f.* attempt

Teodosio. Theodosius

teología. *f.* theology
    teología de la liberación. liberation theology

teórico. *m.* theoretician

terciario. tertiary

térmica: central térmica. thermal power station

terminar por. to end up by

término. *m.* term
    en términos de. in terms of
    en términos generales. in general, generally speaking

terrateniente. *adj./s.* landowning; landowner

terreno. *m.* land
    fig. field, sphere

territorio. *m.* territory

testigo. *m.* y *f.* witness

textil. textile
    industria textil. textile industry

tierra. *f.* land
    tierra de nadie. no man's land
    tierras comunales. municipal lands
    echar por tierra. to eliminate

tipo. *m.* type
    tipo de cambio. rate of exchange

tipógrafo. *m.* y *f.* typographer

tirada. *f.* circulation (*of a newspaper, etc.*)

título. *m.* title
    a título de. in the capacity of

Tolosa. Toulouse, France

toma. *f.* takeover, taking

tonelada. *f.* ton

torno: en torno a. around; about

toro. *m.* bull

torre. *f.* tower
totalidad. *f.* whole
traba. *f.* obstacle
trabajador, -a. *m.* y *f.* worker
traducir. to translate
   traducirse en. to result in
tráfico. *m.* traffic
Trajano. Trajan (*Roman emperor*)
transcurso. course (*of time*)
transformarse. to become
transformados: industria de
   transformados metálicos. *f.*
   metal processing industry
transmitir. to pass on; to transmit;
   to broadcast
transversal: camino o carretera
   transversal. *m.* side road
tras. after
trascendencia. *f. fig.* importance
trasfondo moral. *m.* moral
   undertone
trasladar. to transfer, to move
traslado. *m.* transfer, moving
traspasar. to transfer, to hand over
   traspasar el poder. to hand over
   power
traspaso. *m.* transfer
tratado. *m.* treaty
trato. *m.* treatment
través: a través de. through
travesía. *f.* crossing
trayecto. *m.* distance, stretch
trazar. to draw
tregua. *f.* truce
tremendismo. *m.* literary movement
   that emphasized violence and
   terror
tribu. *f.* tribe
tribunal. *m.* court
   Tribunal Constitucional.
   Constitutional Court
   tribunal de justicia. court of
   justice
   Tribunal Supremo. Supreme
   Court
tributo. *m.* tax
trienio. *m.* three-year period
trigo. *m.* wheat
tripulación. *f.* crew
triunfante. triumphant
triunfo. *m.* victory
trono. *m.* throne

tropas. *f. pl.* troops
trovador. *m.* troubadour
trovadoresco. *adj.* troubadour
tumba. *f.* tomb
turba. *f.* mob
turco. *adj./s.* Turkish; Turk
turno. *m.* turn

Última: La Última Cena. *f.* the
   Last Supper
ultramar. *m.* overseas (*countries*),
   abroad
ultramarino. *adj.* overseas
umbral. *m.* threshold
únicamente. only
unidad. *f.* unity
unificado. unified
unir. to link
unirse en matrimonio. to marry
Unión Soviética. Soviet Union
   Unión de Repúblicas Socialistas
   Soviéticas (U.R.S.S.). USSR
unitario. supporter of a centralized
   government
universidad. *f.* university
universitario. *adj./s.* pertaining to a
   university; university student
urbano. *adj.* urban, city, town
urbanístico. *adj.* urban, city
urbanización. *f.* urbanization
urbe. *f.* city
urna. *f.* ballot box
usurpar. to usurp
utilizar. to use

vacuno. concerning oxen, cows, etc.,
   bovine
   ganado vacuno. cattle
vagabundo. *adj./s.* vagrant
vago, -a. *m.* y *f.* tramp
vagón. *m.* car (*train*)
valenciano. Valencian
valer. to cost, to result in
valerse. to make use, to use
valido. *m.* favorite minister
valioso. valuable
valor. *m.* value
valle. *m.* valley

vándalo. Vandal
varón. *m.* man, male
vasallaje. *m.* vassalage
vasco. *adj./s.* Basque; Basque language
  País Vasco. Basque Country
vascón. of or pertaining to the Vascons
Vasconia. Basque Country
vascoparlante. *adj./s.* Basque-speaking person, Basque speaker
vascuence. *adj./s.* Basque; Basque language
vastedad. *f.* vastness
Vaticano. *m.* Vatican
vegetativo: crecimiento vegetativo. natural growth
vehículo. *m.* vehicle
velar. to look after
vena. *f.* vein
vencer. to defeat, to win
vendedor, -a. *m.* y *f.* seller, salesperson
venezolano. Venezuelan
vengar. to avenge
venta. *f.* sale
ventajoso. advantageous
verbena. *f.* fair, dance
verse: verse envuelto en. to find oneself involved in
  verse obligado a. to be forced to
verso. *m.* verse
verter. to empty, to pour out
vertiente. *f.* channel, way
  ríos de la vertiente. rivers that flow into
vez. *f.* time
  a la vez. at the same time
  a su vez. in his turn
  cada vez más. more and more
vía férrea. *f.* railroad line
vid. *f.* vine, grapevine
viento. *m.* wind
vigencia. *f.* validity
vigente. in force, existing

vigilado. watched
vigilancia. *f.* surveillance, vigilance
vihuela. *f.* kind of guitar
vinculado. associated
vincularse. to be bound, to be tied
violación. *f.* rape, violation
Virgen. *f.* Virgin
virreinato. *m.* viceroyalty
virrey. *m.* viceroy
visigodo. *adj./s.* Visigothic; Visigoths
víspera. *f.* eve
vista. *f.* sight
visto: mal visto. disliked
viudo, -a. *m.* y *f.* widower, widow
víveres. *m. pl.* food
vivienda. *f.* dwelling, house, housing
Vizcaya. Biscay
vocablo. *m.* word
voladura. *f.* blow up
volumen. *m.* volume
voluntad. *f.* will, willpower
volver atrás. to return
votante. *m.* y *f.* voter
vuelta. *f.* return
  vuelta al mundo. around the world
vulnerar. to harm, to damage

ya. already
  ya que. as, for, since
yacimiento. *m.* mineral deposit
yemenita. *adj./s.* Yemenite
yerno. *m.* son-in-law

zambo. *adj./s.* of mixed race (*Indian and Black*); a person of mixed race
zanahoria. *f.* carrot
zarista. czarist, tsarist
zarpar. to sail out
zarzuela. *f.* Spanish operetta
zona. *f.* zone, region

Bibliografía

La lista que sigue incluye algunos de los títulos usados como fuentes de información para esta obra, además de otros que pueden resultar de interés para los lectores.

Títulos en español

Anuarios El País 1982–1987, 1992, 1993. Madrid: Ediciones El País.

Anuario Iberoamericano 1992. Agencia EFE, Fundación EFE, Madrid, 1992.

Aparicio, Miguel A. *Introducción al sistema político y constitucional español*. Barcelona: Ariel, 1980.

Arie, R. "España musulmana." En *Historia de España*, tomo 3. Barcelona: Labor, 1981.

Aries, G. *El Antiguo Régimen: Los Borbones*, tomo 4. Madrid: Alfaguara, 1975.

Ballesteros, M. y otros. "La conquista de Perú." *Cuadernos Historia 16*, No. 52 (1985).

Bennassar, Bartolomé. *La América española y la América portuguesa (siglos XVI–XVIII)*. Madrid: Sarpe, 1985.

―――――. *La España del Siglo de Oro*. Barcelona: Crítica, 1983.

Bozal, Valeriano. *Historia del arte en España: Desde los orígenes hasta la Ilustración*. 5ª edición. Madrid: Ediciones Istmo, 1985.

―――――. *Historia del arte en España: Desde Goya hasta nuestros días*. 5ª edición. Madrid: Ediciones Istmo, 1985.

Calvo, Serraller, F. *España: Medio siglo de arte de vanguardia*. Madrid: Fundación Santillana–Ministerio de Cultura, 1985.

Camón Aznar, J.R. *Los pueblos de la España primitiva*. Madrid: Espasa Calpe, 1970.

Campo, S. del. *Análisis de la población española*. Barcelona: Ariel, 1972.

Caro Baroja, J. *Los pueblos de España*. Madrid: Istmo, 1981.

Castilla del Pino, C. y otros. *La cultura bajo el franquismo*. Barcelona: Ediciones de bolsillo, 1977.

Chang-Rodríguez, Eugenio. *Latinoamérica: Su civilización y su cultura*. Rowley, Massachusetts: Newbury House Publishers, 1983.

Domínguez Ortíz, A. "El Antiguo Régimen: Los Reyes Católicos y los Austrias." En *Historia de España Alfaguara*. Madrid: Alianza Editorial, 1979.

Entwisle, William J. *Las lenguas de España: Castellano, catalán, vasco y gallego*. Madrid: Ediciones Istmo, 1969.

Estructura económica regional de España en la Historia. Situación 1/1986. Bilbao: Banco de Bilbao.

Fusi, Juan Pablo. "El boom económico español." *Cuadernos Historia 16*, No. 34 (1986).

García Cortázar, J.A. "La época medieval." En *Historia de España Alfaguara*. Madrid: Alianza Editorial, 1979.

González Casanova, J.A. *¿Qué son los estatutos de autonomía?* Barcelona: La Gaya Ciencia, 1977.

González López, Emilio. *Historia de la civilización española*. Nueva York: Las Américas Publishing Company, 1959.

Gutiérrez J., José y otros. *Geografía e Historia de España*. Zaragoza: Editorial Luis Vives, 1986.

"Historia de España." *Historia 16,* números extras: XIII–XVI (1980); XVII–XX (1981); XXI–XXV (1982).

Historia de las literaturas hispánicas no castellanas. Madrid: Taurus, 1980.

Jackson, G. *La República española y la Guerra Civil*. Barcelona: Grijalbo, 1978.

Jordá, F. *Historia del arte hispánico*. Madrid: Alhambra, 1978.

Kattán-Ibarra, Juan y Connell, Tim. *Spain after Franco* (con textos en inglés, artículos de la Prensa española y ejercicios). 2ª edición. Lincolnwood (Chicago): National Textbook Company, 1984.

Le Flem, J.P. y otros. "La frustración de un Imperio." En *Historia de España,* tomo 5. Barcelona: Labor, 1982.

Levi-Provençal. "Historia de la España musulmana." En *Historia de España*. Madrid: Espasa Calpe, 1973.

Losada, B. *Los gallegos*. Madrid: Istmo, 1977.

Mitre, E. *La España medieval: Sociedades, estados, culturas*. Madrid: Istmo, 1979.

Ninyoles, Rafael. *Cuatro idiomas para un Estado*. Madrid: Editorial Cambio 16, 1977.

Nuestro Mundo 85/86. Banco de Información OMNIDATA EFE, Espasa Calpe, 1985.

Payne, Stanley G. *El nacionalismo vasco*. Barcelona: Dopesa, 1974.

Saenz de Santa María, Carlos. *¿Qué son los nacionalismos?,* tomo 2. Barcelona: La Gaya Ciencia, 1977.

Solé Tura, J. *Nacionalidades y regionalismos en España*. Madrid: Alianza Editorial, 1975.

Suárez Fernández, Luis. *Judíos españoles en la Edad Media*. Madrid: Ediciones Rialp, 1980.

Tamames, Ramón. *Introducción a la economía española*. 16ª edición. Madrid: Alianza Editorial, 1986.

————. *Una idea de España. Ayer, hoy y mañana*. 2ª edición. Barcelona: Plaza y Janes Editores, 1985.

Tomás Villarroya, J. *Breve historia del constitucionalismo español*. Barcelona: Planeta, 1976.

Tuñon de Lara, M. *Estudios sobre el siglo XIX español*. Madrid: Siglo XXI, 1971.

Tuñon de Lara, M. y Biescas, J.A. "España bajo la dictadura franquista." En *Historia de España,* tomo 10. 2ª edición. Barcelona: Labor, 1980.

Tusell, J. *La oposición democrática al franquismo*. Barcelona: Planeta, 1977.

Títulos en inglés

Abel, Christopher y Torrents, Nissa, directores. *Spain: Conditional Democracy*. Nueva York: St. Martin's Press, 1984.

Alba, Victor. *A Concise History of Mexico*. Londres: Cassell, 1973.

Blaye, Edouard de. *Franco and the Politics of Spain*. Londres: Penguin Books, 1974.

Brenan, Gerald. *The Literature of the Spanish People*. Nueva York: Meridian Books, 1953.

Brown, G. *The Twentieth Century*. tomo 6 de *A Literary History of Spain,* R.O. Jones, director. Londres: E. Ben, 1972.

Buckley, Richard. [editor]. *Spain in the Spotlight: An Emerging Force in Europe*.

(Understanding Global Issues, 4/92). Cheltenham, Inglaterra: European Schoolbooks Publishing Ltd., 1992.

Carr, Raymond. *Spain 1808–1939*. Oxford: Oxford University Press, 1966.

————. *Modern Spain 1875–1980*. Oxford: Oxford University Press, 1980.

————. *The Republic and the Civil War in Spain*. Londres: Macmillan, 1971.

Castro, Américo. *The Structure of Spanish History*. Princeton, Nueva Jersey: Princeton University Press, 1954.

Chapman, Charles E. *A History of Spain*. Nueva York: Macmillan, 1961.

Chase, Gilbert. *The Music of Spain*. Nueva York: Dover Publications, 1959.

Collier, Simon; Blakemore, Harold; Skidmore, E. Thomas, directores. *The Cambridge Encyclopedia of Latin America and the Caribbean*. Cambridge: Cambridge University Press, 1985.

Davies, Reginald Trevor. *The Golden Century of Spain: 1501–1621*. Nueva York: Macmillan, 1954.

Elliott, J.H. *Imperial Spain: 1469–1716*. Londres: Pelican Books, 1970.

Glendinning, N. *The Eighteenth Century*. tomo 4 de *A Literary History of Spain*, R.O. Jones, director. Londres: E. Ben, 1972.

Haring, C.H. *The Spanish Empire in America*. 2ª edición. Cambridge: Cambridge University Press, 1952.

Hippolyte Mariéjol, Jean. *The Spain of Ferdinand and Isabella*, traducción y adaptación por Benjamin Kee. New Brunswick, Nueva Jersey: Rutgers University Press, 1961.

Hooper, John. *The Spaniards: A Portrait of the New Spain*. Londres: Penguin Books, 1987.

Jackson, Gabriel. *A Concise History of the Spanish Civil War*. Londres: Thames and Hundson, 1974.

Kamen, Henry. *Spain 1969–1974: A Society in Conflict*. Londres: Longman, 1983.

Kann, Robert A. *The Hapsburg Empire*. Nueva York: Frederick A. Praeger, 1957.

Kattán-Ibarra, Juan y Connell, Tim. *Spain after Franco*. 2ª edición. Lincolnwood (Chicago): National Textbook Company, 1984.

Livermore, Ann. *A Short History of Spanish Music*. Londres: Duckworth, 1972.

Livermore, H.V. *The Origins of Spain and Portugal*. Londres: George Allen and Unwin, 1971.

March Smith, Rhea. *Spain: A Modern History*. Ann Arbor: University of Michigan Press, 1965.

McKendrick, Melveena. *A Concise History of Spain*. Londres: Cassell, 1972.

Mitchell, David. *The Spanish Civil War*. Londres: Granada Publishing, 1982.

Morris, James. *The Presence of Spain*. Nueva York: Harcourt, Brace and World, 1964.

Payne, Stanley G. *Politics and Society in Twentieth-Century Spain*. Nueva York: New Viewpoints, 1976.

Pendle, George. *A History of Latin America*. Londres: Penguin Books, 1973.

Prescott, William H. *History of the Conquest of Mexico and History of the Conquest of Peru*. Nueva York: Random House Modern Library, 1957.

Preston, Paul. *Franco: Caudillo de España*. Londres: HarperCollins, 1994.

————. *The Coming of the Spanish Civil War*. Londres: Macmillan, 1978.

Read, Jan. *The Catalans*. Londres: Faber and Faber, 1978.

Russell, P.E., director. *Spain: A Companion to Spanish Studies*. Londres: Methuen, 1973.

Savory, H.N. *Spain and Portugal: The Prehistory of the Iberian Peninsula*. Nueva York: Frederick A. Praeger, 1968.

Smith, Bradley. *Spain: A History in Art*. Garden City, Nueva York: Doubleday Publishing Co., 1971.

Stevenson, C.H. *The Spanish Language Today*. Londres: Hutchinson University Library, 1970.

Thomas, Hugh. *The Spanish Civil War*. 3ª edición. Londres: Hamish Hamilton/Penguin, 1977.

Ward, Philip, director. *The Oxford Companion to Spanish Literature* (artículos sobre libros y autores vascos, castellanos, catalanes, gallegos e hispanoamericanos). Oxford: Clarendon Press, 1978.

Índice alfabético

Boscán, Juan, 105
Bretón de los Herreros, Manuel, 174
Bretón, Tomás, 178
brigadas internacionales, 201
Buero Vallejo, Antonio, 221
Buñuel, Luis, 223

Caballero, Fernán. *Ver* Böhl de Faber, Cecilia
caballeros, 27
Cabanillas, Ramón, 211
cabildos, 79
Cadalso, José, 136
Calderón de la Barca, Pedro, 117
califato omeya, 42
Calvo Sotelo, José, 197, 198
Campoamor, Ramón de, 174
Canarias, 9–10
Cano, Alonso, 118, 120
Cantar de Mio Cid, 57
cantares de gesta, 57
capitanes generales, 130
Carlomagno, 50
Carlos I de España (V de Alemania), 76–77, 98–100
Carlos II, 112
Carlos III, 131
Carlos IV, 138–40
Carlos V. *Ver* Carlos I
Carner, Josep, 211
Carreño de Miranda, Juan, 118
cartagineses, 22–23
Casa de Contratación, 78
Casares, Santiago, 199
Casas, Bartolomé de las, 80–81
Casas y Novoa, Fernando, 137
castellano (lengua), 56, 305
Castilla, 50
Castro, Américo, 207, 220
Castro, Rosalía de, 175, 179
Catalá, Victor, 211
catalán (lengua), 56, 179, 211, 223–24, 305–6
Cataluña, 50, 111–12
Cela, Camilo José, 221
Celaya, Gabriel, 221
celtas, 21–22
celtíberos, 21
Centro Democrático y Social (CDS), 248
Cernuda, Luis, 220
Cervantes Saavedra, Miguel de, 114–15

cine, 223, 251–52
Clarín, 175
clero, 104, 113, 134
clima, 12–13
Coello, Claudio, 118
Colombia, 76–77, 146, 148–49
Colón, Cristóbal, 68–70, 84
colonización de las Indias, 78–83
comedia española, 116–17
comercio, 44, 82–83, 133, 267–70
Companys, Lluis, 196
comuneros, 98–100
comunicaciones, 26, 205, 270–73, 311–14
Comunidad Económica Europea (CEE), 236, 259–60, 289, 290
comunidades autónomas. *Ver* organización territorial del Estado
comunismo. *Ver* Partido Comunista de España (PCE)
conceptismo, 115
Concilio de Trento, 104–5
Confederación Española de Derechas Autónomas (CEDA), 195–96
Confederación Nacional del Trabajo (CNT), 189, 195
conquista de América, 71–78
conquistadores, 73–78
conquista musulmana de la Península Ibérica, 39–40
conquista romana de la Península Ibérica, 23–24
Consejo de Indias, 78
Consejos, 129
Constitución de 1812, 144
Constitución de 1931, 193
Constitución de 1978, 236–42
Convergencia i Unió (partido), 249
Coordinación Democrática, 232
Cordillera Bética, 6–7
Cordillera Central, 6
Cordillera Ibérica, 6
Córdoba, 41, 43
corona constitucional, 242–43
Cortés, Hernán, 73–74
Cortes de Cádiz, 143–45
costas, 7–8
Covarrubias, Alonso de, 108
criollos, 82, 147
cristianización de la Península Ibérica, 27–28
cristianización del Nuevo Mundo, 79–81

Cruz, Ramón de la, 136
Cruz, Sor Juana Inés de la, 86
Cuba, 162, 167, 169
culteranismo, 115
cultura, 28–30, 32, 46–49, 55–59,
83–90, 174–79, 206–12, 220–24,
250–53, 305–20
Cunqueiro, Álvaro, 224
Curros Enríquez, Manuel, 179

Chile, 77, 146, 149
Chillida, Eduardo, 223
Churriguera, José de, 118

Dalí, Salvador, 207, 210
Darío, Rubén, 206
decuriones, 27
delincuencia, 301
demografía, 53–54, 103, 113, 170,
203–4, 216–17, 275
descubrimiento de América, 67–71
desempleo, 279–80
despotismo ilustrado, 131–33
Díaz del Castillo, Bernal, 85
Díaz de Solís, Juan, 71
Diego, Gerardo, 206
Domènech i Montaner, Lluis, 179
drogadicción, 301
Duero (río), 11

Ebro (río), 11
economía, 26–27, 31, 44, 53–54,
82–83, 102–3, 112–13, 133,
171–73, 205–6, 259–74
Ecuador, 76–77
ecuestres. Ver caballeros
Echegaray, José, 207
edad del bronce, 20–21
Elcano, Juan Sebastián, 71
Elissamburu, Jean Baptiste, 179
emigración, 277–79
emirato omeya, 41–42
encomiendas, 83
energía, 264–65
enseñanza, 177, 300, 307–11
erasmistas, 104
Ercilla y Zúñiga, Alonso de, 85
erudición, 177, 207, 221–23
esclavitud, 26, 27, 82–83
escultura, 58–59, 108, 120, 137, 210,
223
Españoleto. Ver Ribera, José de
Esplá, Oscar, 211

Espriu, Salvador, 223
Espronceda, José, 174
Esquerra Republicana de Catalunya
(ERC), 249
estado llano, 53, 104, 134
Estados Unidos, 162, 169–70
este, reinos del, 50
ETA (Euskadi ta Askatasuna), 215,
234, 291–92
Euskadiko Ezquerra (EE), 249
euskera (lengua). Ver vascuence
Eusko Alkartasuna (EA), 250

Falange Española, 196–99, 200,
222
Falange Española de las Juntas de
Ofensiva Nacional-Sindicalista, 196
Falange Española Tradicionalista de
las Juntas de Ofensiva Nacional-
Sindicalista, 200
Falla, Manuel de, 210, 211
fascismo, 196
Federación Anarquista Ibérica (FAI),
195, 200
Feijoo, Fray Benito Jerónimo, 136
Felipe II, 100–2
Felipe III, 108–10
Felipe IV, 110–12
Felipe V, 112, 128–31
Felipe de Anjou. Ver Felipe V
Felipe el Hermoso, 198
fenicios, 22
Fernández de Moratín, Leandro, 136
Fernando I (de Castilla-León), 50
Fernando III (de Castilla-León), 50
Fernando VI, 131
Fernando VII, 158–59
Fernando de Aragón, 51–52
Ferrant, Ángel, 210
Ferreiro, Celso Emilio, 224
Filipinas, 102, 169–70
finanzas, 173, 205–6
Fontainebleau, Tratado de, 140
Francia, 100, 109, 112, 138, 139
Franco Bahamonde, Francisco, 198,
200, 201
franquismo, 212–16
Frente Popular, 197, 200
fuerzas armadas, 292–93

galaicoportugués (lengua), 56
gallego (lengua), 179, 211, 224, 305,
306

ganadería, 26, 44, 54, 102, 133, 205, 262
Garci, Luis, 251, 252
García Lorca, Federico, 201, 206, 207
Gaudí, Antonio, 178–79
generación del 98, 176–77
generación del 27, 206–7
Generalitat (Generalidad), 194
germanías, 100
Gibraltar, 289–90
Gil-Robles, José María, 196
Giménez de Azúa, Luis, 220
Giner de los Ríos, Francisco, 177
gitanos, 104
gobernadores, 79
Godoy, Manuel, 139–40
Góngora, Luis de, 115
González, Felipe, 235, 248–49, 293
González, Julio, 210
gótico (estilo), 59
gótico florido (estilo), 108
Goya y Lucientes, Francisco de, 145–46
Goytisolo, Luis, 221
Goytisolo, Juan, 221
Granados, Enrique, 177
Gran Bretaña, 109, 139, 289
Greco, El, 107
griegos, 22
Gris, Juan, 207, 210
Grupos de Resistencia Antifascista Primero de Octubre (GRAPO), 234
Guadalquivir (río), 11
Guadiana (río), 11
Gual, Adrià, 211
guerra celtibérica, 23
Guerra Civil española, 197–203
guerra de independencia española, 142–45
Guerra de los Treinta Años, 110
guerra de Marruecos, 189
guerra de sucesión española, 112, 128
guerra fría, 214
guerra lusitana, 23
guerra mundial (segunda), 212–14
guerras carlistas, 159, 161, 164, 166
guerras púnicas, 23
Guillén, Jorge, 206
Guimerá, Ángel, 179
Gutiérrez, Francisco, 137
Gutiérrez Solana, José, 210

Habsburgo (dinastía), 98
Halffter, Rodolfo y Ernesto, 211
hegemonía española, 52–53, 98–105
Hernández, Gregorio, 120
Hernández, Miguel, 207
Herrera, Fernando de, 105
Herrera, Francisco de (el Mozo), 118
Herrera, Juan de, 108
Herri Batasuna (HB), 250
Hidalgo, Miguel, 149
Holanda, 109
Húmara Salamanca, R., 191

iberos, 21
Iglesia Católica, 55, 104–5, 134–35, 189, 294–97
Iglesias, Ignasi, 211
Ilustración, La, 135–38
independencia hispanoamericana, 146–50
industria, 102–3, 113, 133, 172, 205, 218–19, 265–67
Inglaterra. *Ver* Gran Bretaña
inmigración, 303–4
Inquisición, La, 55, 104–5, 147
Instituto Cervantes, 307
Instituto Nacional de Industria (INI), 218, 265
intendentes, 130
invasiones germanas, 30–31
Iparraguirre, José María, 179
Isabel II, 159–62
Isabel de Castilla, 51–53, 68
Isidoro (arzobispo de Sevilla), 32
Iturbide, Agustín, 150

Jaime I (de Aragón y Cataluña), 50
jesuitas, 58, 147, 160
Jiménez, Juan Ramón, 206
Juan, San, de la Cruz, 105
Juana la Loca, 98
Juan Carlos I, 215–16, 232–33, 291
Juan de Juanes, 105
Juan Manuel, Don, 58
Júcar (río), 12
judíos, 32, 46, 55, 104
Juegos Olímpicos, 319–20
Junta Central, 42–43
Juntas de Ofensiva Nacional-Sindicalista (JONS), 196
juntas provinciales, 142
Jovellanos, Gaspar Melchor de, 136

Juvara, Francisco, 137
juventud española, 299–303

Krause, Karl Christian Friedrich, 177

Laín Entralgo, Pedro, 223
Larra, Mariano José de, 174
latín, 28–29, 55–56
lenguas españolas, 305–7
León, Fray Luis de, 105
Leoni, Pompeyo, 108
Leovigildo (rey visigodo), 31
letras, 29, 32
Ley de Despenalización del Aborto, 295–96
Ley del Divorcio, 295
Ley de Extranjería, 303
Ley de Prensa, 215
Ley de Reforma Agraria, 195
Ley de Reforma Política, 233
Ley de Sucesión, 214
Leyes Fundamentales, 212
Ley Orgánica de Ordenación General del Sistema Educativo, 308–9
Ley Orgánica del Estado, 215
Ley Sálica, 159
Lista, Alberto, 174
literatura, 46–47, 56–58, 84–86, 105, 114–17, 136, 174–75, 179, 206–7, 221–23
López Soler, Antonio, 174
Lucano, 29

Machado, Antonio, 176–77
Macho, Victorio, 210
Machuca, Pedro, 108
Maeztu, Ramiro de, 176
Magallanes, Fernando de, 71
mallorquín (lengua), 56
manierismo, 108
Maragall, Joan, 211
Marañón, Gregorio, 223
Marca Hispánica, 50
Marcial, 29
María Cristina de Habsburgo, 168–70
Marías, Julián, 223
Martínez de la Rosa, Francisco, 174
Martínez de Montañés, Juan, 120
Martínez Ruiz, José. Ver Azorín
marxismo, 167
Mena, Pascual de, 137
Mendoza, Pedro de, 78

Menéndez Pidal, Ramón, 207, 223
Menéndez y Pelayo, Marcelino, 177
Mercado Común Europeo. Ver Comunidad Económica Europea
Meseta Central, 5–6
mester de clerecía, 57
mester de juglaría, 57
mestizos, 82
México, 73–74, 149–50
Mezquita de Córdoba, 47
Mina, Francisco Javier, 150
minería, 26, 103, 171–72, 264
Miranda, Francisco, 148
Miró, Gabriel, 206
Miró, Joan, 207, 210
Miró, Pilar, 252
mita, 83
Moctezuma, 74
modernismo, 206, 211
Mola, Emilio, 198
Molina, Tirso de, 117
Monstsalvatge, Xavier, 211
montañas, 6–8
Montes de Toledo, 6
Morales, Luis, 105–7
Morelos y Pavón, José María, 150
moriscos, 104, 109
mozárabe (lengua), 56
mozárabes, 46
mudéjar (estilo), 59, 88
mudéjares, 55
mujer española, 297–99
muladíes, 46
municipios, 54
Murillo, Bartolomé Esteban, 118
música, 108, 137–38, 177–78, 210–11
musulmanes en la Península Ibérica, 39–49

Napoleón, 140–41, 143
naturalismo, 175
Navarra, 51
navarroaragonés (lengua), 56
neucentismo, 211
neoclasicismo, 137
neolítico, 20–21
nobleza, 103, 133–34
novela, 115, 174, 221
Nueva Castilla, 79
Nueva España, 79
Nueva Granada, 79, 146, 149
Núñez de Balboa, Vasco, 71

Oliver, Joan, 211, 224
Oller, Narcis, 179
omeyas, 41–43
Ordóñez, Bartolomé, 108
Organización del Tratado del
  Atlántico Norte (OTAN), 235, 236,
  288, 290
organización territorial del Estado,
  240–42, 288, 289, 293–94
Ortega y Gasset, José, 207, 223
Otero, Blas de, 221
Otero Pedrayo, Ramón, 212

Pactos de familia, 130
pactos de la Moncloa, 233
Palacio Valdés, Armando, 175
paleolítico, 19–20
Paraguay, 78
Pardo Bazán, Emilia, 175
paro. *Ver* desempleo
Partido Comunista de España (PCE),
  216, 233, 236, 248
Partido Demócrata Popular, 248
Partido Nacionalista Vasco, 200,
  233, 250
Partido Obrero de Unificación
  Marxista (POUM), 200
Partido Popular, 248
Partido Socialista Obrero Español
  (PSOE), 216, 233–34, 235, 236,
  248–49, 288
partidos políticos, 247–50
Partit Socialista Unificat de
  Catalunya (PSUC), 249
Pastor Díaz, Nicomedes, 175
Pedrolo, Manuel de, 224
Pelayo, 49
Pereda, José María de, 175
Pérez Galdós, Benito, 175
Perú, 74–76, 146, 149
pesca, 263–64
Picasso, Pablo, 207–10
pintura, 89–90, 105–8, 118, 207–11,
  223
Pirineos, 6, 7
Pizarro, Francisco, 74–76
Plata, la (virreinato), 78, 79
plateresco (estilo), 108
plebe, 27
población. *Ver* demografía
poderes del Estado, 244–47
poder ejecutivo, 245–46; judicial,
  246–47; legislativo, 244–45

poesía, 57, 115, 175, 221
política religiosa, 55, 104–5, 134–35,
  189, 294–97
Pondal, Eduardo, 179
Portugal, 51, 102, 112
postromanticismo, 175
prensa, 215, 311–12
Primo de Rivera, José Antonio, 196,
  201
Primo de Rivera, Miguel, 191–92
protestantes, 102, 104–5
provincias romanas, 24–26
Puerto Rico, 170

Quevedo, Francisco de, 115
Quijote, El, 114–15
Quintiliano, 29

radio, 314
Ramón y Cajal, Santiago, 211
realismo, 175
Recesvinto (rey visigodo), 32
reducciones indígenas, 80
Reforma alemana, 100
regionalismo, 168, 188–89
reinos cristianos, 49–59
relieve de la Península Ibérica, 5–7
Renacimiento, 105–8
República española (Primera),
  164–65
República española (Segunda),
  192–99
Restauración absolutista. *Ver*
  absolutismo
rey constitucional, 242–43
Reyes Católicos, 51–53, 55
Ribalta, Francisco, 118
Ribas, Carles, 223
Ribera, José de, 118
Ribera, Pedro de, 137
ríos, 10–12
Risco, Vicente, 211
Rivas, duque de. *Ver* Saavedra, Ángel
  de
rococó, 136
Rodoreda, Mercè, 211
Rodrigo (rey visigodo), 31
Rodrigo, Joaquín, 211
Rodríguez Castelao, Alfonso, 211–12
romances, lenguas, 55–56
románico (estilo), 58–59
romanización de la Península Ibérica,
  23–30

romanos. *Ver* romanización de la
  Península Ibérica
romanticismo, 174–75
Ruiz de Alarcón, Juan, 86

Saavedra, Angel de, 174
Sabatini, Francisco, 137
Sacchetti, Juan Bautista, 137
Salinas, Pedro, 206
Salvat-Papasseit, Joan, 211
Sánchez Albornoz, Claudio, 207, 220
Sánchez Ferlosio, Rafael, 221
Sancho III (de Navarra), 50, 51
San Ildefonso, Tratados de, 139–40
Sanjurjo, José, 198–99
San Martín, José de, 149
Sanz del Río, Julián, 177
Saura, Carlos, 223
Segura (río), 12
senadores romanos, 26–27
Séneca, Lucio Anneo, 29
Sert, Josep María, 210
servicio militar, 302–3
Sierra Morena, 6
Siglo de Oro, 113–20
Siloé, Diego de, 108
sindicalismo, 167, 189–90
socialismo, 167, 200, 288–89
Suárez, Adolfo, 232, 233
suevos, 30

taifas (reinos de), 42–43
Tajo (río), 11
Tapies, Antoni, 223
teatro, 58, 116–17, 136, 174, 207,
  221
Tejero, Antonio, 234–35
televisión, 312–13
Teresa, Santa, de Jesús, 105
Theotocópulli, Doménico. *Ver* El
  Greco
Toledo, Juan Bautista de, 108
Tomás de Aquino, Santo, 221
transición democrática, 232–36
transporte. *Ver* comunicaciones
Trastámara (dinastía), 51, 98
Tratado de Maastricht, 260
trotskistas, 200

Trueba, Fernando, 252
Trueta Raspall, José, 220
turcos, 100
Turia (río), 12
Turina, Joaquín, 211
turismo, 273–74

Unamuno, Miguel de, 176
Unión de Centro Democrático
  (UCD), 233, 236
Unión General de Trabajadores
  (UGT), 167, 189–90
universidades, 83–84, 310
urbanización, 220

vagos, 104
Valdés, Juan y Alfonso, 105
Valdivia, Pedro de, 77
valenciano (lengua), 56, 305–6
Valera, Juan, 175
Valle Inclán, Ramón María del, 176,
  207
vándalos, 30
vascuence (lengua), 56, 179, 212,
  224, 306–7
Vega, Garcilaso de la, 105
Vega, el Inca Garcilaso de la, 85–86
Vega y Carpio, Lope de, 116–17
Velázquez, Diego de Silva, 118
Venezuela, 76–77, 146, 148–49
Verdaguer, Jacint, 179
Vespucio, Américo, 70
Victoria, Guadalupe, 150
Villalonga, Llorenç, 211
Villanueva, Juan de, 137
Vincens Vives, Jaume, 223
virreyes, 76, 77
visigoda (lengua), 32
visigodos, 30–32
Vives, Juan Luis, 105

Xirgu, Margarita, 220

zarzuela, 138, 178
Zorrilla, José, 174
Zubiri, Xavier, 223
Zuloaga, Ignacio, 210
Zurbarán, Francisco de, 118

Reconocimientos

Fotografías, mapas y diapositivas

Tim Basaldua: 24, 43

Luis Carrasco: 260

Dirección General de Turismo del Perú: 86, 87

Embajada de España en los Estados Unidos; Consejería de
Educación: 7, 9, 10, 18, 47, 217, 230, 235, 237, 243, 252, 258,
261-63, 271 *(inferior)*, 273 *(derecha)*, 275, 278, 293, 298, 300,
301, 319

Imp. Cervantes: 85

Italian Government Travel Office (E.N.I.T.): 66

Juan Kattán-Ibarra: 11, 25, 30, 52, 68, 75, 77, 107 *(superior)*, 109,
120, 131, 137, 165, 173, 176, 178, 190, 197, 203, 204, 210, 222,
234, 239, 247, 249, 250, 268, 270, 271 *(superior)*, 272, 273
(izquierda), 276, 280, 286, 289-91, 295, 296, 302, 304, 308, 311,
313

Museo de Arte de Las Américas, Organización de los Estados
Americanos: 81

Museo de la Iglesia de San Francisco (Santiago de Chile): 89

Museo del Prado: 119, 208, 209 *(superior)*

Museo Español de Arte Contemporáneo: 209 *(inferior)*

Rodolfo Reyes Juárez: 80

Secretaría General Técnica; Ministerio de Cultura (de España): 57

Shell International: 219, 264, 266 *(inferior)*

Subsecretaría de Turismo; Ministerio de Comercio y Turismo (de
España): 4, 20, 38, 45, 48, 58, 69, 72, 96, 99, 101, 106, 107 *(inferior)*, 110, 111, 114, 126, 132, 135, 141, 145, 156, 160, 169, 186,
198, 213, 241, 266 *(superior)*, 315 *(inferior)*, 316-18

Joan Tomás: 232 *(izquierda)*

La editorial agradece la cooperación de D. Emilio García Prieto,
Consejero de Educación de la Embajada de España en Washington, y
a Dª. Carmen Moreno, de la misma oficina, por haber facilitado
numerosas diapositivas que hemos usado en el libro.

NTC SPANISH CULTURAL AND LITERARY TEXTS AND MATERIAL

Contemporary Life and Culture
"En directo" desde España
Cartas de España
Voces de Puerto Rico
The Andean Region

Contemporary Culture—in English
Getting to Know Mexico
Getting to Know Spain
Spain: Its People and Culture
Welcome to Spain
Life in a Spanish Town
Life in a Mexican Town
Spanish Sign Language
Looking at Spain Series
The Spanish-speaking world

Cross-Cultural Awareness
Encuentros culturales
The Hispanic Way
The Spanish-Speaking World

Legends and History
Leyendas latinoamericanas
Leyendas de Puerto Rico
Leyendas de España
Leyendas mexicanas
Dos aventureros: De Soto y Coronado
Muchas facetas de México

Una mirada a España
Relatos latinoamericanos

Literary Adaptations
Don Quijote de la Mancha
El Cid
La Gitanilla
Tres novelas españolas
Dos novelas picarescas
Tres novelas latinoamericanas
Joyas de lectura
Cuentos de hoy
Lazarillo de Tormes
La Celestina
El Conde Lucanor
El burlador de Sevilla
Fuenteovejuna
Aventuras del ingenioso hidalgo
  Don Quijote de la Mancha

Civilization and Culture
Perspectivas culturales de España,
  2nd edition
Perspectivas culturales de
  Hispanoamérica, 2nd edition
Panorama de la prensa

For further information or a current catalog, write:
National Textbook Company
a division of NTC Publishing Group
4255 West Touhy Avenue
Lincolnwood, Illinois 60646–1975 U.S.A.